한국어로 내려온
New Bible

새로운
성 경

제85권

6부 | 총10부

하얀마음

하나님 말씀 중에서

1. 사랑의 하나님

- 세상을 창조하신 하나님은 모두를 사랑하신다. 인간만 특별히 더 사랑하지 않고, 우주 만물을 다 똑같이 사랑하신다. 그러니 하나님이 창조하신 천지 만물과 화친하고, 미물까지도 소중히 대하라.

- 하나님은 특정 종파나 민족만을 더 사랑하지 않으신다. 자기 자신만 구원받겠다는 욕심을 버리고, 자기 종파만 구원받는다는 편협한 교리에서 벗어나야 한다. 종파를 초월해서, 모두를 사랑하라.

- 원수까지 사랑하라 했으니, 이 세상에 사랑하지 못할 자가 누가 있겠는가? 종파가 다르다고 해서 부모 형제와 원수처럼 지내는 자는 인간의 근본을 모르는 자다. 가장 가까운 가족부터 사랑할 때 남도 진심으로 사랑할 수 있다.

- 한 사람을 원수같이 생각하던 마음에서 사랑하는 마음으로 돌리면, 자기 자신의 마음이 가장 기쁘고 행복하다. 하나님께서는 인간의 마음속에 무거움이 없이 기쁘고 행복한 삶을 살기를 바라신다.

- 이웃을 "내 몸처럼" 사랑하라 했으니, 마지막 한 장 남은 천국의 티켓도 이웃에게 양보하라. 자기 중심적인 신앙에서 벗어나서 남을 위해 살아야 한다.

- 독초도, 약초도, 이단도 사탄도 천사도 다 필요하기에 존재한다. 독초일지라도 극소량을 사용해서 생명을 살릴 수 있고, 약초라 하더라도 남용하면 생명을 잃을 수 있다.

- 세상 모든 것을 명약으로 활용하는 것은 인간의 지혜에 달렸다. 어떤 것이든 어떤 사람이든 적재적소에 꼭 필요한 명약으로 승화시키라.

- 사탄도 이단도 천사도 모두 하나님의 주관하에 존재한다. 진정한 하나님의 백성은 사탄과 마귀까지도 감화시켜서 천사로 거듭나게 한다.

2. 기도

- 하나님은 인간의 생각까지 모두를 다 알고 계신다. 우리의 소원도 이미 알고 계시기에, 소원의 기도를 할 필요가 없다. 우리가 받을 자격이 되면 내려 주신다.

- 죄를 짓고 아무리 회개를 해도 용서받지 못한다. 도둑질한 자는 용서해 달라고 기도하고, 도둑맞은 자는 도둑을 잡게 해 달라고 기도하면, 공의의 하나님은 누구의 편에 서시겠는가?

- 자기가 잘못한 것은 그 사람에게 직접 갚고 용서를 구하라. 그가 용서하면 하나님도 용서하신다. 땅에서 매면 하늘에서도 매이고, 땅에서 풀리면 하늘에서도 풀리는 이치다.

- "회당에서 기도하지 말고 골방에서 기도하라" 했다. 눈에 보이는 골방이 아니라, 골방과 같이 고요한 마음이다. 잡념을 버리고 하나님을 향해 마음을 집중하며, 사랑하고 용서하는 아름다운 생각만 나오도록 하라.

- "두드리면 열릴 것이다." 하는 것은 육의 소원을 위해 두드리라는 것이 아니라, 진리의 깨달음을 얻기 위해 두드리라는 것이다.

- 기도하는 방법: 생활 속에서 수시로 기도하는 삶을 살아야 한다.

- "저의 죄를 용서하여 주옵소서." 하는 회개의 기도를 하라.
- 범사에 "하나님! 감사합니다." 하라. 현재 가진 것에 감사하며, 과욕하지 말라. 자기 노력 이상의 것을 더 갖고자 기도하는 것은 도둑놈심보다. 공의의 하나님은 각자 노력한 만큼 주신다.
- "하나님 뜻대로 살아가겠나이다." 하며 마음의 각오를 다지라.

- 기도는 하나님의 말씀을 받아서 "행하는 것"이다. 하나님이 계심을 굳건히 믿고, 하늘을 향하여 한 점 부끄럼 없이 사는 삶 자체가 가장 위대한 기도이며, 삶이 곧 예배다.

3. 지도자

- 똑같이 사랑한다는 말을 해도, 순수하게 하는 말은 천사의 말이지만, 사기 쳐서 재산을 가로채려고 하는 말은 사탄의 말이다.

- 종교 지도자가 아무리 훌륭한 설교를 해도, 신도의 재물을 거둬서 더 큰 교회를 짓고 자기의 부귀영화를 바라며 설교하면 사탄의 가르침이 된다.

- "저희 교회는 만원사례요, 믿음은 다 같으니 이웃의 개척 교회에 가서 예배를 드리시오." 하며, 이웃 교회의 부흥을 먼저 생각하여 제 신도를 보내는 종교 지도자가 있다면 그를 따르라. 그가 하나님의 사랑을 실천하는 자다.

- "부자가 천국에 들어가는 것은 낙타가 바늘구멍을 통과하는 것보다 더 힘들다" 하였거늘, 지금의 교회에서는 부자가 되기만을 기도하고 소원하니, 이는 곧 천국을 포기하고 지옥 행 열차의 티켓을 사는 것과 같다.

- 예수는 빈손이었다. 종교 지도자가 예수보다 더 호화롭고 편안하게 살아간다면 잘못된 것이다. 부귀영화와 명예를 바라는 자는 절대로 갈 수 없는 좁고 협착한 길이 종교 지도자의 길이다.

- 종교 지도자는 유리로 비춰 봐 한 점의 부끄러움이 없이 살아야 한다. 의식주도 직접 일해서 해결하고, 예수의 가르침과 행함을 그대로 따라야 한다.

- 종말은 없다. 지금의 잘못 가는 종교 집단에게만 종말이 있다. 보이지 않는 하나님은 보이는 육의 종말은 관여하지 않으신다. 환경 파괴로 인간이 스스로 멸망을 자초하는 것이다. 종파끼리 싸우기 전에, 무너진 인성을 바로잡고 지구의 몸살을 해결하는 데 뜻을 모으는 게 급선무다.

4. 성전이란

- 이 세상 자체가 하나님께서 만드신 성전이다. 자연보다 더 아름다운 성전이 있는가? 보이는 건물이 성전이 아니라, 성스러운 마음가짐이 성전이다.

- 반석 위에 교회를 지으라 했다. 지상의 단단한 돌은 인간이 쪼갤 수 있으나, 마음속의 굳은 결의는 세상 무엇으로도 쪼갤 수 없다. 바르고 굳건한 믿음으로 성경의 가르침을 실천하는 것이 마음의 반석 위에 교회를 짓는 것이다.

- 손으로 지은 건물의 교회에 모여서 복음을 전하는 것이 아니라, 교회를 개인과 가정에 심어 주어야 한다. 무너지고 부서지는 건물을 짓지 말고, 마음속에 영원히 불변하는 참진리의 교회를 지으라.

5. 십계명

▪ 십계명은 인간이 죽어서 반드시 통과해야만 하는 열 개의 관문이다.

- 부모를 공경하지 아니한 자는 “네 부모를 공경하라.” 하는 제5계명의 관문이 열리지 않으니 구원받을 수 없다.
- 살인, 간음, 거짓, 우상 등의 나머지 계명도 마찬가지다.

▪ 십계명은 하나님의 친필이다. 모기소리만 한 하나님의 음성이라도 들어 보겠다고 여기저기 찾아 헤매지 말고, 십계명부터 암송하고 지키라.

▪ 십계명은 영혼을 구원하는 양식이며, 십계명을 지키는 것이 구원을 받는 길이다. 인간이기에 지키고자 노력하고 또 노력한다면 지킬 수 있다.

▪ 십계명을 지키고 천사처럼 아름답게 살아가는 그 마음 하나면 세상에 이루어지지 않는 것이 없다.

6. 보물

▪ 하나님은 재물이 아니라 우리의 마음을 받으신다. 사랑을 실천하며 천사처럼 변하는 마음이 하나님께 바치는 보물이다.

▪ 보이지 않는 하나님께 재물을 바치려 하지 말고, 너희를 길러 준 부모에게 용돈드리고, 찾아뵙고, 효성을 다하라. 그것이 하나님께 효도하는 것이다.

▪ 하늘에는 선과 악의 창고가 있다. 자기 창고에 선이 많으면 천국으로 구원을 받고, 악이 많으면 심판받아 지옥으로 간다. 그것이 바로 “선한 일을 행한 자는 생명의 부활로, 악한 일을 행한 자는 심판의 부활로” 나오는 것이다.

▪ “선악과를 따먹지 말라”는 것은 양심을 지키라는 것이다. 선과 악을 구분할 수 있는 양심을 최초에 인간에게 주셨다. 선한 열매는 취하고, 악한 열매는 버리며, 양심에 비추어 부끄럼 없는 삶을 살아가라.

▪ 가장 작은 거짓말을 하지 않고, 가장 작은 죄를 짓지 않으며, 가장 작은 선행을 하고, 가장 작은 악행을 멀리하는 것이 율법의 일점 일획도 빠뜨리지 말고 다 지키는 삶을 사는 것이다.

7. 우상

- 박물관에 있는 불상은 하나의 예술품이다. 그 조각품에 대고 제 소원을 빌 때 우상숭배가 된다. 십자가라 하여도 그 앞에서 소원을 빈다면 우상숭배하는 것이며, 하나님께 소원을 빈다면 하나님을 우상으로 전락시키는 것이다.

- 지금 기복신앙에 젖어 있는 모든 사람이 우상 앞에 절을 하고 있다. 조각품을 우상이라며 파괴하지 말고, 네 마음속에 있는 욕심의 우상을 무너트리라.

- 생수를 약초가 먹으면 약을 만들고 독사가 먹으면 독을 만든다. 같은 성경을 봐도 선한 지도자는 신도를 천사로 만드는 데 활용한다. 그러나 욕심이 가득한 지도자는 재물을 거두어들여 제가 부귀영화를 누리는 데 악용한다. 그가 바로 성경을 우상숭배의 도구로 전락시키는 거짓 선지자다.

- 성경을 한 획도 빼거나 더하지 말라는 것은, 그 가르침을 빠트리지 말고 온전히 지키라는 것이다. 성경 속에서 자기에게 유리한 구절만 보는 것은, 자기에게 불리한 구절들을 빼 버리는 것이다. 믿음이 제일이요, 행함은 구원과는 관계없다는 것은 자신에게 유리한 쪽으로 성경을 악용하는 것이다.

- 진정한 종교 지도자는 종파에 관계없이 어떤 종파든 어떤 책이든 접하고 보고 깨우쳐 견문을 넓히도록 인도한다. 참진리를 모르고 자신이 없는 자가 남을 이단이라며 배척하고, 신도들의 눈과 귀를 가린다.

8. 예수

- 예수의 재림은 없다. 예수가 다시 온다 해도, 과연 누가 그를 예수라고 믿겠는가? 예수와 같은 삶의 행함이 곧 예수의 재림이다. 각자 모두가 "재림 예수"가 되는, 차원 높은 믿음으로 가야 한다.

- 예수는 "주여 주여 하지 말고, 아버지의 뜻대로 행하라"고 했다. 예수가 전한 하나님의 뜻이 곧 "길이요, 진리요, 생명"이며, 그 가르침이 예수의 보혈처럼 소중한 것이다. 예수를 믿는 것은, 예수의 가르침을 믿고 따르는 것이다.

- 예수는 낮은 자로서 만백성을 섬기고자 했다. 만나는 모든 사람을 다 하나님이라 생각하라. 돈을 벌수록 겸손하고, 높은 지위를 얻을수록 낮아지라.

▪ 예수는 종파를 만들지 않았다. 인간이 만든 종교와 인간의 교리를 따르지 말고, 예수를 통해 전한 하나님의 참진리를 연구하고 따르라.

▪ 예수가 2천 년 전에 만백성을 위해 죽었으니, 지금 이 땅에는 예수의 가르침대로 사는 천사만 존재해야 한다. 예수가 죽어 가면서 바란 것은 만백성이 천사가 되어 예수의 자리를 채워 주는 것이지, 지금과 같이 재물을 바치면서 중언부언 제 소원만을 비는 백성들을 바란 것이 아니다.

9. 구원

▪ 천사가 사는 천국에는 천사만 갈 수 있으니, 천사 같은 마음을 길러야 한다.

- "천국 열쇠를 네게 주리니 땅에서 무엇이든지 매면 하늘에서도 매일 것이라" 했다. 땅에서 천사같이 사는 자가 하늘에서도 천사가 되어 천국에 들어간다. 모든 사람에게 천사같다는 말을 듣는 삶을 살아야 한다.

▪ 천사의 곱고 아름다운 마음은 부모를 공경하고 어른을 어른으로 대접하는 데에서 출발한다. 효도하는 자는 형제와 화목하게 지내기에 가정이 화목해지고, 이웃과 화목해지고, 국가가 화목해지고, 온 인류가 화목해진다.

- 그러므로 지상의 아름다운 소왕국은 가정에서부터 이루어야 한다.

▪ 선택된 14만 명만 구원받는 것이 아니라, 천사처럼 변하고자 하는 14만 명을 기초로 온 인류가 천사처럼 거듭나는 영적인 개혁이 시작되는 것이다.

▪ 천 년에 걸쳐서 하늘에서 이루어진 것같이 이 세상을 낙원으로 만들어, 만백성이 지상의 천국에서 살다가 죽어서 그대로 하늘의 천국으로 들어가는, 영원한 지상 낙원을 건설하는 것이 하나님의 계획이다.

- **이것이 구약과 신약에 이어 "새로운 성경"으로 역사하시는 하나님의 창조의 완성이다.**

▪ 지금의 믿음으로 구원받을 수 있다면 그 길을 가라. 그러나 자신이 없다면 하나님께서 직접 내리신 160권의 "새로운 성경"을 읽고 구원의 길을 보라!

하나님 머리말씀

이 새로운 성경을 읽는 너희 모두는
이 율법에 따라 행하면 영원히 구원받을 것이니라.

너희 인간이 수년, 수십 년, 평생
성서를 공부하고 기도하는 것은
하늘나라 나의 곁으로 오고 싶은 소망일진대,

몇천 년 전의 너희 인성과 생각이
지금의 너희와는 판이하게 다르니,

꺾여 가고 병들어 가는 너희를 고칠 수 있는 길은,
오늘 내가 선지자에게 내리는 새로운 성경과 같이
너희가 변화되는 것뿐이니라.

나의 예수가 태어난 것처럼
내가 아들 선지자를 선택하여
나의 새로운 성경을 온 세계에 전하고자 하니,

묵은 것은 버리고 새로운 것은 취하여,
너희 모두는
'여호와 하나님! 저의 죄를 용서하여 주옵소서.'
하는 기도문으로 기도하고, 죄를 뉘우치라.

이 새로운 성경은
수천 년간 내려온 성서를 요약한 것이니,
너희는 이 책을 정독하여 쉽게 깨달음을 얻고,
이대로 실천하여 하늘에 오르라.

대역자 머리말

■ 하나님의 율법을 지키는 선지자로 선택을 받도다.

저는 남들처럼 그저 열심히 살아온 평범한 사람이었습니다. 그러나 50대 중반에 사업에 실패하여 많은 부채에 시달렸으며, 건강도 악화되어 눈이 잘 안 보이고, 걷기도 어렵고, 두통이 심해서 잠을 이룰 수 없는 고통의 나날을 보냈습니다. 그때 제가 선택할 수 있는 것은 육의 삶을 끝내는 길뿐이었습니다.

죽기 직전에 그동안에 죄를 지은 이들에게 용서를 빌고 인생을 끝내기로 작정하였습니다. 어려서부터 지은 죄를 빌고 빌다 보니 끝이 없었고, 죽음으로도 그 많은 죄를 용서받을 길이 없다는 생각에 하염없이 눈물이 흘렀습니다. 그 순간 '재래식 화장실의 구더기는 죄를 짓지 않는데, 나는 인간으로서 구더기만도 못한 삶을 살았구나.' 하는 생각이 들면서 괴로움에 몸부림칠 때, 갑자기 하나님의 음성이 들렸습니다.

"나는 여호와 하나님이니라. 너는 십계명을 암송하고 내가 내려 주는 메시지를 받아 책으로 만들어 만백성을 구하라." 하시며, 제 눈을 손으로 문지르게 하시고, 아픈 머리와 다리를 손으로 두드리게 하셨습니다. 그러고 나니 눈도 잘 보이고 걸을 수 있었으며 머리의 통증도 말끔히 낫게 되었습니다. 그때부터 십계명을 암송하고 나면 들려주시는 말씀을 기록하였고, 1999년 8월부터 2004년 7월까지 권당 288쪽, 총 160권을 받아서 "새로운 성경"이라는 책으로 펴내게 되었습니다.

그러한 저에게 죽기보다도 힘든 길이 시작되었습니다. 모든 교인들이 저에게 사탄이요, 이단이요, 악마요, 마지막 시대에 온 거짓 선지자라 하면서 공격하였고, 저를 짐승을 보듯이 대하는가 하면, 편협한 종교 지도자들의 선동으로 신도들이 이 책을 직접 읽어 보고 평가할 기회마저 막아 버렸습니다. 그래서 하나님의 말씀을 세상에 내는 데 많은 어려움을 겪으며, 피를 토하는 심정으로 책을 전하고 있습니다.

그러나 아무리 인간의 힘으로 막으려 해도, 하나님의 뜻이 세상에 전해지는 위대한 역사는 계속될 것입니다. 책으로 전해지는 "하나님의 말씀"은 세상 끝날까지 항상 우리와 함께하실 것입니다. 사람은 죽어도, 책에 기록된 말씀은 영원히 남으니까요.

■ 따뜻한 실천

하나님께서는 어려운 사람들에게 삶의 터전을 마련해 주고, 미래를 열어 주는 것을 기뻐하십니다. 어려운 이웃이 스스로 자립할 수 있도록 이끌어 주는 것이 진정으로 이웃을 돕는 것이라고 말씀하셨습니다. 그래서 일자리가 없는 제자들에게 작은 사업장을 만들어 주는 "달란트 사업"을 하고 있습니다. 식당, 반찬 가게 등을 차려 주고, 기존의 어려운 사업장이 자립할 수 있도록 돕고 있습니다(커피숍, 미용실, 의상실 등).

하나님께서는 교회에 나와서 모든 시간과 재물을 쏟기를 원하지 않으시고, 그 시간과 재물을 교육에 투자하여 스스로 미래를 열어 가기를 원하십니다. 그래서 제때 공부하지 못한 제자들에게 학업을 이어 가도록 하였습니다. 중화요리 주방장을 하며 초등학교 검정고시부터 공부하여 2012년에 방통대를 졸업한 36세 남성, 만학도들의 2년제 중학교에 입학해서 2007년에 명지대학을 졸업한 38세 여성, 중학교 검정고시를 시작으로 숭의여자대학을 졸업한 47세 여성 등이 있습니다. 그밖에도 많은 제자들에게 나이를 초월하여 배우고 깨우쳐서 사회 속의 당당한 일원이 되도록 인도하고 있습니다.

학자금 대출로 힘겨워하는 젊은이들을 위해 "따뜻한 바람 장학회"를 발족하여(2016년 12월) 대출받은 학자금 전액을 매월 갚아 주고 있습니다. 또한, 다문화 가정을 위해 "다문화 가족 랜드"를 조성하여, 각종 시설을 무료로 활용하도록 하고 있습니다.

이러한 따뜻한 실천이 아직은 미약합니다. 그러나 책의 수입이 늘고, 저와 뜻을 같이하는 분들이 늘어나면 계속 확대할 것입니다. 지도자로서 신도의 재물을 헌금으로 거둬들여 착복하는 것이 아니라, 하나님께서 기뻐하시는 일에 사용하도록 중매 역할만 하며 살아가고자 합니다. 이런 제가 과연 사탄이고 이단인가요? 하나님께서 기뻐하시는 일이라면, 저에게 사탄이라 하든 거짓 선지자라 하든 굽히지 않고 실천해 나갈 것입니다.

끝으로, 일상의 삶 속에서 "지금 내가 하는 행동이 과연 하나님께서 기뻐하실까, 슬퍼하실까?" 생각하고, 매사에 하나님께서 기뻐하시는 길을 택하기 바랍니다. 교회에 모여서 집단적으로 예배 드리는 것이 아니라, 개인이나 가정 단위로 새로운 성경을 읽어 스스로 깨우치고 그대로 행하면 충분합니다. 그것이 마음속에 성전을 짓고, 신령과 진정으로 예배 드리는 길입니다. 그러면 천국의 문에 들어서게 됩니다.

2017.2.1.

하나님 말씀 대역자 김용철

차 례

십 계 명

이 책은 십계명을 암송하고 나면 내려 주시는 "하나님의 음성"을 듣고 그대로 받아쓴 기록입니다. 하나님께서 십계명을 모세에게 내려 주셨지만, 그것은 만백성에게 내려 주신 것입니다. 마찬가지로 이 책의 모든 말씀도 저에게 내려 주셨지만, 만백성 각자에게 들려주시는 말씀입니다. 여러분도 이 책을 접할 때마다 십계명을 암송하고 나서 정독해 주시기 바랍니다.

제일은, 너는 나 외에는 다른 신들을 네게 있게 말지니라.
제이는, 너를 위하여 새긴 우상을 만들지 말고, 또 위로 하늘에 있는 것이나, 아래로 땅에 있는 것이나, 땅 아래 물 속에 있는 것의 아무 형상이든지 만들지 말며, 그것들에게 절하지 말며, 그것들을 섬기지 말라.
제삼은, 너는 너의 하나님 여호와의 이름을 망령되이 일컫지 말라.
제사는, 안식일을 기억하여 거룩히 지키라.
제오는, 네 부모를 공경하라.
제육은, 살인하지 말지니라.
제칠은, 간음하지 말지니라.
제팔은, 도적질하지 말지니라.
제구는, 네 이웃에 대하여 거짓 증거하지 말지니라.
제십은, 네 이웃의 집을 탐내지 말지니라.

나 여호와가 존재함을 믿는 그 자체가 구원의 길에 들어서는 기본이요, 근본이며, 나의 새로운 성경을 가슴에 안고 정독하는 자, 반석 위에 서서 하늘에 오르는 찬란한 빛을 보게 되는 영광을 얻게 됨이니라. 진정 나를 따르고 믿는 자는 감히 사탄이나 마귀도 근접하지 못하느니라.

〈하나님 말씀〉

2003년 5월

6,208 번째 하나님 말씀

2003년 5월 20일 09시 48분

1 사랑하는 나의 아들아!
2 "네, 아버님! 말씀하옵소서."
3 이 세상 모든 종교 집단이요, 지도자들이 하늘을 향하여 한 점의 부끄럼이 없는 삶을 산다면 이 세상은 이와 같이 종말이요, 말세라는 그와 같은 말이 필요 없느니라.
4 지금 가장 큰 종교 집단이요, 가장 긴 역사를 가지고 있으며 나의 아들 예수의 이름을 팔며 나 여호와의 이름을 팔며 하늘의 구원을 받겠다는 그 백성이,
5 그 종교 집단이요, 지도자들이 살아감에 있어서 하늘을 향하여 한 점의 부끄럼이 없는 삶을 사는 지도자가 만백성을 이끌고 지도했더라면,
6 오늘과 같이 말세라는 말도 할 필요가 없으며, 거짓 선지자라 해서 누가 올 것도 없으며, 남들이 말하는 것을 듣고 들어야 할 이유가 없음이니라.
7 그리고 예수의 보혈로써 구원을 받았다는 그 신도라는 백성 그들도 하늘을 향하여 한 점의 부끄럼이 없는 그와 같은 삶을 살아간다 하면 너희는 이와 같이 험악한 세상이 되지 않았을 것이니라.
8 그리하여 내가 너희에게 가훈을 뭐라 말하였느냐?
9 '하늘을 향하여 한 점의 부끄럼이 없는 삶을 살라.' 내가 정하지 아니하였는가?
10 하늘을 향하여 한 점의 부끄럼이 없는 삶을 살 때 이 세상은 지상의 낙원이 되는 것이니라.
11 지금 나의 피조물 만백성 중에 나의 아들을 따르는 제자요, 또 지도자요, 전사요, 나의 법전을 읽고 깨우친 백성 너희가 가장 근본으로 해야 할 것은, 하늘을 향하여 한 점의 부끄럼이 없는 삶을 사는 그것이니라.
12 그 모두를 받치기 위하여 십계명이 필요한 것이며, 나의 법전이 필요한 것이며, 성경이 필요한 것이며, 구약과 신약이 필요한 것이며, 예언자가 필요하며 지도자가 필요한 것이니라.
13 그리하여 모세가 세상에 나갔으며, 나의 아들 예수가 세상에 나갔으며, 또한 지금 내가 너를 통하여 직접 나의 법전이라 하여 새로운 성경을 세상에 내려보낸 그 뜻이 다 무엇인 줄 아는가?
14 하늘을 향하여 한 점의 부끄럼이 없는 삶을 살아가게 하려고 그를 깨우쳐 주기 위한 그 뜻이 거기에 있음이니라.
15 내가 너희에게 가정마다 '하늘을 향하여 한 점의 부끄럼이 없는 삶을 살라.' 한 것이 무엇인 줄 알겠는가?
16 그것이니라. 정녕 너희가 하늘을 향하여 한 점의 부끄럼이 없이 산다는 자가 하늘에 오르는 백성이요, 천사며, 그와 같은 백성이 사는 곳이 지상의

낙원이니,
17 지금 하늘을 향하여 한 점의 부끄럼이
없는 삶을 살게 하지 못한 것은 종교
지도자가 사탄의 앞잡이요, 사탄의 종
으로서 모든 종교 집단의 지도자로 임
했기 때문이니 그리 알라.
18 그렇지 아니하면 그들은 하늘을 향하
여 한 점의 부끄럼이 없는 삶을 사는
백성을 만들어 냈을 것이며,
19 그와 같은 백성을 지도하여 지금 세
상의 모든 백성이 그와 같은 자가 되
었다면, 지금같이 험악한 세상이요,
도둑이 들끓으며, 사람이 사람을 무서
워하며,
20 너희가 그저 만나기만 하면 도둑이
아닌가, 사기 치려 하는 자가 아닌가,
거짓 하는 자가 아닌가, 너희를 넘어
트리려 하는 자가 아닌가 그와 같은
의혹의 눈으로 볼 수 없음이니,
21 그 죄가 종교 집단이요, 지도자가 제
일 큼이니, 그들이 사탄이요, 사악한
자의 앞잡이로서 지금까지 살아온 그
결과이니라.
22 내가 종교 지도자는 한 점의 부끄럼이
없이 사는 것이 지도자라 했으니 그게
무엇인가?
23 하늘을 향하여 한 점의 부끄럼이 없이
사는 것이 종교 지도자라 함이니라.
24 그러니 너희는 말 한마디 하는 것, 행
동 하나 하는 것을 모두 다 책임을 져
야 하며, 그 일에 책임을 지지 못한다
면 너희는 하늘을 향하여 부끄러운
짓을 하고 사는 백성이니라.
25 그러니 나의 이 깊은 뜻을 깨우쳐, 너
의 제자들과 많은 백성은 그를 알아
나의 법전을 읽는 백성, 그리고 나의
선택된 지도자요, 전사는 하늘을 향하
여 부끄럼이 없는 삶을 사는 데 최선
을 다해야 될 것이니라.
26 그러니 너희가 지키지 못할 약속을 하
는 그 자체가 하늘을 향하여 부끄러운
짓을 하는 것이 아니던가?
27 너희는 종교 지도자에게 물어보라.
28 너희가 수없이 거둬들이는 그 재물이
정녕 나 여호와에게 오르는 재물인가,
그리고 너희가 나를 위해 쓰이는 것
인가 그를 물어보라.
29 그리고 나의 아들 예수의 보혈로써 저
희가 손으로 지은 교회라는 곳에 오는
순간에 구원을 받으며 영광을 얻으며
축복을 받았다 말함이니, 과연 그들이
그를 책임질 수 있는가?
30 너희는 구원의 길로 올라왔으며, 너희
는 구원을 받은 백성이요, 너희는 나
에게 올라올 수 있는 백성이요, 그리
하여 재물과 금화와 은화를 닥치는 대
로 거둬들이는 그들이 과연 그 한 말
에 대해서 책임을 질 수 있는가?
31 목사라 하여, 또 종교 지도자라 하여
너희가 그 단상에 서서 설교했으며 그
신도라는 자들 앞에서 한 말을 다 책
임질 수 있는가?
32 그게 과연 거짓이 없으며 너희가 책임
질 수 없는 말을 한 것은 없는가?
33 책임질 수 없는 말을 한 것은 나를 속
이며 거짓 한 자니, 그는 종교 지도자
가 아니요, 바른 자가 아니니라.
34 그러니 그것이 잘못되었음이니라.
35 종교 지도자는 한 말에 대해 책임을
져야 하며, 헛소리를 해서도 안 되며,

책임지지 못할 말을 해서도 아니 됨이
니, 그 얼마나 너희가 조심스러운 것
인지 알겠느냐?
36 그와 같이 하늘을 향하여 한 점의 부
끄럼이 없이 살라는 것은, 하늘을 향
하여 한 점의 실수라는 것을 해서도
아니 되며 실수가 없는 삶을 살아가야
하는 것이 너희 운명이요, 너희가 가
야 할 길이기 때문이니, 이를 명심하
여 행하도록 하라.
37 한 점의 부끄럼이 없는 삶을 살라는
그것은 네 모두가 존재함이니, 이제
너의 제자들은 한 점의 부끄럼이 없
는, 나를 향하여 한 점의 부끄럼이 없
는 삶을 사는 거기에 모두를 다 바치
라 하라.
38 십계명도 거기에 필요한 것이며 나의
법전도 거기에 필요한 것이니, 내가
모든 총체적인 답을 너희에게 내려
주었음이니 너희는 그리 살라 전하라.
39 그리고 너희가 한 말에 대해 책임을
져라.
40 종교 지도자들이 하는 말에 정녕 저희
가 책임을 질 수 있는가 물어보라.
41 백성을 구원할 수 있으며 과연 구원해
주었는가?
42 저희가 기도로 씨부렁거리며 기도로
써 울부짖는 것을 과연 저희가 책임
질 수 있으며 그리 이루어지는 것이
하나가 되어 있는가?
43 그렇지 않으면 이루어지지 못하는 것
을 이루어 달라 말하며 이루어지는 것
처럼 말하며 이루어질 수 있다고 말하
는 자는 그게 다 사기꾼이요, 사탄의
자식이요, 사탄의 앞잡이요, 사악한
자라는 것을 잊지 말라.

6,209 번째 하나님 말씀

2003년 5월 21일 09시 01분

1 사랑하는 나의 아들아!
2 "네, 아버님! 말씀하옵소서."
3 너희가 '사랑' 노래를 부르며, 사랑이
나의 근본이며 너희가 사랑을 실천하
기 위하여 이 세상에 존재하며, 그 사
랑이라는 그 의미의 뜻을 알아 베풀고
행하는 자가 곧 나에게 오를 수 있는
백성이라 그리 말하지 아니하였던가?
4 그리고 내가 너희에게 말하였느니라.
5 사랑이란 두 배로 주는 것이라 했느니
라.
6 받은 만큼 배로 갚을 수 있는 것이 사
랑의 마음이라 하였음이니,
7 가진 자가 갖다 윗사람에게 바치며 가
진 자에게 뺏으며 거둬들이는 것이 사
랑이 아니요,
8 너희는 가진 자가 어려운 자에게 베푸
는 것이 내가 내리는 사랑이니 소중하
다 그리 말하였음이니라.
9 지금의 모든 종교 집단이요, 지도자들
은 사랑이요, 믿음을 어찌 가고 있는
가?
10 가진 자, 그저 없는 자, 더 불쌍한 자
들, 누구든 많이 바치는 자만이 거둬
들일 수 있도록 그 역사하는 것이 능
력 있는 하나님의 자식이요, 하나님의
목자요, 나로부터 선택된 목사라 그리
말하면서,
11 없는 자, 불쌍한 자들에게까지 갈퀴질
을 하며 거둬들이며 그들이 바치게 함

이니라.
12 그리 바치는 것이 사랑이요, 믿음이
요, 없는 자가 고통 속에서 더 바치는
것이 더 위대한 사랑이요, 나 여호와
가 더 깊이 기억한다 너희는 그리 가
르침이니, 얼마나 너희가 사악한 자며
잘못된 자더냐?
13 부자는 하늘에 오를 수 없으니 부자는
바쳐야 하며,
14 없고 가난한 백성은 그 불쌍하고 어려
움 속에서 없고 고통스러움 속에서 바
치는 것이 위대한 믿음이요, 위대한
나 여호와를 사랑하는 마음이요, 증거
하는 마음이라 하여 너희가 거둬들이
며,
15 이래도 거둬들이고 저래도 거둬들임
이니 사랑이 과연 어디에 있더냐?
16 너희는 사랑이라는 씨도 찾을 수 없는
것이 지금의 종교 집단이요, 지도자
요, 너희가 구원을 받았다는 신도요,
백성이 하고 있는 짓이며 가고 있는
행위임을 너희는 알아야 할 것이니라.
17 내가 너희에게 말하느니라.
18 사랑이라는 것은 너희가 받았을 때
배로 주며, 없는 자보다 있는 자가 베
푸는 것, 그 모두가 사랑이라 하였음
이니라.
19 그런데 너희는 지금 어찌하고 있는가?
20 남에게 말하는 것까지도 용서하는 마
음, 아름다운 마음, 고운 말을 쓰지 아
니하며,
21 남을 흉보기를 좋아하며, 남을 공격하
기를 좋아하며 남을 비방하는 소리를
좋아함이니,
22 너희가 들은 말을 전하는 것도 더 보
태서 더 악하게 더 나쁜 사람으로, 그
리고 몹쓸 사람으로 만들어 남을 비아
냥거리며 남을 비방하는 것을 즐거운
마음으로 생각하며 그런 마음을 함부
로 하고 살아가는 것이 너희이니,
23 과연 너희가 사랑을 실천할 수 있는
백성이며, 사랑을 행할 수 있으며 사
랑이 무엇인가 말할 수 있는 백성이
던가?
24 얼마나 너희가 사악하고 잘못된 백성
이던가?
25 재물을 주고받은 것을 배로 갚는 것이
또한 너희가 베풀 수 있는 사랑의 근
본이요, 사랑의 실천이라 하였거늘,
26 너희가 말로써 남을 칭찬 하며 말로써
남을 경배하며 이와 같은 것도 하지
못하는 자들이, 너희가 남을 흉보고
비방하는 것을 즐거워하며 더 붙여서
풍선처럼 부풀려 남을 흉보는 것을 즐
거워하며 남의 이야기를 함부로 하는
그와 같은 행위를 하는 것이 과연 사
랑이더냐?
27 그러니 말로써 남을 다스리지도 못하
고 칭찬하지도 못하는 너희가 물질적
인 것을 내놓고 남을 사랑하라면 너희
가 과연 그 사람을 옳은 사람이라 하
겠는가?
28 물질을 주고 사랑하라면, 그 사람은
절대로 복을 받을 사람이 못 되며, 또
사랑을 받을 사람이 못 되며, 물질을
받을 자격이 없다 하여,
29 그 사람이 어려서부터 살아온 모든 과
정이 잘못된 것을, 또 실수한 것을 하
나하나 꺼내어 절대로 그는 물질적으
로 도와줄 사람이 아니며 받을 자격이

없다 너희는 그리 욕하고 비방하며
그리 모함할 것이니라.
30 그것이 인간 너희의 생각이니라.
31 그를 종교 집단이요, 지도자들이 수천
년간 흘러가면서 나의 백성의 인성을
그리 무너뜨렸으며 그리 사악한 마음
으로 만들어 놓은 것이니라.
32 그러니 내가 너희와 관계없다는 말이
여기에 있음이니라.
33 너희는 내가 나의 아들을 통하여 법전
에 기록하는 내용을 들어 보라.
34 물질적인 것을 배로 베푸는 것이, 받
은 것을 배로 베푸는 것이 사랑의 근
본이라 했거늘,
35 말로써 아름답게 남의 흉허물을 덮어
주며, 남의 실수를 덮어 주며, 잘못되
는 것을 말로써 덮어 줘,
36 아름다운 대화요, 아름다운 이야기를
하는 것이 아니라, 너희가 소위 말하
는 맞장구를 치면서 너희가 부풀리고
부풀려, 이곳에서 들은 말을 다음에
가서 더 부풀려 너희 임의대로 생각
하여 그 사람을 모욕하며 그 사람을
욕하며, 사악한 자요, 못된 자로 만드
는 것을 너희가 즐거움으로 생각하며
살아가는 자가 너희는 과연 없단 말
이던가?
37 그와 같은 심성을 가지고 살아가는 것
이 너희이니, 너희가 사랑을 무엇을
알며 근본을 아는가?
38 이것이 너희의 오늘의 삶의 현실이며
너희의 마음 자세니,
39 너희가 과연 나로부터 구원을 받을 수
있는가, '사랑'의 노래를 부를 자격이
있는가, 너희 자신을 돌아다보도록 그
리하라.

6,210 번째 하나님 말씀

2003년 5월 21일 22시 26분

1 사랑하는 나의 아들아!
2 **"네, 아버님! 말씀하옵소서."**
3 나의 십계명에 뭐라 기록되어 있느냐?
4 '너를 위하여 우상을 만들지 말며 새
기지 말며 그것들에게 절하지 말며 그
것들을 섬기지 말라.' 내가 너희에게
수없이 반복하며 그를 전하고 있음이
니,
5 내가 너희에게 우상이란 무엇이라 말
했느냐?
6 너희가 고개 숙여 절하며 너희가 소
원을 비는 것만이 우상이 아니요,
7 너희가 정을 주며 그보다도 너희 목숨
보다 또는 너희가 이 세상에서 나 여
호와를 생각하는 것보다 더 소중히 생
각하는 것, 그 모두가 다 너희가 우상
을 섬기는 것과 같다고 내가 그리 말
하였음이니,
8 너희가 살아가는 그 삶의 의미가 어디
에 있는지 아는가?
9 이 세상에서 너희가 나를 향하여 오는
마음이 나로부터 등을 돌리며 나로부
터 멀어지는 마음, 나를 의식하지 아
니하고 사는 마음, 그와 같은 삶이 있
어서는 아니 된다는 것이니라.
10 내가 존재함을 믿으며 내가 있음을 믿
으며 너희가 죽어 와 나로부터 심판
을 받는 것이 진실한 것이며, 그보다
더 소중하고 귀한 것이 없다는 것이,
그 의미가 거기에 있음을 알아야 할

것이니라.
11 '너희가 나 외에 다른 신을 섬기지 말라.' 함은 나 외에 너희가 다른 것을 깊이 생각하거나 깊이 사랑하지 말며, 그를 위하여 너희가 모두를 다 바치는 삶을 살지 말라 함이니라.
12 너희가 이 세상에 살아가는 어떠한 삶이요, 어떠한 역사하는 것도 너희가 나 여호와가 존재하는 것을 믿는 것보다 우선해서는 아니 된다는 것이니,
13 이를 너희에게 거꾸로 다시 가르치면, 너희가 이 세상에서 내가 존재함을 믿는 것보다 더 소중한 것이 없으며 더 귀한 것이 없다는 가르침을 내가 전하는 것이니라.
14 이 세상에 나를 향하는 마음이요, 나를 경배하는 마음보다 그 무엇도 너희에게 소중한 것이 없으며 우선할 것이 없다는 그와 같은 나의 뜻을 십계명에 기록하여 내가 너희에게 전하였음이니,
15 그리하여 '나 외에 다른 신을 네게 있게 하지 말며 그것들에게 절하지 말며 그것들을 섬기지 말라.'는 그 뜻의 의미가 거기에 있음이니,
16 너희가 이 세상에 가장 소중하고 제일 먼저 값지게 생각할 것은 나 여호와가 존재한다는 것을 믿는 그 마음을 갖고 사는 것 외에 그보다 더 소중한 것이 없다는 것을 전함이니 너희는 그 뜻을 깨우쳐야 할 것이니라.
17 그러니 이 세상 어떠한 것이든 너희가 나 여호와가 존재함이 제일 우선이요, 나 여호와를 경배하며 나의 뜻에 의해 너희가 하늘에 오르고자 살아가는 그 모습이 제1번이라는 것, 제일 우선이라는 것을 너희가 깨우쳐야 함을 잊지 말라.

6,211 번째 하나님 말씀

2003년 5월 21일 22시 41분

1 사랑하는 나의 아들아!
2 "네, 아버님! 말씀하옵소서."
3 지금의 믿음의 길을 가고 있는 모든 백성이요, 수천 년 역사가 흘러온 그들의 그 믿음이, 결국 그들이 원하며 바라고 소원했던 것이 무엇이던가?
4 그리고 그들은 무엇을 기준으로 하여 어찌 믿고 그들이 믿음의 세상을 갔던가?
5 지금의 모든 믿음의 길을 가는 그 백성은 성경이라는 내가 내리는 그 책이요, 그 뜻을 갖고 그를 믿으며 그 내용을 믿으며 그 내용대로 공부하는 것만이 구원의 길이요, 하늘에 오르는 길이요, 절대적이라 너희가 그리 가르치고 있음이니라.
6 그리하여 성서에 기록되어 있는 것, 그것을 그대로 공부하며 그대로 역사하는 것, 그것만이 너희를 구원을 해 주는 것이며 구원받는 길이라 그리 생각하고 있었음이니라.
7 그러나 내가 너희에게 일찍이 나의 법전에 기록하여 뭐라 말하였느냐?
8 성경이라는 것은 너희가 구원의 역사를 이루는 것이 아니요, 그게 너희를 구원을 해 주는 것이 아니라 내가 그리 말하였음이니라.
9 성경이라는 것은 나의 아들 예수가 세

상에 나가 너희에게 역사한 것이요,
그리고 그가 나의 아들로서 너희를
깨우치며 너희를 깨닫게 하기 위하여
모든 역사한 것을 증거하는 것이며 증
명하는 것이 바로 신약이요, 너희가
말하는 성경임을 알아야 할 것이니라.
10 성경으로써 너희가 구원을 받는 것이
아니요, 그리 행하여 너희가 구원을
받는다, 그리고 성경이 너희를 구원해
주는 것처럼 그리 생각하나,
11 성경은 일단 나의 아들이 세상에 나가
너희에게 역사했던 것이, 나의 아들이
요, 그가 전하는 것이 나의 성령이라
는 것을 증거하며 입증하는 것이며,
구원의 길을 알게 하는 그 역할을 하
는 한계가 있음을 너희는 알아야 할
것이니라.
12 성경은 어찌하여 구원을 받는 것이며
하늘에 올 수 있는 것인가를 너희에게
깨닫고 깨우쳐 주며 알려 주고자 전하
는 것이니라.
13 그리하여 성경을 너희가 가지고 다니
면서 성경을 믿음으로 인하여 너희는
무조건 구원을 받는다는 그와 같은 생
각을 버려야 할 것이니라.
14 성경은 너희를 구원해 주는 것이 아
니요,
15 성경은 너희가 구원하는 길이 무엇인
가를 알게 깨우쳐 주며, 너희 눈을 뜨
게 하는 것이며 너희에게 깨달음을
주는 것임을 알라.
16 그리하여 나의 아들 예수가 역사한 걸
증거하며 그를 증명하는 그 모두가 거
기에 기록되어 있는 내용의 역할이라
는 그와 같은 한계가 있다는 것을 알
아야 할 것이니라.
17 예수의 행함을 증거하며, 그 증거함을
성경을 통하여 너희가 읽도록 해야
하며, 너희가 그를 믿음으로 인하여
나의 아들 예수가 살았던 그 삶을 본
받아 그 행동을 따라 살아야 한다는
것을 너희에게 깨우쳐 주기 위한 그와
같은 모든 깨달음의 길임을 너희는
알아야 할 것이니라.
18 그리하여 너희는 성경을 들고 성경을
가지고 읽고 공부하며, 너희가 강론을
들으며, 오로지 성경을 접하는 그 순
간에 구원을 받는 그 역사를 이루는
것처럼 그리 말하나,
19 성경을 접하고 읽고 깨닫는다 해서 너
희가 구원을 받는 것이 아니요, 거기
에는 너희가 행함이 있으며,
20 나의 아들 예수가 모든 역사한 것이
며, 그리고 나의 아들이 나 여호와의
뜻을 따라 역사했다는 것을 증거하며
증명하며 너희가 하늘에 오르는 그
이치를 깨닫는 거기까지가 성경이 너
희에게 할 수 있는 길이요, 그와 같은
역사함이 거기에 있다는 것을 이제 너
희는 알아야 할 것이니라.
21 성경을 읽고 접함으로써 너희가 구원
을 받으며 성경을 접하는 순간에 구원
을 받게 된다는 그와 같은 생각을 해
서는 아니 될 것이니라.
22 그것이 바로 쉬운 길이요, 쉽게 하늘
에 오르는 길이요, 나에게 오르는 축
복을 받는 그 영광이 거기에 있다 너
희가 그리 착각하고 살아감이니,
23 성경은 그 기록되어 있는 예수의 행함
을 본받아 그대로 행하는 삶이요, 그

리고 예수가 역사하고자 하는 것을 깨
달아 행하여 너희가 하늘에 오르는
길을 볼 수 있는 그 역할까지만 신약
이요, 구약이 역사할 수 있는 것이라
는 것을 너희는 알라.
24 이 엄연한 이치를 깨닫지 못하며 너희
가 성경을 접하는 순간에 구원을 받는
다 그리 매달리는 것, 그리 생각하는
것, 그리하여 너희가 진정한 하늘에
오르는 그 참뜻이요, 진리를 모르고
있음이니라.
25 준비 단계를 너희가 아는 것이요, 진
짜 행해서 오르는 것을 모르기에, 너
희가 구원의 길이 아닌 나의 뜻을 거
역하는 길을 가는 것이라 내가 그리
말하였음이니라.
26 나의 아들 예수가 기록하여 너희에게
뭐라 전하였느냐?
27 나를 보내신 아버지가 계시며, 제 뜻
대로 하는 것이 아니요, 아버지의 뜻
에 따라, 그분의 뜻에 따라 너희가 행
동하고 행하는 것이 하늘에 오르는 길
이요, 구원을 받는 길이라 그리 예수
는 성경에 기록하여 전했음이니라.
28 보낸 나 아버지라, 그리고 보낸 나 여
호와 창조주가 있으며, 그는 듣는 이
였으며,
29 예수의 행함이요, 예수가 역사함이요,
예수의 뜻을 너희가 행하여 구원하는
것이 아니라, 나 여호와의 뜻을 명하
는 것을 너희가 따르고 행동으로 옮
겨 살아 구원의 길을 받으라는 것을
예수가 기록하여 전했음을 알아야 할
것이니라.
30 그러니 예수가 행한 행동이요, 모든
것은 나 여호와가 명하는 것이며,
31 또 내가 명하지 않는 그와 같은 것을
깨닫지 못하며 알지 못하는 그 역사를
너희가 어찌 선택해야 할지 모를 때,
그 모든 것은 나 여호와의 뜻을 위하
여 너희가 행하고 선택의 길을 찾아
야 하는 것이라 그리 가르쳤음을 너
희가 성경에서 읽었을 것이니라.
32 예수의 뜻이 아니요, 보낸 이의 뜻대
로 행하는 것이 너희가 구원을 받는
다는 것, 그리 너희에게 정확히 가르
쳐 기록했음을 너희는 어찌 그리 모
르는가?
33 그리고 예수는 뭐라 전하였는가?
34 예수가 전하고자 하는 뜻이 나 여호와
의 뜻이요, 보낸 이의 뜻을 따라 보낸
자로서 그가 역사하고 증명했으며 그
가 행동했으며 그가 이루고자 했던 것
을 대신 와서 증명하는 자가 올 것이
며,
35 그에 따라서 또 역사할 자가 있으며
그를 이룰 자가 있으며,
36 나의 아들 예수가 정녕 나 여호와의
뜻이요, 나를 위하여 세상에 나가 나
의 아들이요, 그 가르침이 나 여호와
의 뜻이라는 것을 증거하며 그를 증명
하며 그를 계승하여 가르칠 자가 온다
하였으며, 새로운 자가 세상에 온다
그리 전하였음이니,
37 그게 누구인 줄 알겠는가?
38 지금 나의 성령을 태워 내려보낸 그
모두를 받아 기록하여 160권의 법전
을 만들어 만백성 구하고자 역사하는
지금 나의 아들임을 예수가 미리 예언
하여 기록하여 너희에게 전하였거늘,

39 그를 거부하며 그를 받아들이려 하지
않는 것이 지금 종교 집단이요, 지도
자들이니라.
40 그러니 2천 년 전에 나의 아들 예수를
그리 처참히 죽음으로 몰아간 그 주범
들이 누구인 줄 알겠는가?
41 나를 찾는 자요, 나의 믿음을 따르는
자요, 나를 경배한다는 그 백성이, 나
를 저희만이 존경하며 나를 경배하며
저희가 기도하는 것만이 옳은 정도의
길이요, 하늘에 오르는 길이요, 나의
뜻이라 그리 착각하는 자들,
42 그들이 나의 아들이 내려와 새로운 설
법으로써 너희를 깨우치며 하늘의 뜻
을 가르치고 전하는 것을 받아들이지
아니하며 거부한 자들이 그와 같이 역
사를 이루었으며 불행한 지금의 시점
이 2천 년이라는 역사가 흐르게 한 주
범의 역할을 했음이니라.
43 그리하여 지금 내가 나의 성령을 태워
새로운 나의 아들이 세상에 내려와 역
사한다는 걸 성경에 기록하여 그리 전
하였건만, 너희는 그를 믿지 아니하며
그를 인정하려 하지 아니함이니라.
44 너희가 받지 못했으며 너희 종파가
역사하지 아니하는 것은 아무것도 인
정하지 아니하려는 것이니 그게 바로
무엇이더냐?
45 첫째는 가장 어리석음이요, 둘째는 가
장 큰 욕심이요, 제 분수를 모르는 자
들이기 때문이며, 제한된 너희 임무가
무엇인가를 모르는 자들이기 때문이
니,
46 2천 년 전에 나를 믿는 자, 나를 경배
한다는 자, 나의 뜻에 산다고 부르짖
으며 그와 같이 나의 백성이라 하며
선택된 자라 했던 자들이 나의 아들
예수를 그리 죽게 하였듯이,
47 그와 같은 자들이 오늘에 또한 나의
성령을 태워 내려보내는 나의 법전이
나의 뜻이 아니요, 사탄의 것이요, 나
의 아들이 사악한 자요, 사탄이라 너
희가 그리 밀어붙이고 그리 몰고 가고
있음이니,
48 너희가 2천 년 전이나 지금이나 변한
것이 없으며, 더 사악해졌으며 더 악
랄해졌다는 것을 너희는 알아야 할
것이니라.
49 나의 아들 예수를 통하여 미리 기록하
여 세상에 전한 그것까지도 믿지 아니
하며, 그가 지금 역사하는 나의 법전
이요, 새로운 성경을 믿지 아니하며
사탄의 자식이요, 사탄의 역사라 하는
너희가 얼마나 사악한 자인지 아는가?
50 그리하여 2천 년 전 너희 조상이요,
뿌리들이 이루었던 것을 지금도 그 후
손이 그 역할을 하고자 하는 것이 지
금의 종교 집단이요, 지도자라 하는
자, 그리고 그곳에서 구원을 받는다고
몸부림치는 너희가 하고 있는 짓이니
라.
51 그러니 너희는 성서를 다시 한 번 들
여다보라.
52 너희 말로 한 자를 더해서도 안 되며,
한 획을 더 붙여서도 아니 되며, 잘못
기록해서도 안 되며, 너희 뜻을 기록
해서도 안 되며 전해서도 안 된다는
그 성경에 어떻게 기록되어 있는가?
53 나의 아들은 반드시 말했음이니라.
54 그가 감으로 인해서 새로운 보혜사가

온다고 전했으며, 그 뜻을 이루며 예
수가 증거함을 증거하며 예수가 가르
친 그 모든 것을 가지고 새로 온 자가
세상에 와 그 뜻을 펴니,
55 이는 곧 창조주 보낸 이의 뜻이요, 보
낸 이의 뜻을 따라 역사하는 자가 올
것이라 기록한 그 대목을 가지고도 너
희는 그를 읽으려 하지 아니하며 인정
하지 않으려 하며 그가 올 것이라 생
각하지 아니함이니라.
56 나의 아들 예수가 부활하여 다시 천군
을 앞세워 나팔 불며 내려와서 죽을
자, 구원할 자, 믿는 자 너희를 구원할
것이며 믿지 않는 자는 내가 지옥 불
로 보낼 것이라는 그와 같은 음성을
들려주기를 바라며 그와 같은 역사가
이루어지기를 바라고 있는 것이 너희
이니,
57 이제 너희는 꿈을 깰 것이며 현실을
봐야 할 것이며,
58 2천 년 전에 나의 아들이 기록하여 너
희를 깨우치고자 했던 그 내용을 상세
히 읽고 또 깨우쳐 정독해 보면, 그 속
에서 내가 이루고자 하는 뜻이 무엇인
가를 알 것이며,
59 오늘에 나의 아들을 통하여 기록하여
내린 이 새로운 성경, 새로운 법전이
나의 뜻이요, 성령으로써 너희가 구하
는 하나님의 말씀이 내려온다 하였음
이니,
60 바로 너희가 말하는 아버지의 말씀이
요, 창조주의 말씀이니라.
61 그리하여 내가 책의 제목을 뭐라 말하
였느냐?
62 '하나님! 말씀하옵소서' 이 책은 '하늘
에 오르는 길'이며 만백성을 구원하는
길이며 만백성을 심판하는 법전이라
전한 뜻이 여기에 있음을 너희는 알아
야 할 것이니라.

6,212 번째 하나님 말씀

2003년 5월 21일 22시 54분

1 사랑하는 나의 아들아!
2 "네, 아버님! 말씀하옵소서."
3 사랑하는 나의 피조물 만백성이요, 너
를 따르는 제자 모두에게 전하라.
4 너희는 정녕 죽음을 위한 삶을 살지
말라 그리 전하라.
5 너희는 죽음을 위한 삶을 정녕 살아가
고자 하는가?
6 죽음을 위하여 일하고 죽음을 위하여
역사하며 너희가 죽음을 위하여 무엇
인가를 이루고자 하는 그와 같은 삶을
살지 말며, 소중한 너희의 모든 것을
소비하는 그와 같은 삶을 살지 말라
그리 전하라.
7 너희 자신의 삶을 죽음을 위해서 사는
그와 같은 삶을 살아서는 아니 됨이니
라.
8 영원히 사는 그 삶을 위해 너희는 오
늘을 살아야 한다는 것을 너의 제자와
나의 법전을 읽고 깨우친 그 만백성에
게 내가 직접 전해 줌을 잊지 말라.
9 육은 죽음이니라.
10 너희는 육을 위하여 살고자 하는 데
그 모두를 다 바치고 있으며, 육을 위
한 삶을 살고자 모두를 다 바치며 그
모두를 역사하는 그와 같은 삶을 살고
있음이니,

11 그게 바로 내가 너희에게 죽음을 위
한 삶을 살지 말라 하는 것이니라.
12 너희는 육이 존재하는 것, 육이 역사
하는 것, 육이 살면서 향락을 느끼는
것, 육에서 행복이라는 것, 그리고 육
에서 너희가 웃고 우는 슬픔이고 기
쁨이며 그 모든 삶을 다 육을 위한 삶
에 맞춰 살아감이니,
13 내가 너희에게 일러 말하기를, 바로
죽음을 위한 삶을 살아가는 것이 너희
이니,
14 나의 아들을 따르는 제자들이요, 나의
법전을 읽고 깨우친 백성 너희는 죽
음을 위한 그와 같은 삶을 살지 말라
함이니라.
15 영혼을 위한 삶이요, 영원히 사는 삶
을 위하여 너희가 살라 하는 것이 나
여호와의 뜻임을 잊어서는 아니 될 것
이니라.
16 영혼을 위한 삶이요, 영혼을 위해 사
는 삶을 살아가도록 그리하라.
17 그것이 나로부터 선택된 백성과 나의
법전이요, 나의 뜻을 깨닫지 못한 백
성과의 차이점임을 알아야 할 것이니
라.
18 나의 아들 예수는 하늘에서 세상에 내
려진 것은 예수의 뜻을 행하고자 하여
내려짐이 아니라, 나 여호와의 뜻을
행하고자 하여 그가 세상에 내려온 것
임을 기록하여 너희에게 가르치고 전
하지 아니하였던가?
19 그게 바로 너희가 죽음을 위한 삶에
서 벗어나 영원히 사는 삶을, 영혼을
위한 삶을 살기 위하여 내가 너희를
그리 역사했으며 그와 같이 전했음을
너희는 알아야 할 것이니라.
20 나 여호와의 뜻을 행하고 행하지 아니
함이 너희가 바로 영혼의 삶과 죽음을
위한 삶이 구분되는 것이며,
21 너희가 어떠한 삶을 선택하느냐 하는
것은 너희에게 달렸음을 알아야 할
것이니라.
22 그리하여 내가 지금 너희가 살아가는
방법이요, 하늘에 오르는 길이라 하여
내림이니,
23 수천 년 동안 흘러오는 그 역사 속에
잘못된 종교 집단이요, 지도자들의 그
가르침에 현혹되어 나의 사랑하는 피
조물 만백성이 구원의 길이 아니요,
죽음의 길로 그들이 가고 있었음이니,
24 지옥의 낭떠러지로 떨어지는 것을 모
르며 수없이 그쪽으로 떨어져 가는 그
를 보고 내가 더 이상 인내하고 참기
어렵고 그들이 불쌍하여, 내가 지금
나의 성령이요, 나의 모두를 태워 내
뜻을 기록하여 하늘에서 지상에 전함
이니,
25 어찌하여 너희가 나의 뜻을 따라 하
늘에 오르는 길을 보지 아니하며 거역
하는 그와 같은 길을 가는 백성으로서
살아가는가?
26 하늘에 오르고자 하는 것은 너희가
나의 뜻을 거역하지 아니하며 나의 뜻
을 순종하는 백성으로서 구원의 길을
볼 수 있으며 구원을 얻을 수 있다는
것을 내가 수없이 너희에게 가르치고
전했으나,
27 너희는 정녕 그를 보지 아니하려는 것
이 지금의 마음 자세이니라.
28 그러니 너희가 얼마나 잘못되었는가?

29 너희가 선과 악을 모르며, 갈 길과 가
지 아니할 길 그 자체를 구분하지 못
하는 것이 너희라는 것을 내가 수없
이 전하고 전했음을 너희는 알아야
할 것이니라.
30 지금 너희에게 내가 전한 것이 무엇
이더냐?
31 구약의 시대에는 내가 십계명을 내렸
으며 율법을 내렸으며 그리하여 너희
가 바로 살고 나에게 구원을 받으라
하였으며,
32 그리하여 너희가 그리 살지 못하며
행하지 못하며 역사하지 못했기에 내
가 나의 아들이요, 너희가 생명보다
더 소중히 아끼는 자식이라는 나의 아
들을 세상에 내려보내어 너희를 구원
하고자 내가 역사하고자 하였으나,
33 너희가 또한 등을 돌려 나의 뜻을 따
르지 아니하였으며 나를 거역하는 행
위를 하였음이니,
34 그리하여 내가 너희에게 다시 한 번
기회를 열며, 너희를 버리지 아니하며
너희가 영원히 사는 삶을 살기 위한
그 길을 위하여, 그 길을 안내하고 깨
우쳐 주고자 내가 법전이라 하여 새로
운 성경을 세상에 내려보냄이니,
35 너희가 이를 보고 깨우쳐 너희 것으로
써 역사함을 잊어서는 아니 될 것이니
라.
36 나의 아들 예수의 시대에 거부했던
백성처럼 너희 또한 이를 거부하며
이를 받아들이지 아니하며 이게 사탄
이요, 사악한 자의 장난이요, 말세에
오는 거짓 선지자의 역할이라 그리 말
한다면 너희는 정녕 구원의 길을 갈
수 없음이니라.
37 이제 내가 너희에게 전함이니, 나의
십계명을 지키며 나의 법전을 지키며
나의 법전대로 살며 예수의 삶을 따라
살아가고자 그와 같은 삶을 사는 자가
죽음을 위한 삶을 사는 것이 아니요,
영원히 사는 삶이라는 것을 잊어서는
절대로 아니 될 것이니라.
38 이제 내가 너희를 다시 구원하고자
깨우쳐 주고자 너희가 영원히 사는
삶을 위해 살 수 있는 길잡이인 나의
법전을 상세히 기록하여 세상에 전함
이니,
39 너희가 나의 뜻을 생각하며 내가 내리
는 이 감사한 은혜를 안다면, 한두 권
의 법전이요, 한두 권의 책으로써 너
희에게 깨우치고자 역사하는 것이 아
니요, 그 많은 세월을 나의 아들을 밤
과 낮을 가리지 아니하고 그를 독촉하
며 그를 다스려 내가 160권이라는 대
장정의 법전으로써 너희를 깨우쳐 구
원하고자 하며, 그 아들이 죽어 가기
전에 160권의 법전이 역사한 다음 내
가 뭐라 하였느냐?
40 아름다운 세상의 시 글귀를, 그리고
천사와 같은 자들이 시를 읊으며, 아
름다운 글을 읽으며, 아름다운 마음을
정화하며, 즐거움을 알며, 세상에 더
이상 악이라는 근본이요, 사악한 마음
의 뿌리는 볼 수도 없고 찾을 수도 없
는, 하늘에서 이루어진 것 같은 지상
의 낙원을 이루는 것이 내 뜻이니,
41 그게 이루어졌을 때 거기에 사는 백
성, 거기에 존재하는 백성이 지키고
살며 그들이 즐기며 행복함이 무엇인

가를 알 수 있는 그와 같은 모든 뜻을
내가 남긴다 하였음이니,
42 이를 보고도 너희가 정녕 깨우치지 못
한다면 너희는 나의 백성이 아니며
거부하는 것이니라.
43 감히 인간으로서 너희가 이 많은 나
의 하늘의 뜻을 기록하며, 그리고 또
선택된 백성이 살아갈 수 있는 그것
까지도 다 준비하는 새로운 시대가 열
린다는 것을 과연 너희는 이해하지
못함이니,
44 이를 이해하지 아니하며 믿지 못하는
자가 얼마나 사악한 줄 너희는 알게
될 것이니라.
45 내가 천 년에 걸쳐 새로운 백성으로서
천사와 같은 백성이 내가 이루는 지
상의 낙원에 살 수 있는 자, 그 관문을
통과할 수 있는 자를 천 년에 걸쳐서
만들며,
46 그들이 관문을 통과하여 내가 만든 하
늘에서 이루어진 천국과 같은 지상에
서 이루어지는 그 땅에 들어가 살 수
있는 백성, 들어가면서 그들이 즐기며
지키고 행해야 할 것까지도 모두를 다
준비해 놓음이니,
47 천 년에 걸쳐서 변하는 백성이요, 변
한 백성이 살아가는 것까지도 모두를
다 기록하여 세상에 남기고 나의 아들
이 나에게 올 것이니,
48 이게 창조주 나 여호와의 뜻이 아니며
내가 역사하는 것이 아니면, 과연 이
와 같은 계획하에 이와 같은 대역사
가 이루어질 수 있다고 너희는 생각
하는가?
49 내가 나의 아들을 통하여 160권으로
써 너희가 천 년에 걸쳐서 지상의 낙
원에 들어가는 그와 같은 백성을 훈련
하는 것으로써 모든 종말을 맞는다면
이는 아니니라.
50 그곳에 와 사는 백성이 어찌 살 것이
며 그들이 무엇을 즐기며 어찌 살아가
는 것이요, 그들이 살아가는 도리까
지, 그들이 지키고 행해야 할 것까지
도 모두를 다 미리 준비하여 나의 아
들을 통하여 내려 너희에게 역사함이
니,
51 그리하여 이게 마지막 시대며, 마지막
나의 아들이며, 두 번 다시 이와 같은
역사가 이루어지지 아니한다는 뜻이
니,
52 오늘의 삶이요, 미래의 삶이요, 또 그
사후의 세계요, 그 세계까지 모두를
준비하는 것은 나 여호와만이 할 수
있는 것이라는 것을 알라.
53 그리하여 이것이 나의 성령이요, 나의
뜻이요, 나의 아들이라 함이니,
54 너희가 이를 거역하는 자는 얼마나 어
리석은 자며, 그 대가를 치르는 것이
얼마나 고통스러운 것인가를 스스로
알게 될 것이니라.
55 내가 나의 아들 예수를 찾으며 나의
아들 예수로써 너희가 구원을 받으며,
나의 아들 예수가 세상에 나갔을 때
너희가 하늘에 오르는 것은 꽃방석에
앉아서 기도하는 그와 같은 여유로움
이라 그리 말하였음이니라.
56 그러나 그 여유로움을 너희가 버렸기
에 지금 이와 같이 고통스럽고 힘든
길을 가고 있음이니,
57 바로 나의 법전을 지키고 사는 것도

너희가 죽어 구원을 받지 못하며 나에
게 오지 못하며 지옥에 가 너희가 지
은 죄의 대가를 치르는 것에 비하면,
오늘의 너희는 꽃가마를 타고 여행하
는 자들과 같음을 알라.
58 지금 너희가 꽃가마를 타고 여행하는
그와 같은 자세에서 너희가 욕심을
부리며 사악한 생각을 하며 더 편안하
고자 하는 그와 같이 어리석은 생각을
하는 자, 그리고 꽃가마를 타고 있는
것이 얼마나 감사하고 고마운지 모르
는 자,
59 너희가 나에게 왔을 때는 얼마나 그
무서운 고통의 시련을 겪는 것인가를
생각한다면, 그를 깨닫는다면, 그를
너희가 잠시라도 생각할 수 있는 지혜
를 가지고 있다면, 오늘의 삶을 어찌
살아야 하는가를 알게 될 것이니라.
60 스스로 깨달아서 행하도록 하라.
61 나의 아들을 따르는 제자들이요, 나의
법전을 읽고 깨우친 만백성 너희에게
나 여호와가 간곡히 전함을 알라.

6,213 번째 하나님 말씀

2003년 5월 21일 23시 10분

1 사랑하는 나의 아들아!
2 "네, 아버님! 말씀하옵소서."
3 내가 무엇을 더 법전에 기록하여 너희
에게 전하며 너희 손에 쥐여 주어야
만백성이 깨우쳐 이게 나 여호와의 뜻
이요, 내가 성령을 태워 마지막 너희
를 구원하는 나의 뜻이라는 것을 알
수 있겠는가?
4 뭐라 기록하여 전해도 그를 보고 깨우
치는 백성, 깨우치지 못하는 백성, 영
원히 깨우치지 못하는 그와 같은 백성
이 있을 것이니라.
5 지금 너희를 깨우쳐 전하는 종교 집
단들이 뭐라 말하느냐?
6 인간이기 때문에 십계명을 지킬 수 없
으며 그대로 살 수 없으며, 인간이기
때문에 죄를 짓지 아니하고 살 수 없
으며, 인간이기 때문에 완벽한 삶을
살 수 없다 그리 말하느니라.
7 그리하여 너희가 뭐라 말하는가?
8 구원을 받는 것이요, 하늘에 오르는
길은 너희가 노력하여 노력하는 만큼
결국은 나 여호와가 너희에게 손을
내려 거둬들여 역사하는 것이라 그리
말하느니라.
9 그리하여 인간은 완전히 신이 될 수
없으며 인간은 천사가 될 수 없으며
인간은 하늘에 오를 수 없다 그리 말
하느니라.
10 그러기에 너희는 모두는 다 나 여호
와가 구원하며 나의 역사에 의하며 내
가 손을 뻗어 구원하는 자가 하늘에
오른다 함이니,
11 너희는 과연 내가 구원할 자를 어디에
기준을 두고 그 말을 하며 내가 손을
뻗어 구원할 자를 어디에 기준을 두고
그리 말하는가?
12 너희는 인간이기 때문에 율법대로 살
수 없으며 십계명대로 지키고 살 수
없다 그리 말하며, 거짓 하지 아니하
고 살 수 없으며 죄를 짓지 아니하고
살 수 없으며 인간은 하늘에 오를 수
없다 그리 너희는 말하느니라.
13 그러나 너희는 또 뭐라 말하는가?

14 너희가 손으로 지은 성전이요, 너희가
손으로 지은 교회에 와 설교를 듣고
재물을 바치며 금화와 은화를 바치며
십일조를 열심히 바치는 자, 그리고
교회라는 곳에 찾아와 종교 지도자의
강론이요, 설교를 듣는 자, 거기에 와
서 나의 아들 예수의 이름으로써 구원
을 받는다 하며,
15 그 순간부터 너희는 구원을 받은 자
라 말하며 너희는 선택받은 자이기에
다 구원받을 수 있다 그리 말함이니라.
16 그리하여 믿음의 길을 가고 있는 그
종교 집단, 그 백성에게 '당신은 정녕
구원을 받았습니까?' 물었을 때, 그는
구원을 받았다 말하며 구원을 받은 것
을 확신한다 함이니라.
17 무엇으로써 구원을 받았으며 무엇으
로써 확신하느냐 물으면, 나의 아들
예수의 참은혜를 알며 그 보혈로써 모
든 죄를 씻어 주었으니 구원을 받았다
그리 말함이니라.
18 그러니 너희는 뭐라 말하느냐?
19 인간은 스스로 구원을 받을 수 없으며
모두는 나 여호와가 구원해 주며 내가
선택했을 때만 구원을 받는다, 그리고
인간은 천사가 될 수 없으며 인간은
천사들이 사는 천국에 올 수 없다 그
리 말하면서,
20 너희는 한편으로 구원을 받은 자요,
구원의 역사의 은혜 속에 있는 자요,
자신 있게 구원을 받았다 말함이니,
21 과연 이것을 너희가 어찌 설명하고 어
찌 듣고 내 백성이 깨우치며, 나는 어
찌 듣고 내가 어찌 해석을 하며 나 여
호와 자신이 어디에 기준을 두고 너희
에게 가르침을 주어야 하는지 나 자
신도 모름을 너희는 알아야 할 것이
니라.
22 너희는 인간이기 때문에 완벽할 수 없
다 하여 모든 재물과 금화를 바치며
너희가 지은 성전이요, 교회에 와서
기도하고 경배하는 순간에 구원을 받
았다 그리 말하느니라.
23 나 여호와가 구원하지 아니하면 구원
할 수 없기 때문에 너희는 그 믿는 것
으로써 구원을 받으며 선택된 백성이
라 그리 말함이니라.
24 그러니 너희가 어떠한 기준에서 가르
치는 것인가를 생각해 보라.
25 너희가 지키고 하늘에 오고 행하는 것
은 그 어렵고 힘든 것은 할 수 없다 말
하며, 내가 친필로 써 내린 이것이 하
늘에 오르는 길이요, 영혼의 양식이라
내가 너희에게 가르쳤으며 이를 지키
는 자가 구원을 받는다 말하였거늘,
26 그는 지킬 수 없다 너희가 그리 말하
며 행할 수 없다고 말하느니라.
27 그러니 너희가 그를 지킬 수 없으며
행할 수 없다는 것은 너희에게 손을
내미는 자에게 있어 너희가 탈락한다
는 것을 어찌 알지 못하고 깨우치지
못하는가?
28 너희 말대로 인간이기 때문에 이룰 수
없으며 역사할 수 없다 하자.
29 그러니 내가 너희에게 손을 내밀고 내
가 성령으로써 임하는 자, 내가 구원
해 줄 때 너희가 구원을 받는다 함이
니,
30 그렇다면 내가 구원하는 그 기준을 어
디다 두고 내가 손을 내밀어 구원하는

자를 어디에 맞춰 너희가 말하는가?
31 나의 아들 예수를 찾는 것으로써만 내
가 손을 내밀어 구원해 주는 자라 그
리 생각하는가?
32 너희는 여기서 크나큰 착각을 하고 있
으며 환상 속에 빠져 있음을 알라.
33 너희가 정녕 인간은 너희 말대로 천
사가 될 수 없으며 십계명을 지키고
살 수 없다고 말한다면, 그리하여 인
간은 아무도 구원을 받을 자가 없으며
구원받을 수 있는 능력이 없는 것이
인간이라 그리 말하며, 내가 손을 내
밀어 너희를 구원하는 그 기준이요,
내가 역사해야만 너희가 구원을 받는
다 하니,
34 내가 나의 아들을 통하여 너희에게
오늘 전하나니, 내가 손을 내밀어 구
원하는 자는, 완벽하든 완벽하지 아니
하든 내가 구원하는 자는 십계명을 지
키고 그를 암송하며 그대로 지키고자
발버둥치는 자, 그리고 율법대로 살아
가고자 노력하는 자, 그리고 계명은
나 여호와가 내린 것이며 친필로 써
내린 것이니, 목숨을 바쳐서라도 행하
고 지켜야 한다 말하는 자를 내가 부
족한 자든 완벽한 자든 손을 내밀어
천국의 문을 열어 끌어안는 자식들이
라 함이니 이를 명심하라.
35 그를 지키지 않는 자, 나의 법전을 읽
어 지키지 않는 자는 내가 손을 내밀
지 아니함이니라.
36 너희가 어떠한 죄를 짓든, 어떠한 선
함을 했든, 너희가 얼마나 노력했든,
노력하지 아니했든, 내 기준은 바로
지금 너희에게 못을 박아서 전함이니,
십계명대로 사는 자, 그대로 지키는
자, 율법대로 지키는 자, 나의 법전을
읽고 정독하고 그대로 지키고 행하는
자, 그와 같은 자들을 내가 손을 내밀
어 선택하는 선택된 백성이라는 것을
내가 전함이니 그리하도록 하라.
37 이제는 나의 아들을 따르는 제자들과
법전을 읽은 백성 너희는 그리 알고
그 길을 가라.
38 너희가 무작정 의미요, 뜻도 모르며
기준도 모르며 그저 나 여호와가 손을
내밀어 너희를 구원하며 역사했을 때
구원받는 것이지, 인간의 노력이요,
인간의 한계로써는 구원을 받을 수 없
다, 그리하여 인간은 절대로 자신이
구원받으려 노력하지 말라.
39 아무리 선하고 착한 일을 한다 해도
인간은 구원할 수 없으며 저 자신이
구원의 길에 들어설 수 없음이니, 오
로지 나 여호와만이 너희를 구원한다
하니,
40 내가 너희에게 전함이니라.
41 너희가 스스로 선한 일을 하는 것, 착
한 일을 하는 것, 너희가 그와 같은 행
위를 하는 것은 모두 나의 계명 속에
들어 있어 내가 행하고 지키라 하는
것이니,
42 그리 행하고자 노력하는 자가 내가 기
억하는 자라는 것을 잊지 말라.
43 너희가 구원을 받고자 최선의 육의 노
력을 다할 때, 그것으로써 내가 너희
에게 점수를 매김이니,
44 너희가 말로써 부모에게 효도하며 부
모를 공경한다 말하면서, 평생 찾아보
지도 아니하며, 이름 석 자요, 부모가

어디서 어찌 살아가는지도 바라보지
아니한다면,
45 그 부모의 고통과 시련이 무엇인가를
모르는 자라면 그게 정녕 부모를 공경
하는 자란 말인가?
46 말로써 공경하는 자는 공경하는 자가
아니요, 남들까지 기만하는 자임을 알
라.
47 내가 너희에게 손을 내밀어 구원하는
것은 죄를 지었든, 죄를 짓지 않든, 너
희가 얼마만큼 깨달았으며 깨달은 그
기준을 따지지 아니하든,
48 내가 너희에게 손을 내밀어 너희를
구원해 주는 그 역사를 이루는 것은
나 여호와만이 구원을 할 수 있으며,
내가 구원해 주었을 때 너희가 구원
을 받는 것이니,
49 너희가 스스로 노력으로써는 구원을
받을 수 없다고 말하는 자에게 그 답
을 내림이니라.
50 십계명대로 살며 나의 법전을 지키고
살라.
51 그리고 율법대로 살라.
52 그게 내가 너희가 노력한 대가만큼 거
둬들이는 그 길이요, 그 기준이 거기
에 있다는 것을 알라.
53 기준도 모르면서 기준이 무엇인지도
모르며 내가 손을 내밀어 너희를 구
원하는 것이 어떤 기준에 의해서 어찌
하여 너희를 구원하며 어떠한 자를
구원하는지도 모르면서,
54 인간이기 때문에 죄를 짓고 살며 용서
를 빌면 되며, 그리고 인간이기 때문
에 스스로 선하고 착한 일을 해서 구
원을 받으며 역사하는 것이 아니요,
55 인간은 아무리 아름다운 일을 역사해
도 그것은 구원과는 관계없이 오로지
나 여호와만이 구원한다고 그리 말하
면서 사악한 짓을 하는 자를 내가 더
생각하겠는가, 아름답고 선한 일을 하
는 백성을 더 생각하겠는가?
56 그 가장 기초적인 것도 모르는 자들이
종교 집단이요, 지도자요, 사악한 자
들이요,
57 그 말을 믿고 쉬운 길, 편안한 길을 가
기 위해 따라 가는 신도 너희가 그러
한 자들이니라.
58 똑같은 사람을 놓고 나 여호와가 손을
내밀어 구원할 때, 육의 삶을 바르게
산 자와 육의 삶을 사악하게 사는 자,
비굴하게 사는 자, 남을 속이며 기만
하는 자 중에 내가 먼저 손을 내밀어
구원한다 해도 누구를 구원하겠는가?
59 이것은 세 살 먹은 아이도 다 알 수 있
는 사실이요, 엄연한 것이거늘,
60 아름답고 선하게 사는 나의 백성까지
마음을 그리 갈기갈기 찢어 놓으며 너
희가 황폐하게 하는 그 죄를 짓는 것
이 종교 집단이요, 지도자이니,
61 선한 일을 아무리 해도 구원을 생각하
지 아니하는 자, 착한 일을 하는 자와
악한 일을 하는 자를 놓고 내가 선택
한다면 누구에게 손을 내밀겠는가?
62 그것도 구분하지 못하는 어리석은 종
교 집단이요, 지도자요, 그리고 구원
을 받는다고 매달리는 그 신도라는 자
들, 그리고 눈물 콧물 흘리며 기도하
며 재물을 바치며 구원을 받는다고 쉽
게 생각하는 자,
63 그 추하고 더러운 재물로써 하늘의 그

영광스러운 표를 살 수 있다고 생각
하는 자, 종교 지도자, 또는 집단이요,
그것을 보고 가는 신도 너희가 삼위
일체니, 지옥 불로 가는 삼위일체니라.
64 감히 나 여호와와 나의 아들과 성령과
삼위일체라 하여 나의 아들을 우롱하
며 나의 아들을 내 앞에 고개 들지 못
하게 하며 너희가 그와 같은 사악한
행위를 하지 말라.
65 지옥의 동무로서 지옥 불로 가는 삼
위일체가, 바로 너희가 삼위일체임을
알라.

6,214 번째 하나님 말씀

2003년 5월 21일 23시 30분

1 사랑하는 나의 아들아!
2 "네, 아버님! 말씀하옵소서."
3 나의 법전에 기록하여 만백성의 가슴
에 전하고 심어 줘야 할 것이니라.
4 너의 제자들은 물론이요, 지금 성서를
가지고 저희가 구원을 받는다 생각하
며 구원을 받았다 말하는 자들, 저희
가 2천 년 전부터 지옥으로 흘러가는
그 종교 집단이요, 지도자들의 뜻에
따라가고 있는 어리석은 그 백성의
가슴에 특히나 깊이 심어 줘야 함을
너희는 알아야 할 것이니라.
5 내가 내린 성경에 너희에게 깨우치는
길이 무엇이며, 내가 역사하고자 하는
것이 무엇이며 내가 이루고자 하는 것
이 무엇인가를 상세히 그곳에 내가 기
록한 것이 수없이 있건만, 모든 종교
집단이요, 지도자 저희가 어찌 가는
줄 아는가?
6 저희에게 필요한 것만을 골라 그들이
사용함이니라.
7 저희가 지키고 행하기 어렵고 힘든 길
은 그들이 피해 가고 있음이니,
8 그저 징검다리를 건너가는 요령과 같
은 방법으로써 저희가 필요한 것만을
찍어 내어 그를 가지고 저희가 역사
하여 나의 사랑하는 백성을 지금 지
옥 불로 이끌어 가는 그와 같은 행위
를 하는 그들이니라.
9 내가 너희에게 전함이니, 내가 나의
아들 예수를 통하여 일찍이 그에게 뭐
라 깨우쳐 전했는지 알겠느냐?
10 예수는 만백성에게 전했으며 성경에
기록하여 그리 전해 기록을 남겼음이
니라.
11 '나의 아버지 즉, 창조주요, 나를 보내
신 아버지께서 이끌어 주지 아니하면
아무도 나에게 올 수 없으며 나를 따
를 수가 없으며 내가 하늘에 오르는
길로 인도할 수 없다.' 전하여져 있음
이니라.
12 그리고 기록되어 있음을 알라.
13 저를 보낸 아버지께서 이끌지 아니한
다면 아무도 예수에게 올 수도 없으며
예수를 따를 수 없다는 그와 같은 내
용이 성경에 이미 기록되어 전하였음
이니,
14 너희는 그 뜻을 읽고 또 읽은 자가 수
없이 있을 것이니라.
15 그러나 그 뜻의 의미요, 전하고자 하
는 것을 알려 하지 아니하며, 깨우치
려 하지 아니하며, 그 뜻을 연구하지
아니하며, 그와 같은 뜻을 만백성에게
전하는 것을 꺼리고 있는 것이 너희

가 아니던가?
16 어찌하여 너희가 그와 같은 방법으로
써 하는가?
17 나의 성경을 징검다리를 건너듯 너희
에게 필요한 것만을 짚고 넘어가며 그
것만을 골라 역사하는 그 뜻을 이루고
있음이니, 너희가 얼마나 어리석은 백
성인가를 알겠는가?
18 지금 내가 보기에는 어두운 종교 집단
이요, 지도자요, 구원을 받는다는 신
도 너희는 지금 하늘에 오르는 그 밧
줄을 잡고 그를 따라와야 하며 그 고
통스러운 길을 한 발짝 한 발짝 하늘
을 향하여 올라와야 하는 것이 나에
게 오를 수 있는 길이니라.
19 그리하여 그 밧줄을 잡고 나를 향하여
올라오다 너희가 배가 고프고 지침이
니,
20 옆에서 흐르는 그 달콤한 꿀맛을 보고
그 나무에서 떨어지는 그 꿀맛을 보며,
21 너희가 잡고 있는 그 밧줄이 하늘에
오르는 길이요, 그것을 놓음으로 지옥
에 떨어진다는 것을 모르고,
22 너희가 배가 고프고 지친 것만 생각
하며 나무에서 떨어지는 그 꿀을 받
아먹기 위해 손을 벌리는 그와 같은
어리석은 행위요, 어리석은 삶을 가고
있는 것이 지금의 믿음의 길을 가는
자들이요, 가르치는 자들이요, 그와
같이 어리석은 행위를 하고 있는 자들
이니라.
23 그 밧줄을 놓으면 너희가 지옥으로
가는 길이요, 그 밧줄을 붙잡고 한 계
단 한 계단 하늘에 오르는 길을 오는
것, 그 고통스럽고 힘든 길을 오는 것
이 하늘에 오르는 길이라 하여,
24 너희가 그 밧줄을 잡고 있는 자가 옆
의 나무에서 떨어지는 그 꿀맛에 의해
그 꿀을 받아먹는 착각 속에 두 손을
벌려 너희가 꿀을 받아먹고자 하니,
25 그 꿀을 받아먹는 순간 너희는 그 줄
에서 떨어져 지옥 불로 떨어지는 그와
같은 형국, 그것이 바로 너희가 지금
믿음의 길이요, 나를 위하여 오고자
하는 행위이니라.
26 너희는 그와 같은 행위로써 구원을 받
는다 생각하며 나에게 오를 수 있다고
말하는 자들이요, 종교 집단이요, 가
르치는 자요, 그 신도라는 자들이 똑
같이 그리되었음을 알아야 할 것이니
라.
27 그리하기에 나의 아들 예수가 기록하
여 전하기를, 보내신 아버지요, 보냄
을 받은 예수요, 그리고 그 보낸 아버
지의 뜻을 따라서 역사하지 아니하면
너희가 감히 나의 아들 예수를 따를
수 없으며,
28 예수가 너희를 받아들일 수 없으며
거둬들일 수 없으며 하늘에 오르는 길
로 인도할 수 없다고 예수는 그리 기
록하여 전하였고 또 너희를 그리 가
르쳤음이니라.
29 그러나 너희는 그와 같은 내용은 덮어
두며 그와 같은 뜻을 가르치지 아니하
며,
30 너희가 편안하고 쉬운 길을 가기 위하
여, 감히 나 여호와인 보낸 이와, 보냄
을 받은 나의 아들과, 내 뜻을 전하는
성령, 그 모두가 삼위일체요, 셋이 다
똑같은 자라 그리 말함이니라.

31 그러면서 너희는 나 여호와와 성령과
나의 아들 예수요, 그 삼위일체 중에
서 너희가 선택하고 선택해서 가르치
고 따르고자 하는 것이 무엇이냐?
32 그중에 너희가 나의 아들 예수를 찾
으며 나의 아들 예수를 선택하여 너희
가 나의 아들 예수만 믿으면 하늘에
오르는 길이라 그리 말하였음이니라.
33 내가 여기서 너희에게 묻고자 함이니
라.
34 삼위일체라 하여 셋이라 하더라도 보
내 준 창조주 나 여호와를 직접 믿고
따르는 것이 더 하늘에 오르는 길을
볼 수 있는 것이 아니던가?
35 그걸 어찌하여 나의 아들 예수를 선택
하여 나의 아들 예수의 이름으로써,
보혈로써 구원을 받을 수 있다 하며,
36 그리하여 나의 아들을 찾음으로써 구
원을 받는다 하여, 그 찾을 장소를 제
공한다 하여 너희가 손으로 지은 성
전이요, 교회라는 것을 지었음이니,
그게 죄의 온상이니라.
37 그리고 나의 성령이요, 그 셋 중에서
어찌하여 너희는 나의 아들 예수를
찾아 나의 아들 예수만을 찾으면 구원
을 받는다 그리 말하는가?
38 너희는 원천의 샘인 나 여호와를 찾
는 것이 당연하지 않은가?
39 너희가 나 여호와를 찾는다면 너희는
율법을 지켜야 하며 나의 계명을 지
켜야 하는 그 무서움이 있느니라.
40 그리고 고통스럽고 힘든 길을 가야 하
기 때문이니라.
41 그리하여 너희가 나를 찾자니 힘들고
어려우며 그 길을 갈 수 없으며, 종교
집단이요, 지도자도 갈 수 없으며, 신
도라는 너희도 올 수 없기에,
42 너희가 그를 피해 가는 방법으로써
너희 사악한 머리를 쓰고 연구한 것이
바로 무엇이더냐?
43 나를 제쳐 놓고 나의 아들 예수를 찾
고 믿으면 구원을 받는다는 그와 같이
나의 피조물 만백성을 우롱하며 끌고
가는 것이 너희가 아니던가?
44 어찌하여 너희는 그와 같은 방법으로
찾는가?
45 그리하여 너희는 다 같다 그리 말함
이니라.
46 너희가 가정사에 하나를 예를 들어
말하느니라.
47 너희가 남편이 있으며 아내가 있으며
자식이 있느니라.
48 너희 말대로 셋이 다 똑같이 그 집안
에 권한이 있고 실력이 있으며 똑같이
역사한다 하더라도,
49 정녕 누구를 찾는 것이 더 당당하며
누구를 찾는 것이 더 윗사람을 만나는
것이며 누구를 찾아 대화하는 것이 쉽
게 세 사람의 그 뜻을 따를 수 있다고
생각하는가?
50 너희가 말하는 것이 남편이요, 아내
요, 자식이요, 셋이 다 똑같다 해도,
그 집에 와서 찾는 것은 문패가 걸려
있는 그 주인 남자를 찾으며 그 남자
와 대화하는 것이 당연한 것이요,
51 그리고 모든 뜻을 역사하고 이루기가
쉬우며 판가름하기가 쉽지 않겠는가?
52 예를 들어서 한 가정의 뜻을 따라 내
가 설명을 했음이니,
53 너희는 감히 창조주 나 여호와요, 나

의 아들 예수요, 그리고 나의 성령이 똑같다 말하면서,

54 너희가 그중에서 나의 아들 예수를 선택하여 그를 믿으면 너희가 하늘에 오른다 하는 것은 내가 내리는 율법이요, 나의 성령이요, 나의 십계명대로 따를 수 없기에,

55 너희가 그 모두는 지난 것이며 그리고 또한 너희는 나의 아들 예수를 찾으면 된다 그리하여 지금 가고 있는 사악한 자들이니라.

56 어찌하여 삼위일체라 하며 내가 내린 십계명이요, 또 내가 내린 율법은 소용없다 말하며,

57 어찌하여 그 셋 중에서 나의 아들 예수만을 따르는가?

58 예수가 행한 것, 예수가 정한 것, 예수가 역사하고 정한 것은 나 여호와가 존재함을 증거함이요, 또 그 성경이라는 것은 나의 아들 예수가 나의 아들이요, 내가 역사한 것을 증거하기 위하여 존재하는 것이라 그리 말하였음이니,

59 그중에서 너희가 어떤 길을 선택해야 하겠는가?

60 너희가 정녕 삼위일체 중에서 하늘에 오르는 길을 연구한다면, 원액인 창조주 나 여호와를 찾으며 내 뜻대로 살며 내 뜻대로 행하여 너희가 하늘에 오르는 것이 구원을 가는 길이 아니던가?

61 너희는 나의 아들 예수를 부르짖으며 예수의 보혈로써 구원을 받을 수 있다고 말함이니,

62 어렵고 힘든 길이 아니요, 쉽고 편안한 길을 가도록 나의 사랑하는 피조물 만백성을 유도하며 그리 이끌어 감이니라.

63 그게 바로 무엇이던가?

64 너희가 나를 찾으며 나에게 직접 기도하며 내가 내린 명이요, 나의 계명대로 살아간다는 것은 고행의 길이요, 고통의 길이니, 나의 백성이 너희를 따르지 아니할 것이며 나의 백성이 너희에게 재물과 은화를 바치지 아니할 것이기 때문에,

65 너희는 나의 피조물 만백성을 쉽고 편안한 길로 유도해서 끌고 감이니 그게 바로 무엇이던가?

66 출발점은 고속도로와 같이 좋은 길이나 너희가 조금 가다 보면 험난하고 절벽에 부닥치게 되어 있으며,

67 어렵고 힘든 그 길은 시작은 어려우나 평탄한 길이 기다리고 있다 하였거늘, 너희는 그와 같은 이치에서 지금 가고 있음을 알아야 할 것이니라.

68 셋 중에 다 똑같이 말한다면 가장 원액을 찾는 것이 당연한 것이 아니던가?

69 그 원액이야말로 진정한 것이 아니던가?

70 이와 같은 이치를 깨닫는다 해도 너희가 나를 직접 경배하며 나에게 기도하며 내가 친필로 써 내린 십계명을 지키지 아니하고, 내가 나의 아들을 통하여 예수가 행한 것을 기록한 그를 가지고 하늘에 오르는 길이요, 그것만이 하늘에 오름이요, 구원을 받는 길이라 그리 부르짖음이니,

71 오늘 내가 나의 아들을 통하여 전함이니, 성경은 하늘에 오르는 길이 아니

요, 그 방법을 가르치는 것이요, 나의
아들 예수가 역사함이 나의 뜻이라는
것을 입증하는 것이며 증거하는 것으
로써 그 임무가 끝난다 하였음을 잊지
말라.
72 이제 내가 하나의 예를 들어 나의 뜻
을 너희에게 전함이니, 그러고도 너희
가 잘못되었으며 그 뜻이요, 그 믿음
을 바꾸지 아니한다면 너희는 역시
알면서 가는 자들이니라.
73 알면서 남을 속이고 알면서 거짓 하
며, 알면서 남에게 골탕을 먹이는 자
들이니라.
74 그러니 너희가 죽음의 길이라는 것을
알면서 그 길이 좋은 길이라 그리 가
는 너희에게 축복 있다 하여 그리 보
내며 뒤에서 손뼉 치는 자들, 그와 같
은 사악한 자들과 똑같은 것이 지금의
종교 집단이요, 지도자요, 그리고 만
백성을 구원한다는 그 신도들,
75 그리고 너희와 더불어 같이 가면 구
원을 받는다 하여 '예수 천국, 불신 지
옥'이라 써 들고 다니면서 나의 성경
이요, 내가 내린 그 모든 뜻을 따르지
않는 자는 구원을 받지 못하니, 너희
가 그와 같은 자라는 것을 잊지 말라.
76 이 세상에 어떠한 자도 나 여호와를
볼 수 없으며 내 뜻을 들을 수 없으며
내 음성을 들을 수 없다 내가 그리 성
경에 기록하여 너희에게 전한 그 구
절이 있음을 알아야 할 것이니라.
77 너희가 나를 보려 하며 나의 음성을
들으려 하는 자, 봤다는 자, 들었다 하
는 자는 그 모두가 다 허황된 자임을
알아야 할 것이니라.
78 나의 성서에 기록되어 있음이니라.
79 나를 너희가 볼 수 있으며 내 음성을
들을 수 있으며 나의 뜻을 알 수 있는
것은 나 여호와로부터 보냄을 받은 자
만이 나를 볼 수 있으며 내 음성을 들
을 수 있으며 내 뜻을 볼 수 있다는 것
을 알아야 할 것이니라.
80 내가 일찍이 성서에 기록하여 깨우쳐
너희에게 전해 줬음이니,
81 그 한 구절을 읽고 찾아본다면 감히
너희가 선택된 자요, 나의 음성을 들
은 자요, 나의 빛을 본 자요, 나를 봤
다는 그 말을 할 수 없다는 것을 알아
야 할 것이니라.
82 나는 성경에 기록하여 너희에게 전하
였음이니라.
83 나의 음성을 듣는 자, 나를 볼 수 있는
자, 나로부터 명을 받는 자, 그는 나
여호와로부터 보내진 자, 내가 보낸
자만이 나와 대화할 수 있으며 나의
뜻을 들을 수 있다고 내가 성경에 기
록하여 전했음이니, 그 구절을 너희가
보라.
84 그러면서 그저 중구난방으로 들었다,
보았다 그리 말하는 자들,
85 바로 열 명, 백 명을 데리고 교회에 오
는 자만이 천국에 가며 하늘에 오름이
요, 영광을 얻는다고 가르치는 자, 다
른 데 있는 자는 다 지옥으로 가는 자
요, 사탄의 행위라 말하는 그 어리석
은 자와 똑같은 자들이니,
86 그 말에 속아 너희의 귀중한 새로운
생명이 태어남을 잃지 말라, 사랑하는
나의 아들딸들아!

6,215 번째 하나님 말씀

2003년 5월 21일 23시 53분

1 사랑하는 나의 아들아!
2 "네, 아버님! 말씀하옵소서."
3 너희가 정녕 나의 뜻이요, 나에게 오
르고자 하는 그 백성이라 하면 어찌
해야 한다 말하였더냐?
4 남들이 용서할 수 없는 것을 용서하는
마음이요, 남이 베풀 수 없는 것을 베
푸는 것이요, 남이 할 수 없는 사랑을
베풀며 보임으로써 그것이 내가 기억
하는 백성이라 그리 말하지 아니하였
는가?
5 그 말을 하는 나 여호와의 마음이 무
척 아프고 쓰림이니라.
6 그러나 너희는 그리 가야 하며 또 지
켜야 하는 것이 너희가 해야 할 길이
며, 나에게 올라와 영원히 사는 내 품
에 올 수 있는 그 영광을 얻기 때문이
니,
7 그리하여 아버지가 자식을 사랑하는
마음에 매를 든다는 말이 있듯이, 내
가 너희에게 말로써, 나의 성령으로써
너희에게 매를 대며 너희를 다스리려
하는 것을 너희는 알아야 할 것이니
라.
8 나의 아들은 그를 알고 있음이니라.
9 그러니 나의 아들을 따르는 제자 너희
만이라도 나 여호와의 뜻을 알아야
할 것이니라.
10 남들이 이룰 수 없으며 남들이 행할
수 없는 것, 남들이 용서할 수 없는
것, 남들이 도저히 사랑으로써 덮을
수 없는 것을 덮는 것,
11 그리하여 내가 너희에게 뭐라 말하였
느냐?
12 너희가 남의 자식과 네 자식 둘이 있
을 때 그 위급한 상황에서 둘 중에 한
사람만을 구원해야 한다 할 때,
13 너희가 계산 없이 의식하는 것이 없이
너희 자식보다도 남의 자식을 구원하
는 것이 나 여호와의 뜻이며 내가 너
희를 기억해 줄 수 있는 그 길이라 내
가 그리 말하였느니라.
14 두 아이가 절벽으로 미끄러져 떨어질
때 손을 내밀어 남의 자식의 손을 잡
으며 네 자식의 손을 놓는 그와 같이
하는 것이 나의 사랑이며 나에게 올
수 있는 길이며,
15 그와 같이 역사하는 자만이 천사들이
사는 하늘에 올 수 있다 하였음이니라.
16 그러나 너희는 그와 같이 말한 나 여
호와를 원망하며 저주할 것이니라.
17 그리고 하나님 창조주께서는 과연 그
리 역사할 것이며 그와 같이 할 것이
며 그와 같이 갈 수 있겠는가?
18 그러나 너희는 내가 너희에게 그와
같은 역사를 보여 주지 아니하였더냐?
19 나는 너희에게 그와 같은 것을 보여
주었으며 나 여호와는 몸소 너희에게
실천한 창조주 아버지이니라.
20 그러기에 내가 너희에게 그리 말하는
것이며 너희도 그리 지켜야 한다는
것을 말하는 것이니라.
21 나 여호와는 너희에게 일찍이 그리 보
여 주었으며 그와 같은 역사를 너희에
게 내가 심어 주며 그리 행하지 아니
하였던가?
22 인간 너희는 네 아들을 어찌 생각하는

가?
23 너희는 아들을 사랑하며 그 아들을 소
중히 생각하며 너희 생명보다도 더 소
중한 것이 아들이라 그리 말하느니라.
24 그리고 그 아들을 위하여 못 할 것이
없으며 그 아들을 위해서 어떠한 희생
도 치르는 것이 너희가 아니던가?
25 인간은 네 아들과 남의 아들 둘 중에
서 너희가 선택하는 것이 남의 아들을
업고 뛰쳐나오는 것, 절벽에서 남의
아들의 손을 잡는 것, 그것이 천사가
되는 마음이요, 나에게 올 수 있다 하
였음이니, 나는 너희에게 그와 같이
가르치며 그와 같이 행하라 하기 전에
내가 너희에게 그와 같은 것을 보여
주었음을 너희는 알고 있을 것이니라.
26 나는 사랑하는 나의 아들 예수를 어찌
하였더냐?
27 나는 나의 아들 예수를 구원할 수 있
으며 살릴 수 있으며 그 비상약도 가
지고 있었음이니라.
28 그리고 그 얼마나 고통스러움 속에서
죽음의 길을 선택해야 하며 얼마나
어려움 속에서 그 죽음의 길을 가야
했는가?
29 너희가 절벽에서 남의 아들과 네 아들
둘 중의 하나가 떨어질 때, 네 자식의
손을 놓고 남의 자식 손을 잡을 수 있
는 그와 같은 마음, 그것은 그와 같이
너희가 행할 수 있다 하였음이니, 그
는 떨어짐으로 죽음에 그치는 것이니
라.
30 그러나 나는 나의 아들이 얼마나 고통
스러워하며 어찌 죽어 가며 어떠한 시
련 속에서 그 생명이 서서히 죽어 가
는 것인가, 그것까지도 미리 다 알고
있었음이니라.
31 너희는 절벽에서 떨어지는 자식이 혹
시 살 수 있을까 하는 기대라도 있을
수 있으나,
32 나는 그 모두를 아는 창조주이기에,
나의 아들이 어찌 옆구리를 찔리며 어
찌 돌팔매를 맞으며 어디에 못이 박히
며 어디에서 피가 흐르며,
33 그 따랐던 모든 제자들이 그에게서 등
을 돌리며 그를 팔아먹는 그와 같은
모두를 다 알고 있었음이니, 내 가슴
이 얼마나 찢어지고 아팠겠는가?
34 그러나 나는 너희를 위해 내 자식을
놓았음이니라.
35 그리고 내 자식을 죽게 하였음이니라.
36 죽을 것을 알면서 너희를 위하여 내
가 내 아들을 놓아 주었음이니라.
37 그러니 내가 너희에게 먼저 행했음이
요, 너희도 소중한 자식이 너희 생명
보다 더 소중히 생각하거늘, 나도 내
아들이 그보다도 더 소중하지 아니함
이 어디에 있겠는가?
38 그러나 나는 내 아들을 죽음으로 던졌
음이니라.
39 너희를 위하여 그를 내가 행했음이니
라.
40 그러니 내가 있는 천국에 오름이요,
천사들이 살고 있는 그 나의 하늘나라
에 오려면 너희도 나와 같은 마음을
가져야 할 것이며, 나와 같이 행하는
그와 같은 마음의 용기가 있어야 하며,
41 그와 같이 행할 수 있는 변화된 삶이
바로 나에게 올 수 있으며 내가 있는
곳에 올 수 있다 내가 말하는 것이니

라.
42 내가 일찍이 그와 같은 역사를 행하지
아니하며 너희에게 그리하라고 한다
면, 나는 어버이의 마음을 모르는 자
며, 부모가 자식을 사랑하는 마음을
모르는 자며 부모와 자식 간의 정도
모르는 자이니라.
43 나도 내 사랑하는 자식을 너희를 위
하여 고통스럽게 죽어 가는 그 모두를
알면서 내가 전부 내 주었음이니라.
44 그리하여 너희가 나에게 오르고자 하
며 그와 같은 마음을 가지고 행하는
자가 올 수 있는 이 하늘나라라 내가
너희에게 말하여 깨우쳐 줌이니, 나
여호와는 행하였는데 너희는 왜 행할
수 없다고 말하는가?
45 너희가 내가 있는 곳에 올 수 있다면,
내가 있는 곳에 역사하여 영원히 나와
더불어 살 수 있는 그 길을 온다 하면,
46 어찌하여 나 여호와는 내 자식을 그렇
게 비참이 죽여 그리 너희를 구원하
고자 하였거늘, 너희는 내가 행하는
것만큼 할 수 없다고 말하는가?
47 그리고 그는 정녕 있을 수 없다고 그
리 말하는가?
48 너희는 여기서 하나를 깨우쳐야 할
것이니라.
49 너희가 죽음의 순간에 남의 아들의 손
을 잡아당기며 네 자식의 손을 놓는
것을 그와 같이 행할 수 없다고 말하
는 자, 그리 행하지 못하는 너희는 나
를 믿지 못하며 나 여호와가 존재함을
믿지 못하며, 너희의 믿음은 다 허상
이며 사랑이 다 거짓이며, 너희가 행
하고 있는 것이 다 거짓이니라.
50 그리하여 내가 너희에게 지금 기도하
고 울부짖는 모든 종교 집단이요, 너
희가 행하는 행위는 형식적이요, 형식
적인 것을 남에게 보이고자 하는 것이
며,
51 남에게 너희가 존재함을, 너희가 위대
함을, 너희는 구원받은 백성이라는 것
을 보이고자 과시하고자 하는 믿음이
라 그리 말하였음이니라.
52 너희는 나 여호와가 존재함을 믿으며
내가 있음을 믿는다면 너희는 남의
자식의 손을 잡고 네 자식의 손을 놓
는 그와 같은 믿음의 행위를 했을 때,
내가 너희 자식을 살려 준다는 것을
너희는 모르기 때문이며 믿지 아니하
기 때문이니라.
53 너희가 정녕 두 아들 중에 하나를 던
지고 하나를 구하여 너의 자식을 버리
고 남의 자식을 구원할 수 있는 마음
을 가지고 사는 백성이라면,
54 내가 너희에게 그리 아픈 역사가 있도
록 하지도 아니할 것이며, 내가 너희
에게 그리 훈련을 시키지도 아니할 것
이니라.
55 내가 그리고 그와 같은 시련이 닥쳤을
때, 나는 네 아들을 살려 줄 것이거늘,
56 내가 너희 아들을 보호하며 살려 준다
는 것을 믿지 못하며 내가 존재함을
알지 못하기 때문에 너희가 그와 같
은 허황된 속에서, 진실이 없는 곳에
서, 사랑이 없는 곳에서 믿음이 없는
길을 가기에, 너희가 네 자식의 손을
놓고 남의 자식의 손을 잡아당기는 그
와 같은 믿음의 길을 가지 못하는 자
들이니라.

57 그리하여 내가 너희에게 뭐라 말하였느냐?
58 진정한 믿음이요, 나 여호와가 존재한다고 믿는 종교 지도자요, 집단에 속해 있는 자들은 너희 앞에 재산 목록을 하나도 가져서는 아니 된다 내가 그리 말하지 아니하였는가?
59 너희가 재산을 모아 두고 재산 목록을 그득히 쌓아 놓는 것은 무엇이더냐?
60 너희가 편안한 여생, 편안하게 살 수 있는 것을 보장받지 못하며 그를 모르기에, 재물을 쌓아 놓고 비축하여 죽을 때까지 편하게 살겠다는 그 생각에서 그리하지 않는가?
61 진정한 나의 믿음이요, 내가 존재함을 아는 종교 지도자라면 제 앞으로 재산을 해 놓지 아니하며,
62 제 자식이요, 제 가족이요, 제 친지에게도 숨겨 놓은 재산 목록을 하나도 만들지 아니할 것이며 만들 수 없다 하였음이니라.
63 그리하는 자가 사탄이요, 사악한 자라 내가 말하였음이니라.
64 그는 바로 나를 믿지 못함이니라.
65 그리 나를 믿지 못하는 자가 어찌하여 그 벼랑 끝에서 저희가 남의 자식의 손을 잡고 네 자식의 손을 놓을 수 있는 그 역사를 할 수 있는가?
66 그 역사를 할 수 있는 것은 내가 존재하며 내가 있음을 믿는 자라 하였음이니,
67 그리 못 하는 자는 나를 믿지 못하는 자며 나를 의심하는 자이니라.
68 내가 존재함을 믿지 못하며 내가 있음을 의심하는 자가 어찌하여 다른 생명을 구할 수 있으며 만백성을 구할 수 있다 그리 말하는가?
69 네 생명보다 더 소중한 네 자식을 버릴 수 있는 그 마음의 자세가 되지 아니하였다면 진정한 나를 믿음이 아니라 하였음이니라.
70 너희 생명보다도 더 소중한 네 자식을, 너희가 나를 믿고 유사시에 네 아들을 버리며 남의 아들을 구했을 때,
71 나 여호와 창조주가 반드시 너희 자식을 보호할 것이며 너희 자식의 생명을 내가 구원해 줄 것이라는 것을 믿는다면 너희는 그 행위를 할 수 있음이니, 믿지 않는 자는 그 행위를 할 수 없음이니라.
72 너희는 성서에 기록된 내용을 모르는가?
73 아브라함에게 그 아들 이삭을 죽여 나에게 제사를 지내라 하였음이니라.
74 그를 장렬히 장사하여 그 생명으로써 나에게 제사를 지내라 내가 그리하였음이니라.
75 그는 백 살에 얻은 자식이니라.
76 그리고 늦게 얻은 자식이니라.
77 그러나 그는 장사지내어 나에게 바치려 했음이니라.
78 그를 죽여 나에게 제물로써 바치려 그는 행했음이니라.
79 그는 무슨 마음으로 했겠는가?
80 나 여호와가 그 자식을 그리 죽인다 하여도 그 자식이 축복받으며 더 영광됨이요, 구원의 길이요, 하늘나라에 갈 수 있으며 내 옆에 올 수 있으며 나 여호와가 정녕 그 자식을 그리하지 아니할 것이라는 그는 확실한 믿음과 사

랑이 더 깊이 있을 수도 있었음을 너
희는 알아야 할 것이니라.
81 이것이 바로 너희의 마음 자세니 너
희 스스로 깨우쳐 보며,
82 내가 모든 종교 집단이요, 지도자요,
지금 천국에 가고자 울부짖는 너희가
잘못된 자요, 내가 너희가 기도하고
울부짖는 것을 듣지 아니한다 함이니,
83 이는 바로 너희가 나와 관계없는 백
성이요, 잘못된 백성이기 때문에 그러
하며,
84 너희의 믿음이 그와 같이 약하며 불충
실하며 허영이며 허식이며 허례허식
이며, 나의 진실한 뜻은 너희가 그 꼬
리도 잡지 못한 그와 같은 자이기에
너희는 지금 나와 관계없다는 것이며,
85 내가 지키고 행할 수 있다는 것을 너
희는 감히 할 수 없다고 말하는 것이
니라.
86 나의 계명을 지키고 살 수 없다는 자,
너희는 내가 말하는 모두를 다 용서할
수 있는 것, 남이 용서할 수 없는 것을
용서하는 것, 남이 베풀 수 없는 것을
베푸는 것, 그게 나에게 오는 길이라
는 것을, 그 의미를 깊이 깨달아,
87 너희가 선택한 길이 바르고 곧은 길인
가를 선택하도록 그리하라.

6,216 번째 하나님 말씀

2003년 5월 22일 0시 07분

1 사랑하는 나의 아들아!
2 "네, 아버님! 말씀하옵소서."
3 나 여호와는 너희를 위하여 너희를
구원하고자 하여,
4 너희가 나로부터 생명을 받아 나간 나
의 사랑하는 아들딸이니, 너희가 처음
에 나간 그 천국에 올 수 있도록 하기
위하여 나는 내 생명보다 더 귀하고
소중한 나의 아들 예수를 너희에게 내
주었으며,
5 그 고통과 시련 속에서 너희가 보고
느끼도록 하여 바로 사는 삶을 살게
하려고 그를 희생양으로 내가 너희에
게 내 주지 아니하였던가?
6 그것은 내가 사랑하기 때문이라는 것
을 너희는 정녕 알고 있는가, 모르고
있는가?
7 그와 같이 내가 아픔을 참으며 나의
아들 예수를 너희에게 보내서 던져 준
것은, 그리고 내가 나의 아들을 그 고
통의 눈을 감아 그를 들어주지 아니하
고 보지 아니한 것은 무엇인 줄 너희
는 알겠는가?
8 내가 너희를 그만큼 사랑하기 때문임
을 너희는 알아야 할 것이니라.
9 너희는 정녕 그를 모르고 있는 자이니
라.
10 너희가 그와 같이 실천한다면, 그리고
너희가 내가 나의 사랑하는 아들을 던
진 것처럼, 내가 손을 놓은 것처럼 너
희도 그와 같은 마음을 가지고 그와
같이 행하고 산다면,
11 너희는 나를 진정 믿는 자며, 나 여호
와가 있음을 진정 알며, 내가 베푸는
진정한 하늘의 사랑을 실천하며 사는
나로부터 선택된 백성임을 내가 자랑
스럽게 생각할 것이니라.
12 그러니 그와 같은 마음을 가지고 사는
백성만이 자기 자신을 희생하는 삶을

사는 자며, 희생이 무엇인가를 몸소
실천할 수 있는 그와 같은 모범적인
삶을 사는 백성으로서 너희가 나에게
하나의 손색이 없는 나의 아들딸임을
알아야 할 것이니라.
13 내가 너희에게 수없이 말한 그 모두
는 다 똑같은 형제요, 다 소중하니, 대
중적으로 모두를 보고 살며 대중적으
로 똑같은 사랑을 가지고 살라 수없이
내가 너희에게 전하였음이니,
14 또한 그와 같은 마음이요, 나의 뜻을
믿는 자요, 나의 뜻에 순종하는 백성
이니,
15 모든 백성이 사물을 다 대중적으로
볼 수 있는 그와 같은 나의 뜻을 실천
하고 행하는 나로부터 정녕 선택된 백
성임을 너희는 알아야 할 것이니라.
16 내가 소중한 나의 아들을 너희에게
주었음을 너희는 다시 한 번 생각해
봐야 할 것이며,
17 나의 아들을 그렇게 고통스럽게 너희
를 위해 내가 손을 놓았음이니, 과연
너희는 나에게 무엇을 주었는가?
18 그리고 너희를 사랑하기에 너희를 구
원하고자 나에게 고통을 인내하며 나
의 아들의 그 어렵고 힘든 그 고통의
죽음 앞에 너희는 무엇으로써 보답하
려는 생각과 마음을 가지고 행했는가?
19 나는 너희가 하는 그 행위에서 내가
이루고자 하는 그 사랑이요, 나의 아
들이 죽어 가면서 보여 준 그 사랑의
실천함이요, 이와 같은 것을 하나도
역사하며 살아온 백성이 아님이니라.
20 오로지 이기주의요, 생활의 수단으로
써 모든 종교 집단이요, 그 신도들이
요, 그를 가르치는 그 지도자라는 너
희는 모두가 다 나의 뜻을 거역했으며,
21 내가 원하는 것을 따름이 아니요, 나
를 능멸하는 그와 같은 행위로써 내가
너희에게 베풀어 준 그 누구도 넘을
수 없는 그 사랑에 대한 보답을 너희
는 그리 나에게 했음을 알아야 할 것
이니라.
22 자식을 버려 가면서 남을 구하고자 하
며 자식을 버려 가면서 너희를 구원
하고자 했던 나 여호와 앞에 너희의
오늘의 삶이요, 너희의 행함이요, 너
희 자식을 놓고 생각해 볼 때, 내가 베
풀고 내가 행했던 그 믿음이요, 그 사
랑을 과연 너희가 실천할 수 있는가?
23 너희 스스로 그를 놓고 생각할 때, 너
희는 나에게 부끄러워 고개도 들 수
없음을 알아야 할 것이니라.
24 그러나 그 부끄러운 생각을 하는 자가
없이 너희는 나의 아들과 나의 이름을
팔아 지금 생계 수단으로 살아가는 그
와 같은 사악한 자들이 이 세상을 덮
고 있는 것이며, 그 대표자가 종교 집
단이요, 지도자요, 그들이니라.
25 그리고 구원을 받았다 발광하는 그 불
쌍한 신도들 그들을 내려다보는 내 마
음이 과연 어떠하겠는가?
26 나는 내 아들을 죽여 가며 내 아들을
던져 너희를 구원하고자 했던 그 의미
를 상실했으며,
27 내가 그를 더 이상 볼 수 없어 2천 년
이라는 그 세월을 암흑의 세상이요,
내가 더 이상 관여하지 아니한 세상이
라 너희에게 그 무서운 말을 전하여
법전에 기록하였음을 너희는 알아야

할 것이니라.
28 그리하여 내가 그와 같은 너희를 바
라보고 바라봐 더 이상 아무런 의미를
느끼지 못하며 내가 더 어찌 바라볼
수 없어 2천 년 동안 닫았던 그 문을
지금 열고 있음이니라.
29 그리하여 나의 아들을 통하여 내가 나
의 뜻을 너희에게 전하며 누구나 읽
고 깨우쳐 바로 알아들을 수 있도록
가장 간단한 진리의 답을 풀어 내가
너희에게 한 번의 기회를 더 주고 있
음이니라.
30 이를 너희는 알아야 할 것이니라.
31 이제 너희는 어떠한 종파든 어떠한
종파에 속해 있든 서로 갑론을박하며
시시비비하며 싸우는 그와 같은 추한
모습을 보이지 말며,
32 모든 믿음의 길을 가는 너희라면, 남
들 앞에 먼저 가는 자들이라면, 남들
을 깨우치는 자들이라면, 그리고 인도
자라 한다면 나 여호와가 소중한 나의
아들을 던져 너희를 구원하고자 했던
나의 은혜에 감사하며 보답하는 마음
을 먼저 가져야 할 것이며,
33 그리하여 너희가 그 보답하는 마음을
갖는다면 나에게 부끄러운 행위를 해
서는 아니 됨을 이제 깨달을 때가 되
지 아니하였는가?
34 너희는 지금 과연 얼마만큼 내가 실천
하라 했던 그 사랑을 실천하며, 내가
원하는 그 사랑을 실천하며, 나눔을
실천하여, 과연 나 여호와에게 얼마나
가까이 와 있는가?
35 너희 자신을 한번 돌아다보도록 그리
하라.
36 나의 아들을 던져 죽음으로 몰아가면
서 너희에게 나에게 올 수 있도록 내
가 베풀었던 그 사랑하는 마음, 그 마
음에 너희가 과연 얼마나 가까이 와
있으며 너희 가슴속에 그 사랑하는 마
음이 얼마나 충만 되어 있는가, 너희
자신을 한번 들여다보도록 그리하라.
37 그리하여 한 점의 부끄럼이 없는 백
성, 그가 있다면 내가 너희에게 그 천
국의 열쇠를 맞춰 줄 것이니라.
38 이를 잊지 말라, 사랑하는 나의 아들
딸들아!
39 다만, 말로써 너희가 그리 행하는 자,
말로써 그것을 역사하며 실천하는 자,
너희가 아무리 깎고 깎아도 하늘의 문
을 열 수 있는 그 열쇠를 맞출 수가 없
다는 것을 알라.

6,217 번째 하나님 말씀

2003년 5월 22일 0시 32분

1 사랑하는 나의 아들아!
2 "네, 아버님! 말씀하옵소서."
3 너희가 인간 세상에 살아가면서 하는
말이 사랑이란 항상 내리사랑이라 그
리 말하였느니라.
4 아무리 효성스럽고 효자라 하여도 부
모의 사랑을 따라갈 수 없으며 부모의
마음을 알 수 없는 것이 너희며, 부모
가 베풀고자 하는 그 마음만큼 아는
자식이 없다 하였음이니라.
5 그리하여 사랑은 내리사랑이라 하였
음이니,
6 부모의 마음을 아는 자가 없으며 부모
가 자식을 사랑하는 그 마음을 자식이

따라갈 수 없다 하였음이니라.
7 네가 나의 사랑하는 피조물 만백성을
보호하기 위하여 밤과 낮을 가리지 아
니하며 나의 성령을 받아 기록하며 그
를 기록하여 네가 그들에게 전하며 나
의 법전이 세상에 나오니,
8 이를 보고 환영하며 손뼉을 치는 자
없으며 이를 보고 깨달아 나에게 감사
하는 자가 없음이니라.
9 어찌하여 네가 고통스럽게 얼마나 힘
든 그 역사 속에서 나의 성령을 받아
법전을 만들어 세상에 내보내는 것을
너의 제자들이요, 이를 보고 깨우치는
백성 그들도 그 고통과 시련의 길을
모르는 것이니라.
10 그러니 남인들 어찌 알겠는가?
11 너희가 이 법전을 만들어 세상에 전하
는 이 고통이요, 이 긴 세월의 역사함
을 그것 하나만 바라본다 해도 너희
가 나의 법전을 사탄이요, 이단이요,
함부로 찢어 버리며 태워 버리며 집어
던지는 그와 같은 행위를 할 수는 없
을 것이니라.
12 한두 권의 책도 아니요, 그 많은 160
권의 법전을 세상에 전함이니 그를 만
드는 역사의 시간이 얼마나 길며 그
시간이 얼마나 고통이 있겠는가?
13 그를 받아 기록하는 자는 과연 그의
생활이 어디에 있으며 그 낙이 어디에
있으며 삶이 무엇이 있겠는가?
14 그 모두를 접어 두고 오로지 나의 성
령만을 받아 책으로 만드는 것에만 모
두를 다 바침이니,
15 그것 또한 인간의 삶에서 즐거움이라
는 것이 없으며 고통만이 있음을 너의
제자들이요, 또 이 법전을 읽는 백성
도 모름이니,
16 많은 이가 거부하며 이를 욕하며 이를
마지막 시대에 사탄의 장난이라 말하
는 그들이 과연 그 노고의 수고로움을
생각하겠는가?
17 그들은 감히 생각지도 못하며 그리하
지도 않으려 함이니라.
18 사랑하는 나의 아들아!
19 내가 이 깊은 밤 너를 통하여 그와 같
이 사랑이 위에서 아래로 내린다는 그
사랑의 의미는 네가 내 뜻을 전하여
기록하는 나의 법전을 읽고 감사하며
깨달으며 은혜라 생각하는 백성이 없
어 네 마음의 수고로움을 더 무겁게
하며,
20 네가 이 길을 가며 더 고통스러우며,
네가 즐거움이요, 행복함이라는 것을
느끼지 못하며 어렵고 힘든 길을 가는
네 마음을 나 여호와가 위로하고자 함
이니라.
21 네가 힘들고 어렵게 가는 그 길을 나
여호와는 아느니라.
22 그러나 내가 모든 만백성을 구하기 위
하여 예수를 죽인 그와 같은 그 후손
들의 뿌리요, 그리고 그들을 내가 마
지막 한 번의 기회를 주기 위하여 나
의 성령을 불로 태워 너에게 내려보낸
다 함이니, 네 고통보다 나 여호와의
시련과 고통이 더함을 네가 지금 알았
으면 함이니라.
23 네 고통보다도 나 여호와가 열 배 더
고통스러우며 그보다도 내가 더 고통
스럽고 힘든 그 길에서 내가 지금 이
모두를 역사하고 있음이니라.

24 이 뜻을 네가 좀 더 생각하며 그 의미를 알려 하면 네가 죽어 내 앞에 왔을 때 그 의미를 알 것이니라.
25 나 여호와의 가슴을 태워서 내려보내는 나의 뜻이요, 이 성령이 어찌하여 내려가는가?
26 내려보내는 것을 받아 기록하는 네가 이를 반기지 아니하며 이를 감사하지 아니하며 은혜를 모른다 하여, 나의 법전을 안고 정독하는 자 없다 하여 네가 고통스럽고 괴로워하는 만큼 나 여호와의 고통이요, 괴로움이 그보다 열배 백배 더 큼을,
27 그리하여 너는 오늘의 고통과 시련을 인내하며 즐거움이라 생각하며 네가 당연히 넘어야 할 강으로 생각하여 최선을 다해서 넘는 그와 같은 나의 아들로서 임무를 마쳐 주기를 바라느니라.
28 네 고통과 수고스러움보다도 나 여호와의 고통과 나 여호와의 아픔이 더 크다는 것을 네가 생각하며 그를 항상 가슴에 생각하여 오늘의 고통과 시련을 시련이요, 어려움이라 생각하지 말고 즐거움으로 역사하도록 하라, 사랑하는 나의 아들아!
29 너의 제자들이요, 너를 따르는 백성이요, 만백성이요, 더욱이 너를 사탄이요, 이단이요, 사악한 자라 말하는 그들이 너를 모른다 해서 네가 고통스러워 괴로워하는 것보다도 나 여호와는 더 아픔이니라.
30 이를 네가 가슴 깊이 새겨 한 치의 소홀함이 없도록 그리 역사하라.
31 그리하여 사랑은 내리사랑이니, 내리는 그 고통이 위의 고통이 아래의 고통보다 더 어려움을 알라, 나의 아들아!

6,218 번째 하나님 말씀

2003년 5월 22일 0시 36분

1 사랑하는 나의 아들아!
2 "네, 아버님! 말씀하옵소서."
3 내가 사랑을 실천함을 나의 소중한 아들을 내 주어 그의 손을 놓았으며 그 고통을 듣지 아니하였으며 눈을 감아 그 고통과 시련의 대가를 치르도록 했다 하지 아니하였더냐?
4 그것이 무엇인 줄 알겠는가?
5 내가 왜 이 뜻을 너희에게 기록하여 전하고 또 전하는지 나의 뜻을 너희는 알아야 할 것이니라.
6 이 모든 역사는 내가 너희를 구원함이요, 너희가 나에게 오를 수 있는 그 길을 열어 주고자 그와 같은 모두를 다 인내하고 견디었음이니,
7 그리하여 내가 너희에게 그 마음속에서 내 자식을 먼저 던져 너희를 구원하고자 했던 나 여호와의 그 은혜로움이요, 그 감사함을 너희 가슴에 안고 살며 그를 깨닫게 하고자 하는 나의 뜻이 또 거기에 있었음을 너희는 알아야 할 것이니라.
8 너희는 내가 나의 자식을 버려 가면서까지 너희를 구원하고자 한 그 은혜를 알고 느끼며 감사하는 마음이요, 진심으로 너희 가슴속에 나의 은혜를 뿌리 깊게 심으라 함이니라.
9 너희가 그와 같이 뿌리를 잡을 수 있

으며 나에게 은혜에 대하여 감사함을
너희 가슴속 깊이 간직했을 때, 너희
는 어떠한 사악한 자요, 어떠한 악마
요, 사탄이라 해도 감히 그 뿌리 앞에
대적할 수 없으며 그 뿌리를 내린 마
음을 흔들 수 없기 때문이니라.
10 그리하여 내가 너희에게 베풀어 준,
나의 아들의 생명을 던져 가면서까지
너희를 구원하고자 했던 그 은혜에 감
사함을 안다면, 감히 사탄이요, 마귀
요, 아무것도 너희와 대적할 수 없음
이니,
11 너희가 은혜로움이요, 감사함을 안다
면 어떠한 형국에도 무너지지 아니함
이니라.
12 그리고 너희는 고통과 시련이요, 어렵
다는 말을 할 수 없음이니라.
13 그러니 악과 선 속에서 너희가 선을
선택하는 것이 당연한 도리이나, 인간
이기 때문에 선을 선택하지 못하며 악
을 선택하는 그와 같은 삶을 살게 된
다 하여 너희 인간은 완벽할 수 없다
고 말하나,
14 내가 나의 자식을 버리면서까지 너희
를 구원하고자 하는 그 고마운 은혜
요, 감사하는 마음을 가슴속 깊이 뿌
리에 간직한다면 감히 사탄이요, 악마
도 너희에게 대적할 수 없다 했듯이,
15 너희가 그와 같은 믿음이요, 그 마음
을 가지면 세상 것, 너희는 악을 생각
할 수도 없으며 악에 넘어질 수도 없
으며 악의 근원을 행하지도 아니함이
니라.
16 선을 행하며 너희가 즐거움을 얻을
것이며 선을 행함에도 너희가 부족할
것이니라.
17 나의 은혜에 감사하며 그 은혜를 갚고
자 하는 마음을 갖는다면, 그와 같은
마음을 너희가 갖게 하고자 하는 것이
내가 이 깊은 밤 나의 아들을 너희에
게 내 주었던 그 역사를 기록하고 또
기록하여 너희에게 전함이니라.
18 십계명이요, 율법이요, 나의 법전을
지킬 수 없다고 말하는 자는 나의 은
혜로움을 모르는 자이니라.
19 너희를 얼마나 사랑하면 자식을 버려
가면서까지 내가 너희를 위하여 그리
역사했겠는가?
20 과연 너희가 그리 남을 구원할 수 있
겠는가?
21 너희가 할 수 없는 그 역사를 내가 이
루었음이니,
22 그 역사에 대해 감사함이요, 은혜로움
을 너희가 마음속 깊이 간직하고 항
상 감사하는 마음이 떠나지 않는다면,
어떠한 사악한 마음도 너희에게 접근
할 수 없으며,
23 남으로부터 얼굴 붉히는 일, 남을 속
이는 일, 거짓 하는 일, 십계명을 위배
하고 살 수 없다는 것을 내가 너희에
게 심어 주기 위하여 이 깊은 밤 다시
은혜에 대한 말을 하며,
24 내가 너희에게 베풀어 준 것에 감사할
수 있는 마음을 깊이 심으라 가르쳐
줌을 잊지 말라, 사랑하는 나의 아들
딸들아!

6,219 번째 하나님 말씀

2003년 5월 22일 0시 43분

1 사랑하는 나의 아들아!
2 "네, 아버님! 말씀하옵소서."
3 성서에 일찍이 기록되어 하나의 본보
기로써 너희에게 가르친 것이 있지
않은가?
4 부모로부터 재산을 받아 나가, 부모로
부터 그 유업을 받아 나가 그를 가져
다 그가 다 쓰고 뿌렸으며, 그리하여
그가 인간 이하의 그 고통의 세월을
보냈으며 고통으로 산 자식이 탕자가
되어 돌아온 그 자식을 그 부모는 과
연 어찌 맞이했는가?
5 그 뜻을 너희는 읽고 깨우쳐 알 것이
니라.
6 부모로부터 유업이요, 재산을 받아 나
간 자가 잘못되어 탕자가 되어 돌아
온 그 자식에게 부모는 아무것도 묻지
아니하였느니라.
7 그와 같은 죄에 대해서 묻지 아니했으
며 그와 같은 잘못됨을 탓하지 아니하
였으며,
8 네가 어찌 살아서 평생 모은 그 재산
을 갖다 그리 탕진했는가, 그를 묻지
도 따지지도 아니하였음이니라.
9 그러면서 그 부모는 그 탕자요, 돌아
온 자식에게 너를 그리워했으며 보고
싶었으며 네가 얼마나 보고 싶었는지
그와 같은 마음의 심정도 털어놓지 아
니하였음이니라.
10 그것이 어떠한 마음이든 그게 곧 부모
가 자식을 사랑하는 마음임을 너희는
알아야 할 것이니라.
11 모든 재산을 갖다 탕진한 그 자식을
탓하지 아니하며 그 죄를 묻지 않는
마음, 그리고 그를 보고 싶었다 하며
기다렸다는 것, 그와 같은 애절한 마
음의 표현을 하지 않는 그 부모의 마
음이 어떠한 마음이요, 어떠한 사랑이
던가?
12 죄를 탓하지 않고 죄를 묻지 아니하며
그저 돌아온 그 자식을 어찌 생각하는
가?
13 그 자식을 그저 부모는 죽은 자식이
돌아오는 그 마음으로써 반겨 주는 것
이 그 부모의 마음이니라.
14 그러니 이제 나의 법전을 읽고 나의
뜻을 따르는, 나의 아들을 따르는 제
자들이요, 그리고 깨우쳐 만백성을 구
할 전사 너희는 과연 만백성을 어찌
사랑해야 하며 이웃을 보는 마음이 어
떠한 마음인 줄 알겠느냐?
15 탕자로서 돌아온 자식을 탓하지 아니
하며, 그저 죽었다 살아온 자식을 대
하는 그 마음으로, 그 사랑만으로써
감싸는 부모와 같은 마음으로써 너희
는 만백성을 사랑해야 하며 만백성을
대해야 하는 것임을 잊어서는 절대
안 됨이니라.
16 과연 너희는 그와 같은 사랑으로 살
수 없으며 그와 같은 사랑을 행하고
갈 수는 없는가?
17 너희가 행하고 가야 할 길이며 그와
같은 마음으로 살아가야 하는 것이
너희이니라.
18 그 자식이 부모를 떠난 것, 그리고 그
자식이 부모로부터 잘못한 것, 그리고
부모를 아프게 했던 그 모든 죄를 아

무런 관계없이 묻지 아니하며 탓하지
아니하며,
19 그저 죽었다가 살아온 자식을 만나는
그 기쁨의 마음으로써 만백성을 사랑
하며 만백성을 대할 수 있는 그와 같
은 마음으로 살아가는 것이 너희이니
라.
20 정녕 그와 같이 나의 피조물 만백성을
사랑할 수 있는 마음이 너희에게 없
단 말이던가?
21 너희 가슴속에 있음이니라.
22 너희가 그를 찾아내며 그를 꺼내어 세
상에 비추면 그것이 곧 빛이 되며, 만
백성은 그 빛을 보고 너희를 따른다
는 것을 잊어서는 아니 될 것이니라.
23 모든 백성을 그리 사랑하라.
24 탕자의 자식을 사랑하는 부모의 마음
처럼 너희가 모든 백성을 그리 사랑
한다면 남들을 어찌 흉보며 남의 잘못
하는 것을 탓하며 남의 잘못한 것을
너희가 욕하며 그와 같이 살아갈 수
있던가?
25 남의 슬픔이요, 잘못된 그 상처를 어
루만져 주며 그 마음을 달래는 부모가
자식을 사랑하는 마음으로써 너희가
변할 수 있음이니라.
26 너희가 자식을 사랑하는 마음의 뿌리
가 네 가슴속에 있음이니, 그 마음인
들 남을 사랑하는 마음이 그 가슴속에
없겠는가?
27 자식을 사랑하는 그 마음보다도 남을
사랑하며 이웃을 사랑하는 그 소중한
사랑의 마음의 근본의 뿌리를 내가 너
희 가슴속에 심어 놓았음이니라.
28 그러니 너희는 네 자식을 사랑하는
만큼 남의 자식이요, 이웃을 사랑할
수 있는 그 사랑의 나무를 찾아내어
그를 물을 주어 잘 가꾸라.
29 가꾸면 그와 같이 역사할 수 있는 것
이니, 너희는 세상에 아니 되는 것이
없으며 역사하지 못하는 것이 없음을
알아야 할 것이니라, 사랑하는 나의
아들딸들아!

6,220 번째 하나님 말씀

2003년 5월 22일 0시 48분

1 사랑하는 나의 아들아!
2 "네, 아버님! 말씀하옵소서."
3 너를 따르는 제자들이요, 나의 법전을
읽고 깨우친 백성, 내 사랑하는 나의
아들딸 그들에게 전하라.
4 너희는 아무리 어렵고 힘든 고통이요,
오늘의 삶이 지치고 힘들다 하여도,
눈물 젖은 빵으로써 한 끼를 때우지
아니하면 견딜 수 없는 그 어렵고 힘
든 길이라 하여도,
5 내가 너희를 버리지 아니하며 내 사
랑이 너희에게서 떠남이 아니요, 나의
사랑이 너희를 감싸고 있다는 것을
잊지 말라.
6 어떠한 환란 속에서도, 어떠한 고통
속에서도 나 여호와의 사랑은 절대로
너희에게서 떠나지 아니하며 떠날 수
가 없다는 것을, 그리고 떠나지 아니
한다는 것을 믿도록 그리하라.
7 마지막 비참한 육의 삶을 마치는 그
순간에도, 너희가 죽음으로써 나에게
오는 그 순간까지도 나 여호와의 사랑
이 너희에게서 떠남이 아니요, 너희와

같이하고 있다는 생각을 버리지 말라.
8 나의 사랑 속에서 모두가 다 이루어짐
이니, 내가 그리하여 너에게 뭐라 말
하여 네 제자들에게 가르치라 했던가?
9 너희가 행복한 순간이요, 영광스런 순
간이요, 축복받은 순간이요, 그것도
나의 사랑 속에서 이루어지며,
10 너희가 고통과 시련이요, 어려움을 겪
는 것, 그 모두도 또한 나의 사랑 속에
서 이루어짐이니, 그를 벗어나는 것이
없다 내가 그리 말하지 아니하였던가?
11 그 의미요, 뜻을 깊이 깨우치도록 그
리 가르쳐라.
12 나의 성령이요, 나의 법전을 거역하지
말며, 나의 성경이 기록되어 있는 것,
나의 율법이 기록되어 있는 것, 내가
친필로써 직접 써 내린 나의 십계명이
요, 그리고 지금 나의 아들을 통하여
내 가슴을 태워 내리는 나의 법전을
어떠한 경우에도 버리지 아니하며,
13 이를 등 돌리지 아니하며 이를 믿지
않는 마음을 믿는 마음으로써 살아간
다면,
14 믿지 않는 마음을 갖지 아니하며 믿는
마음으로써 살아간다면, 이를 지키고
살아가는 너희는 내가 사랑함이 너희
를 떠남이 아니요, 내가 너희를 버리
지 아니한다는 것, 절대 내 사랑이 너
희에게서 떠나지 아니하며 영원히 같
이하고 있다는 것을 알라 그리 전하라.
15 너희가 어떠한 경우에도 나를 사랑함
을 버리지 않는다면 모든 고난과 고
통과 시련 속에서도 내가 베푸는 그
사랑은 너희에게서 결코 떠나지 않는
다는 것을, 그리고 항상 같이한다는
것을 너의 제자들에게 깊이 깨우쳐 행
하도록 그리 전하라, 사랑하는 나의
아들아!

6,221 번째 하나님 말씀

2003년 5월 22일 08시 42분

1 사랑하는 나의 아들아!
2 "네, 아버님! 말씀하옵소서."
3 참고 인내하는 것이 과연 무엇이더냐?
4 어렵고 힘든 그 고비를 넘고 넘는 것
만이 참고 인내하는 것이 아니니라.
5 이제 너를 따르는 제자들이요, 나의
법전을 읽고 깨우친 백성이요, 나의
강론을 듣는 너희는 사랑이 무엇이며
참고 인내하는 것, 고통과 시련 그 자
체도 나 여호와의 뜻이라 생각하며 인
내할 수 있는 마음의 자세가 되어 있
으며 그와 같은 깨달음이 있음이니라.
6 그러니 너희가 인내함이라는 것은 이
세상에 살아가면서 인간 육신의 향락,
인간 삶의 모든 것을 하고 싶은 마음,
그 모두를 자제하고 억제하는 그와 같
은 훈련에 이제는 돌입해야 함을 알아
야 할 것이니라.
7 너희가 사악한 짓, 나쁜 짓을 아니 하
려고 노력하며, 그것을 했을 때 후회
하며 반성하며 그를 자제하는 인내하
는 마음이요, 변하는 마음은 지금 시
작되어 열심히 잘 가고 있음이니라.
8 그러나 인간이 살아가면서 즐기는 것,
그리고 하고자 하는 마음, 죄가 아니
라 해도 너희가 일상생활에서 무엇인
가를 하고자 하는 생각, 하고자 하는
그 취미요, 그와 같은 것에 빠져 생활

이 흔들린다든지 믿음이 흔들리는 그
와 같은 시간이 한쪽으로 치우쳐서는
아니 되니,
9 너희가 하고자 하는 마음, 즐기고자
하는 마음을 억제하는 그와 같은 인내
가 이제는 필요한 단계가 되었음을 알
아야 할 것이니라.
10 너희는 나 여호와가 존재함을 알고 있
으며 고통스럽고 힘든 것을 넘는 것
을 알고 있으니,
11 너희가 사악한 짓을 해서 죄를 지으며
잘못했을 때, 남에게 부끄러운 행위를
하지 아니하고자 하며 그를 했을 때
고통스러워하고 회개함을 아느니라.
12 그리하여 아름다운 일을 찾아서 하고
자 하며 아름다운 일을 스스로 찾아
또 행하는 것을 서슴지 않고 하고 있
음이니, 그와 같이 변하는 것이 너의
제자들이니라.
13 그러니 그 제자들에게 이제는 생각 자
체를 너희가 하지 말아야 할 것이니
라.
14 너희가 취미 활동이요, 즐기는 것이
요, 오락이요, 이와 같은 것에 치우치
며 너무 빠져들다 보면 너희 생활이
흔들리게 되어 있으며 믿음 그 자체도
흔들림이니,
15 그러한 것을 자제하고 그와 같은 것을
인내하는 마음으로써 하나하나 고쳐
나가야 할 것이니라.
16 너무 지나친 습관이요, 너무 지나친
행동이요, 계속적으로 반복하는 그와
같은 행위를 지금 중단하고 고쳐야 할
것이니라.
17 오락을 즐기는 자, 놀기를 좋아하는
자, 여행하기를 좋아하는 자, 아직도
그를 억제하지 못하며 자제하지 못하
는 그와 같은 마음으로 생활해서는 아
니 됨이니,
18 그 모두도 너희가 변하는 마음같이
자제할 수 있으며 그를 인내할 수 있
으며 너희 자신을 통제해 나가는 그와
같은 삶으로 이제 변해야 할 것이니라.
19 여행을 즐기는 자 그를 삼갈 줄 알며
꼭 필요할 때 여행을 하며, 그저 최소
한으로 너희 마음을 위로하고 달랠 수
있는 모든 취미요, 오락의 행위요, 그
와 같은 것을 자제하는 것에 너희가
또한 최선을 다해야 할 것이며,
20 그와 같은 것을 다스려 나가는 데 인
내로써 너희 스스로 변하는 단계에 들
어가야 하는 것이 너의 제자요, 나의
법전을 읽고 깨우친 백성임을 너희는
그리 알아야 할 것이니라.
21 그저 놀기를 좋아하며 오락을 즐기며
시간 가는 줄 모르는 그와 같은 습성
을 계속 반복하며 그와 같은 것을 버
리지 못한다면, 너희가 많은 것을 변
해 왔으나 또한 그쪽으로 무너질 수가
있으며 너희 자세가 흔들림이니, 그것
도 다스리는 그와 같은 삶을 살라.
22 나무로 말하면 쓸데없는 가지들을 쳐
주지 않더냐?
23 썩은 가지요, 필요 없는 가지들이 주
렁주렁 달렸으면 그 몸통이 지탱하기
어려우니,
24 너희가 오락이요, 즐거운 짓을 하는
것, 그리고 너희가 계속해 왔던 그 습
관을 버리지 못하는 것이 바로 무성한
나무에 필요 없는 가지가 존재하는 것

이며 썩은 나뭇가지가 붙어 있는 것
이니,
25 그를 과감히 잘라 내고 절단하는 그와
같은 용기가 필요함이요, 그와 같은
행함이 중요함이니라.
26 그와 같은 인내로써 너희 스스로 다
스려 나가는 그 변화의 역사를 이루도
록 하라, 사랑하는 나의 아들딸들아!

6,222 번째 하나님 말씀

2003년 5월 22일 08시 47분

1 사랑하는 나의 아들아!
2 "네, 아버님! 말씀하옵소서."
3 너는 많은 사람에게 또한 너의 제자들
에게 다음과 같은 말을 서슴없이 하느
니라.
4 남이 너를 때려서 네가 상처를 받아
네 이빨 하나가 부러졌다 해도, 아무
리 아파도 때린 사람 앞에서 눈물을
흘리지 않는 것이 나 여호와의 뜻이라
그리 말하느니라.
5 그는 곧 때린 그 사람이 미안하여 마
음 아파할까 봐 네가 아무리 상처가
깊다 해도 눈물을 흘리지 않는 그와
같은 마음을 가지고 사는 것이 나의
뜻이요, 나에게 오르는 길이라 그리
말하며, 나의 사랑이라 너는 그리 말
하느니라.
6 네가 그리 남들을 위해 가르치고 깨우
치면서 과연 네가 그와 같은 행위를
얼마나 행하고 있는가?
7 네가 얼마나 어리석은 자인 줄 아는
가?
8 그리고 그 말을 듣고 그와 같이 행하
려 하는 너의 제자들 또한 어리석음이
니, 그와 같은 것을 행하는 것은 너희
스스로 할 수 있으나,
9 그보다도 더 아픈 상처를 상대방에게
심어 주는 그와 같은 행위를 하루에도
수십 번씩 하고 살아가는 것이 너희
의 삶이니,
10 그리하여 하나를 가르치면 내가 너에
게 살과 뼈를 만들어 깨달음을 얻으라
하였거늘, 어찌하여 그리 미련하고 어
리석게 네가 지금도 깨달음을 얻지 못
하는가?
11 너에게 상처를 냈을 때 그 아픔을 눈
물을 흘리지 않는다 하였음이니라.
12 상대방이 그를 보고 미안해할까 봐
그러면서 너희는 상대방의 허물을 말
하기를 서슴없이 말하며, 남이 들어서
기분 나쁜 행동이요, 말을 서슴없이
하며, 인격을 모독하는 그와 같은 말
을 서슴없이 하느니라.
13 그리고 남의 흉을 보기를 서슴없이 하
니, 그것이 네가 어찌 깨우친 나의 아
들이요, 나의 목자로서 만백성을 이끌
어 가는 행위이던가?
14 네가 남 앞에 화를 냄이니라.
15 그 화를 받고 참는 너의 제자요, 네 주
변에 있는 자, 너만 못한 자, 너의 가
족이요, 그 모두의 마음의 상처가 어
떠한지 네가 생각해 보았는가?
16 남의 허물을 덮어 주지 못하며 그를
용서하지 못하며 그에게 직설적으로
말하며 꾸짖는 네 성격이요, 또한 너
의 제자들도 그러함이니라.
17 그러니 너희가 그와 같은 상처의 아픔
을 모르며, 그저 때려서 상처 난 아픔

만을 참는다 그리 말함이니,
18 내가 볼 때 과연 너희가 진정한 나의
깨달음을 얻은 백성이던가?
19 그러니 남에게 상처 주는 말을 하지
말라.
20 말로써 상처를 주는 것, 남의 흉을 봐
서 상처를 주는 것, 남의 약점을 들춰
내는 것, 그것으로 하여금 그들의 마
음이 아픔이니,
21 너희가 때려서 우는 것을 보고 마음
아파하는 것보다도 열배 백배 더 마음
아프며 고통스러우며 슬픔에 젖어 있
는 것이 그들이며, 너희를 원망하는
마음이 백배 천배 더함을 알아야 할
것이니라.
22 이제는 네가 그와 같은 말을 할 때, 남
에게 상처 주는 마음, 남에게 상처를
줄 수 있는 행동, 남에게 상처를 줄 수
있는 언행, 이러한 것을 절대 해서는
아니 되며, 너의 제자들도 그리해서는
아니 됨이니라.
23 그러니 남을 탓하지 말라.
24 남을 탓함으로 인하여 그 받는 상처,
그 가슴 아픔을 너희는 어찌 모르는
가?
25 이제 나 여호와가 너희에게 기록하여
전하는 그 뜻을 알았다면 오늘부터 그
리 행하고 실천하도록 하라.
26 그리하여야만 너희가 진정한 깨달은
자요, 나의 아들이요, 나의 백성이니
라.
27 그렇지 아니하면 너희는 모든 종교
집단이요, 모든 백성이 그저 형식적으
로 살아가는 것, 말을 앞세우며 행동
으로 하지 아니하는 그들과 무엇이 다
르단 말이던가?
28 그러니 하나부터 백까지 남의 아픈 마
음, 남의 상처를 건드리는 그와 같은
말이요, 행동을 일절 해서는 아니 됨
이니라, 사랑하는 나의 아들딸들아!
29 이를 행하라, 사랑하는 나의 아들아!
30 그 길을 네가 가야 함이니, 이제는 네
가 어찌 가야 하는지 알겠는가?

6,223 번째 하나님 말씀

2003년 5월 22일 11시 44분

1 사랑하는 나의 아들아!
2 "네, 아버님! 말씀하옵소서."
3 너희가 지금 수천 년 동안 믿어 온 믿
음의 종파요, 그 집단들이 가는 것이
잘못되었으며, 너희가 지금 가는 것이
바른길이라 내가 그리 말하여 법전에
기록하여 전하며, 너희가 그리 말해도
그리 듣지 아니하며 그를 이해하지 못
함이니라.
4 그들의 철옹성보다도 더 굳어져 있는
믿음이 구원이요, 하늘에 오르는 길이
라 머릿속에 정해져 있는 그들이 과연
무엇을 알겠으며 그들이 변하겠는가?
5 내가 너에게 말하지 아니하였느냐?
6 진정한 종교 지도자요, 목자라 하면
'우리 교회는 만원사례이니 옆 교회에
가서 공부하며 똑같은 목사님이 똑같
은 성경을 가지고 공부를 하니, 우리
는 백 명밖에 들어올 수 없는 좁은 장
소요, 2백 명이나 되니 나머지 분들은
옆에 있는 교회로 가십시오.
7 만원사례에 감사합니다!' 하고 써놓
는 교회가 있다 하면 나의 백성이요,

너의 제자들 또한 그곳에 가 공부해
도 내가 탓하지 아니한다 하지 아니하
였더냐?
8 그와 같은 형국으로 변화가 이루어져
야 하는 것이 사랑이요, 믿음의 길을
가는 백성이 가는 길이니라.
9 그와 같은 것이 없다면 그것이 잘못된
것이 아니더냐?
10 그러면 내가 이와 같은 말을 전하여
깨우쳐 주어도 이를 믿지 아니하며 이
를 실감하며 저희가 꼭 깨우쳐야 할
중요한 가르침이라는 것을 모르는 것
이니라.
11 이와 같은 간단한 진리를 손에 쥐여
주는 것이 누가 가르치며 전해 주겠
는가?
12 나 여호와 창조주가 아니면 그 누구도
이를 가르쳐 줄 수 없거늘, 내 음성이
요, 내가 직접 내리는 것도 그들은 믿
지 아니하니, 내가 다시 한 번 너희에
게 그들을 깨우쳐 주고자 내리니 그리
알라.
13 너희가 어려서부터 공부를 하며 선생
이 가르치느니라.
14 선생이 그 제자들을 가르칠 때 뭐라
가르치는가?
15 그들에게 그것을 깨우쳐 주며 그것을
알도록 하며 상식을 심어 줌이니라.
16 그리하여 선생이 그 가르친 것만큼 그
들이 얼마나 공부를 열심히 했으며 가
르친 것을 복습과 예습을 철저히 했으
며 선생의 뜻에 따라서 했느냐에 따라
그들이 시험지를 갖고 시험을 볼 수
있는 그 위치에 처했을 때 답안지를
기록하게 되어 있지 않더냐?
17 저희가 상급 학교에 갈 때, 원하는 좋
은 학교에 가서, 또는 학교를 나와 직
장에 가서 시험을 본다 할 때도 선생
이 가르쳐 준 것을 얼마나 복습을 열
심히 하고 열심히 머릿속에 기억하고
배웠느냐는 그 학생에 따라서 그 점수
가 나오지 않겠느냐?
18 그리하여 그 평가를 받는 것이니라.
19 그러니 지금 선생이 학생들에게 가르
칠 때 그와 같은 미래를 위하여 가르
침이니,
20 그러나 한쪽에서 말하기를 선생이 아
무리 가르치는 정답을 배우면 무엇하
느냐?
21 이다음에 우리가 시험을 볼 때는 무조
건 다 백 점을 주게 되어 있으며 시험
관은 백 점을 줄 것이다, 우리가 그저
놀고 술 마시고 장난하고 못된 짓을
다 하고 다녀도 우리가 좋은 학교 가
서 시험을 볼 때 그저 이름만 써내면
백 점을 줘서 그 학교에서 받아주며,
22 직장에서 시험을 볼 때 그저 이름만
써 주면 그것은 무조건 합격이라 해서
거둬들이는 것을, 뭐하러 너희는 힘들
고 어렵게 공부를 하며 선생이 가르친
것을 복습하며 예습하는가,
23 바닷가를 놀러다니며 여행을 하며 친
구들과 어울려 놀며 모든 방탕한 짓을
해도 충분히 가는 것을 왜 그리하느냐
하는 자가 있다 하면 과연 어찌하겠
는가?
24 그와 같이 방탕한 생활이요, 인생을
즐기며 살다가 너희가 이름만을 써내
면 백 점을 준다고 가르치는 곳이 있
으며 그와 같이 한다면 너희는 그리

따라가지 않겠는가?
25 지금의 모든 종교 집단이요, 지도자들
이 그리 가르치고 있으며 그와 같은
요행을 바라는 것이 지금 구원을 받겠
다며 재물과 시간과 모두를 바치면서
울고불고하는 신도들이 하는 짓임을
너희는 알아야 할 것이니라.
26 내가 여기서 너희에게 엄격히 말함이
니라.
27 선생한테 얼마나 착실히 배웠으며 선
생의 뜻을 얼마나 들었느냐 하여 그
학생이 그 답안지의 점수가 오르도록
가르쳐 주는 것은 선생의 그 임무며
책무이니라.
28 그리하여 그 학생이 좋은 점수를 받을
수 있도록, 좋은 학교에 갈 수 있도록,
좋은 상식을 가슴에 안을 수 있도록,
그리하여 사회에 나와서 좋은 직장에
시험을 봐 좋은 자리를 차지할 수 있
도록 선생은 그 방법을 가르쳐 주는
것이니라.
29 공부하는 방법을 가르치며 공부하는
길을 가르쳐 주며 그 살아가는 방법을
가르쳐 주는 것이지,
30 선생이 대신 시험을 봐 줄 수 없으며,
선생이 대신 그 시험지에 기록해 줄
수 없으며, 시험 보는 날 선생이 쫓아
가서 대신 봐 줄 수 없는 것이니라.
31 그리고 공부하지 아니하는 자는 그 점
수를 받을 수 없는 것이 엄연한 이 세
상의 이치이니라.
32 그러나 지금 흘러오는 종교 집단이요,
지도자들이 뭐라 말하느냐?
33 나의 아들 예수가 모든 죄를 다 짊어
졌으며 죄를 다 사해 주었다 그리 말
함이니, 그리하여 선생이 가르쳐 주었
음이니 그저 아무렇게나 살다 가면 그
이름만 써내면 100점을 받을 수 있다
고 말하는 것과 똑같은 것이 종교 집
단이요, 지도자들이 그리되어 있는 자
들이니라.
34 나의 아들 예수를 세상에 내보낸 것은
나의 성령이요, 나의 뜻을 가르치는
선생으로서 내려보낸 것이지,
35 그 답안지를 써 주며 너희가 지은 죄
를 가슴에 안아 다 그가 대속하는 그
와 같은 것으로써 내려 준 것이 아니
라는 이 나의 아픈 뜻을 알라.
36 선생이 제자들을 가르쳐서 제가 시험
을 봐 점수를 얻을 때 좋은 점수를 얻
을 수 있도록 그를 가르쳐 주고 상식
을 넣어 주며 시험 보는 방법을 가르
쳐 주는 것이 선생이 하는 것이지,
37 선생이 대신 시험을 봐 주며 그를 위
하여 역사하는 것이 아니니,
38 나의 아들 예수를 세상에 내려보낸
것은 지도자요, 선생으로서 너희가 어
떠한 고통과 시련을 겪고 어찌 살며
하늘에 오르는 길이 무엇인가를 그 방
법론이요, 그 길을 가르쳐 준 것이니
그것을 알아야 할 것이니라.
39 지금 나의 아들을 따르는 제자들이요,
나의 법전을 가지고 공부하는 나의 성
전에 온 너희는 바로 선생이 '예습하
고 복습하라, 그리고 항상 기억하라,
게을리하지 마라, 학창 시절에 아름다
움을 키우라.' 하는 선생의 말을 듣고,
40 놀지 아니하며 방탕하지도 아니하며
열심히 그 길을 가는 것이요,
41 그저 먹고 놀고 방탕한 짓 하다 이름

만 써내면 시험지는 100점을 다 맞게 되니 걱정할 것 없다 하여 그저 방탕한 생활을 하고 있는 그 젊은이처럼 지금 잘못 가고 있는 것이 종교 집단이요, 지도자들이 이끌어 가고 있는 형국이니, 여기에서 나의 법전에 기록하는 나의 뜻을 알라.
42 나의 아들 예수는 너희에게 학문을 가르쳐 바른 인간으로 서도록 가르치는 선생이요, 그 선생의 역할을 하는 것이지, 선생이 학생의 시험을 대신 봐 주며 그의 인생을 대신 살 수 없듯이,
43 나의 아들 예수가 너희를 대신하여 살 수 없으며, 너희의 죄를 대속할 수 없으며,
44 시험 보는 방법과 상식을 내려 주었으며 너희가 좋은 점수를 받도록 가르친 것이 나의 아들 예수가 세상에 내려가 전한 뜻이라는 것을 엄밀히 알며
45 이 뜻을 깊이 깨우쳐 구원의 길을 바로 보도록 그리하라.
46 그 이상은 사기극이며, 나의 백성을 먹고 놀고 그저 방탕한 짓을 해도 너희는 하늘에 오를 수 있다고 가르치는 자들과 똑같으며,
47 백 점 맞을 수 있다고 젊은이에게 가르치니 그들이 어떤 길을 따르던가?
48 먹고 노는 길로 가는 것은 당연한 것이니, 모든 종교 집단이요, 지도자들이 그 백성을 쉬운 길, 놀고먹고 방탕한 길을 가는 학생들과 똑같이 그 길을 가니 더불어 가느니라.
49 이것이 오늘의 너희 현실임을 알라, 사랑하는 나의 아들딸들아!

6,224 번째 하나님 말씀

2003년 5월 22일 15시 14분

1 사랑하는 나의 아들아!
2 "네, 아버님! 말씀하옵소서."
3 하늘의 이치요, 너희가 지금 잘못 가고 있는 믿음을 내가 너희에게 가르쳐 주지 아니하였더냐?
4 지금 가고 있는 그 믿음은 나의 아들 예수의 보혈이요, 예수가 그 모든 죄를 안고 갔음이니,
5 저희가 지금 살인하고 강간하며 강도질하며 도적질하며 사악한 죄를 지어도 2천 년 전에 죽어 간 나의 아들 예수가 너희 그 죄를 다 감싸 주며 용서한다고 그리 말함이니,
6 그리고 너희가 지은 성전에 와서 나의 아들 예수의 이름을 부르며 재물을 바치면 그 죄는 다 용서받는다고 그리 말함이니, 그게 너희가 말이나 되는 소리를 하고 있다더냐?
7 그리하여 내가 예를 들어 가르치기를, 선생이 그 제자를 가르치는 것을 내가 깨우쳐 너희에게 전했음이니라.
8 아무리 선생이 제자를 사랑하며 열심히 가르쳤다 해도, 그 제자가 시험을 보며 그가 사회에 나가서 어떠한 난관에 부닥쳐 그가 실력으로써 모두를 보여 줄 때,
9 그 선생이 아무리 그 제자를 사랑하고 아낀다 하여도 그리 갈 수 없으며 대신해 줄 수 없으며 그를 또한 지도할 수 없다 내가 그리 말하지 아니하였던

가?
10 그것이 바로 내가 나의 아들 예수를
세상에 보내 만백성을 깨우치고자 했
던 선생이요, 지도자로서 이 세상에
내려간 의미라 내가 그리 말하였음이
니라.
11 그리하여 나의 아들 예수가 너희 죄
를 대신 사해 주며 그 죄를 안고 오는
것이 아니요, 너희가 필요할 때마다
그저 그 죄를 사해 주고 씻어 주고 하
는 나의 아들이 아니라,
12 너희가 나에게 오르는 그 길을 가르쳐
주는 것이요, 선생과 같은 역할을 하
는 것이 나의 아들 예수가 내려가서
한 일이니,
13 너희는 이제 울고불고 나의 아들 예수
의 이름을 부르며 나를 찾는 것으로써
구원을 받는다는 그와 같은 생각을
하지 말며, 그와 같은 믿음에서 벗어
나는 삶을 살라 내가 그리 말하지 아
니하였던가?
14 그러니 너희가 하늘에 오르고 못 오
르는 것 또한 그러하니라.
15 너희가 어찌 살았고 어찌 행하느냐에
따라서 그 기준에 의하여 나에게 오고
못 오는 것이 너희에게 달린 것이라
내가 일깨워 주었으니,
16 바로 그것이 내가 너희에게 전하고자
하는 뜻이라는 것을 알아야 할 것이
니라.
17 이제는 나의 법전에 이처럼 상세히
기록하여 너희에게 깨우쳐 주고 전해
주건만,
18 너희가 그를 알지 못하며 그를 깨닫지
못하며 지금과 같은 방법으로써 너희
가 하늘에 오르는 길이요, 천국에 오
는 길이라 그리 말한다면, 너희는 정
녕 한 사람도 구원을 받을 수 없으며,
19 너희가 열심히 노력하며 기도하고 경
배하며 찬송하는 그 자체가 나에게 오
르고 천국에 오고자 하는 것이 아니
요, 지옥의 길을 가기 위하여 사탄을
찬양하며 사탄을 경배하는 것임을 알
아야 할 것이니라.
20 이제 내가 다시 한 가지를 깨우쳐 너
희에게 전함이니, 나 여호와가 간단히
전하는 그 뜻을 너희는 알아야 할 것
이니라.
21 너희가 하늘에 오르고자 하며 구원을
받으며 나에게 온다고 온갖 행위를
다 하며 몸부림치며 그를 위해서 모두
를 다 바치며 피로하고 지치고 그 어
려운 믿음의 세월을 가는 것이 아니라
는 것을 알아야 할 것이니라.
22 너희는 나에게 오를 수 있다는 것은
무엇이더냐?
23 내가 지키라는 그 율법이요, 내가 지
키라 내린 십계명이요, 내가 지키라는
것을 지키고 행하면 너희가 나에게 오
를 수 있으며 하늘에 오르는 길이요,
근본이거늘,
24 어찌하여 너희는 나에게 온다면서 내
가 명한 것을 지키지 아니하고 지킬
수 없다고 거역하며 나에게 오를 수
있단 말이던가?
25 하늘에 오르는 길은 간단하니라.
26 내가 너희에게 알기 쉽게 전함이니,
내가 지키라는 십계명을 지키고 내가
지키라는 율법을 지키고 그대로 행하
고 살면 바로 너희가 하늘에 오르는

길이니라.
27 누가 뭐라 해도, 아무리 항우장사라
해도 그를 지키지 아니하며 그를 행하
지 않는 자는 정녕 너희가 나에게 오
를 수 없는 것이거늘,
28 너희가 재물을 바치며 울고불고하며
성전을 짓는다 하여 요란을 떨며 많은
백성 앞에 위협적인 자세를 하고 가르
치는 자, 그리고 강론하는 자, 거기서
갖은 형형색색의 모양을 다하며 위엄
있는 색이라 하여, 위엄 있는 형태라
하여 온갖 치장을 다 하고 찬송 부르
며 경배하는 그와 같은 행위에서 나에
게 구원을 받을 수 있으며 하늘에 오
른다고 어찌 생각하는가?
29 그 모두를 다 벗어 던지라.
30 그 모두는 다 나와 아무런 관계가 없
느니라.
31 하늘에 오르고 못 오르는 것은 큰 성
전이요, 호화로운 것이요, 남을 현혹
하며 남에게 위압적인 복장으로써 너
희가 나에게 오르는 길이요, 나에게
오르는 길을 공부하는 것이 아님이니
라.
32 다 털어 버리고 다 훨훨 벗어 던지라.
33 너희의 마음 자세이니라.
34 내가 지키라는 그 십계명 하나를 지키
면 그것을 행하고자 하면 너희가 하
늘에 오르는 길이지,
35 그 누구도 내가 지키라는 것을 지키지
아니하고는 하늘에 오를 수 없는 그
간단한 이치이거늘, 어찌하여 이를 놓
고 너희가 갑론을박하며 그리 가는가?
36 나의 율법이요, 성경에 기록한 대로
지키고 살라, 그리 사는 것이 하늘에
오르는 길이라 그렇게 가르치면 되며,
37 절대적으로 내가 친필로 쓴 십계명은
지켜야 한다 그리 가르치면 되는 것이
며, 그대로 행하고 살면 하늘에 오르
는 간단한 이치를 가지고 너희가 그리
도 복잡하게 수천 년 동안 나의 백성
에게 재물을 거둬들여 그리 사악한
성전을 지었으며, 죄의 온상을 지어
놓았으며,
38 집단의 힘을 과시하며 위력을 과시하
는, 그리고 생계 수단으로써 나의 피
조물 만백성을 이용하고 활용하고 써
먹는 것 외에는 너희가 아무것도 한
것이 없다는 것을 알라.
39 너희는 어찌하느냐?
40 인간 세상에 살아가면서 간단하지 않
은가?
41 상대방이 원하는 것을 너희가 들어주
고 서로 협조했을 때 의사소통이 되며
하나의 뜻을 같이하고 한길을 같이
갈 수 있는 것이 아니던가?
42 너희가 뜻이 같지 않으면 같이 이룰
수 없으며 뜻이 다르면 행복한 육의
삶도 살 수 없는 것이 당연한 이치가
아니던가?
43 하물며 너희가 나에게 오르고자 하늘
에 오른다는 그를 위하여 살며 그 모
두를 위해 바친다는 자들이 내가 지키
라는 것, 내가 어찌어찌 행하고 살라
명한 것, 그것을 따르지 아니하고 그
것은 집어 팽개쳐 놓고 그것은 뒷전으
로 밟아 뭉개면서,
44 너희 인간의 생각지도 않은 엉뚱한 방
법으로써 해괴망측한 소리를 하는 자
들의 말을 듣고 너희가 구원을 받고

하늘에 오른다 하는 것은 아무리 발버
둥치고 너희가 아무리 울고불고해도
그는 절대로 이룰 수 없으니, 내가 간
단한 이치를 가르쳐 줌이니라.
45 계명대로 살며 율법대로 살라.
46 이제는 너희가 그를 잘못 살고 잘못
지켜 왔기에 내가 나의 아들을 통하여
법전이라 하여 160권의 새로운 성경
을 세상에 내려보냄이니, 나의 성경을
읽고 정독하고 깨우쳐 거기의 내용을
보고 그대로 살아 하늘에 오르는 길을
얻도록 하라.
47 내가 지금 나의 아들을 통하여 내리는
160권의 이 법전이 내가 직접 나를 태
워 내리는 성령이라 하였음이니, 내가
내린 성령대로 살고 이대로 지키는 것
이 하늘에 오르는 법도라 하였음이니,
48 이를 지키지 아니하고 이를 보지 아니
하고 이를 거부하며 내 뜻을 모르면
나와는 관계없음이니, 너희가 구원을
받을 수 없으며 심판을 받을 수 없다
함이니라.
49 그렇다면 나의 법전이 과연 나의 새로
운 성경이요, 너희를 심판하는 법전이
기준이냐 아니냐 하는 것을 아는 것은
너희가 나의 법전을 읽고 나의 아들
의 강론을 들어 봐 그게 잘못 가르치
며 잘못된 부분이 있다면 그는 사탄이
요, 사악한 자요, 나의 뜻이 아님이니
라.
50 그러나 너희가 알기 쉽고 깨닫기 쉬
우며 너희가 느끼고 들었을 때 그 내
용이 타당하다 생각하는 내용이 거기
에 기록되었다면 이것은 나 여호와의
진리니,
51 이를 보지 않고 이를 깨우치지 아니
하는 자는 정녕 구원을 받을 수 없음
을 너희는 알아야 할 것이니라.
52 너희는 인간 사회에 있어서도 거기에
들어올 수 있는 자격증이 있으며 거기
에 들어오는 증표가 있느니라.
53 너희가 비밀회의 할 때는 각자가 비
표라는 것을 달고 있으며 너희만이
알고 있는 암호를 가지고 있는 사람이
들어올 수 있으며,
54 너희가 한 끼의 식사를 하는 그 행사
에도 사람을 구분하기 위하여 거기에
초청장이라는 것을 주지 않느냐?
55 그리고 합당한 거기에 가서 제시할 수
있는 무엇인가를 보여 그리하여 같이
즐기는 것이 아니던가?
56 그와 같이 구분하며 표시하는 것이 너
희 인간 세상의 모임이요, 집단이요,
너희가 아름다운 결혼이요, 그와 같은
행사요, 너희가 부모를 즐겁게 하는
그와 같은 잔치요, 그 모두에서 손님
인가 아닌가 하는 너희가 표시하는
그 방법에서 너희가 손님을 대접하며
오는 기준을 갖춘 자,
57 너희에게 올 수 있는 자의 모임에서
받아들이며, 너희의 비밀회의에서 받
아들이며, 너희가 정상 회담에서 받아
들이며, 너희의 결혼식이요, 가정의
행사요, 너희 부모의 행사요, 모든 즐
겁고 희비애락의 행사에 거기에 갖춘
자가 오게 되어 있지, 아무나 오는 것
이 아니지 않더냐?
58 그게 바로 그와 같은 뜻임을 너희는
알아야 할 것이니라.
59 자격을 갖추지 아니한 자가 이룰 수

없으며 참여할 수 없는 것이 하늘의
뜻이며 나의 뜻이라는 것을 너희는
이제 깨달았을 것이니라.
60 그러니 너희가 나에게 오를 수 있는
그 자격의 기준이 무엇인 줄 알겠는
가?
61 너희가 비밀회의에 붙이는 비표요, 너
희만이 하는 암호요, 너희만이 알 수
있는 그와 같은 약정을 하고 너희가
자격 있는 자만 모이며 초청장이라는
그 안내장을 가진 자만이 참석하듯이,
62 너희가 나에게 오르고자 하면 내가
내린 십계명이요, 율법이요, 그를 보
지 아니하면 올 수 없으며, 이제는 내
가 내리는 새로운 성경이요, 나의 법
전이 너희가 비밀회의에 참석할 수
있는 비표이니라.
63 그리고 너희가 참석할 수 있는 초청
장이니라.
64 그리고 안내장임을, 초대받은 자가 가
지고 있는 것임을 알라.
65 내가 나의 법전을 세상에 내려보내는
것은 나의 뜻을 태워, 내 가슴을 태워
내 피로 쓴 복음을 전하는 것이라 하
였으니,
66 내가 피로써 적어 내리는 나의 복음서
를 읽지 않은 자는 구원받을 수 없으
며 하늘의 이치를 알 수 없음이니라.
67 이는 곧 무엇이더냐?
68 내가 피로써 만든 나의 법전이 내가
너희에게 내리는 초대장이요, 초청장
이요, 비밀회의의 비표의 표시니,
69 이를 읽고 접한 자만이 나에게 오를
수 있다는 것을, 이를 행하고 지키는
자만이 천국에 남을 수 있다는 것을
너희는 잊지 말라, 사랑하는 나의 아
들딸들아!

6,225 번째 하나님 말씀

2003년 5월 22일 15시 23분

1 사랑하는 나의 아들아!
2 "네, 아버님! 말씀하옵소서."
3 너희가 살아가는 그 인생의 삶이 무
엇인 줄 알겠는가?
4 나로부터 생명을 받아 세상에 나가 너
희가 죽을 때까지 사는 것은 나 여호
와가 만든 이 지상의 낙원에서 지나가
다 잠시 쉬어 가는, 잠시 머물다 가는
나그네와 같은 것이 너희의 인생이며
이 세상에서 너희가 육의 삶을 사는
형극이라는 것을 알고 있지 않은가?
5 여행하는 나그네가 잠시 쉬어 가는 그
와 같은 주막집 같은 것이 바로 내가
만든 이 세상에서 너희가 살다 감이
니, 너희가 얼마나 짧은 인생을 이 지
상의 낙원에서 산다고 내가 말하였더
냐?
6 하루를 살다 마는 그 하루살이만도 못
한 인생을 사는 것이 너희 삶이라 내
가 그리 말하지 아니하였던가?
7 너희는 하루살이같이 하루도 살지 못
하는 그 삶을 살면서 얼마나 시시비비
를 세세히 하며 시기와 질투를 하는
자들이 있는가?
8 밤에 태어났다가 밤이 되어 죽는 자,
아침에 태어났다가 아침에 죽는 자,
해가 뜰 때 났다가 해가 뜰 때 죽는 자,
9 하루살이가 스물네 시간이라는 그 시
간을 사는 것은 언제 태어나서 언제

죽으나 하루를 사는 것은 똑같거늘,
너희도 똑같이 하루를 사는 그와 같은
하루살이요, 한 시간을 사는 벌레라
해도, 그 시간대가 어찌 태어나서 어
느 시점에 태어났다며 그와 같은 것
을 시시비비하며 그걸 가지고도 우월
한 자와 우월하지 못한 자요, 안내자
요, 지도자요, 인도자요, 그리고 해 뜨
는 시간에 태어난 자만이 위대한 자라
그리 싸우다 그저 아무 의미도 없이
죽어 가는 하루살이 벌레와 같은 그와
같은 형국을 사는 것이 지금 너희의
삶이라 하면 너희는 과연 어찌하겠는
가?
10 한 시간을 사는 그것을 가지고 그리
따지고 시시비비하는 것이 너희이니
라.
11 그리하니 잠시 왔다 가는 그 인생의
삶에서 너희가 어떤 종파를 믿었든,
어떤 것에 몸담았든, 어떤 믿음의 길
을 갔든 그것은 영원히 존재하는 것이
아니며 영원히 지속하는 것이 아니며
영원히 살아가는 것이 아님을 너희는
알아야 할 것이니라.
12 나에게 생명을 가지고 나온 그 모두는
다 죽어 가게 되어 있음이니, 죽어 가
기에 너희는 신이 아니며, 절대자가
아니라는 것을 알아야 할 것이니라.
13 너희가 그 짧은 시간을 살다 죽어 가
는 그것을 나 여호와가 볼 때, 거기에
어떠한 것이 있으며 어떤 종파가 어떻
고 저런 종파가 어떻고 그것을 너희가
시시비비하며 구분을 하겠는가?
14 너희는 잠깐 왔다 가는 삶에 그를 가
기도 바쁘며, 가는 그 시간에 준비한
것도 없는 너희에게 무엇을 탓할 수
있단 말이던가?
15 내가 만든 이 아름다운 지상에서 너희
가 여행하다 잠깐 주막집에 들러 쉬
어 가는 것만큼도 안 되는 그와 같은
너희 육의 삶에서 이것저것 시시비비
하지 말며, 서로 질투하며 서로 미워
하는 그러한 마음을 갖지 말도록 그리
하라.
16 더욱이 내가 생명을 내려 준 나의 아
들딸 나의 백성은 다 똑같이 소중함
이니, 무슨 종파요, 어디에 소속하여
제가 대장이요, 제가 최고라는 어리석
은 생각을 하지 말라.
17 그와 같은 마음을 가지고 있는 자가
결국 무엇이더냐?
18 사랑을 모르며 화합을 모르며 나 여호
와를 볼 수 있는 눈마저도 가리게 하
는 사악한 자들이라는 것을 너희는
알아야 할 것이니 그리 알라.
19 짧은 삶에 온갖 시련과 고통과 또는
즐거움과 웃고 우는 삶을 살다 결국
너희는 무엇으로 가는가?
20 죽음이라는 그 낭떠러지요, 죽음이라
는 그 한계를 너희가 벗어나지 못함이
니, 그 길을 향하여 너희가 달려오는
자라 그리 말하였음이니라.
21 온갖 시련과 고통과 웃고 울고 즐거운
희로애락의 그 모든 삶을 사는 것, 그
속에서 너희는 오로지 한 길을 위해서
가는 동반자라 내가 그리 말하였거늘,
22 어찌하여 너희는 나의 그 깊은 뜻을
알지 못하며 서로 사랑하며 이해하며
그리고 소중히 아끼는 그와 같은 사랑
의 마음을 갖지 못하고 살아간단 말이

던가?
23 그러나 여기서 너희 지신이 무서움을 알아야 할 것이니라.
24 너희가 슬프면 울고 즐거우면 웃으며 인간의 고통과 향락에 따라서 웃고 우는 그와 같은 무심한 세월을 하루하루 보내는 동안에 너희 삶은 그대로 흘러가는 것이 아니요,
25 그 삶 속에서 너희가 어찌 살았느냐 하는 것이 하나하나 나에게 와 심판을 받는 그 선과 악을 쌓고 가는 그 삶을 산다는 것, 너희 자신도 모르게 하루에 희비애락에 얽히어 사는 것, 하루에 순간적인 나쁜 생각하는 것, 나쁜 짓을 하는 것, 용서받지 못할 짓을 하는 것, 선행을 하는 것, 아름다운 행동을 하는 것,
26 그 모두가 너희도 모르는 사이에 그것이 하나하나 쌓여 너희가 죽어 와 나에게 저울로써 그것을 단다는 것을 알아야 할 것이니라.
27 그러니 그 모두를 가지고 나에게 심판을 받음이니, 너희가 방탕하고 더러운 삶을 살다 그 죄의 대가를 치르는 것이며, 나의 계명을 지키고 아름답게 산 자는 산 만큼 나로부터 은혜를 받게 된다는 것을 너희는 알아야 할 것이며,
28 그를 명심해서 너희가 하루하루 삶을 조심해 살아야 할 것이며, 살얼음판에 한발을 디디는 그와 같은 조심스러운 마음과 몸의 자세로써 하루하루를 살아가야 하는 것이 너희임을 알아야 할 것이니라.
29 내가 나의 아들 예수를 세상에 내려보내 너희를 구원하고자 2천 년 전에 그 역사를 이루었으며 그 아픔의 시련을 겪었음이니라.
30 그리하여 내가 지금 또다시 나의 아들을 통하여 내 성령을 다 태워, 내 가슴을 태워 나의 뜻을 너희에게 전하는 것은, 내가 왜 너희에게 그리 전하는지 알겠는가?
31 내가 너희를 사랑하기 때문이라 하였음이니라.
32 그리고 너희가 늪에 빠져서 허덕이는 자와 같은 백성이 되어 있기 때문이니라.
33 너희가 나의 뜻대로 나의 아들 예수가 전하고자 했던, 그가 가르치고자 했던 그 선생의 가르침이요, 지도자의 가르침을 너희 것으로 만들지 아니하며, 넓은 길, 편한 길을 찾아 사악한 방향으로 다 흘러 빠진 지금의 종교 집단이요, 지도자요, 그 믿는 백성이요,
34 가르치는 지도자나 믿는 백성, 그 모두가 지금 다 방탕 속에 죄에 빠져 허덕임이니, 그것이 바로 어떤 꼴인 줄 알겠느냐?
35 너희는 늪에 빠진 자들과 같으니라.
36 늪에 빠진 자는 몸부림치면 몸부림칠수록 서서히 더 빠져들어 가며, 쉽게 늪 속으로 빠져들어 가 생명을 잃게 됨이니, 지금 늪에 서서 발버둥치며 몸부림치는 자들이니라.
37 그리하여 조용히 가만히 기다린다면 서서히 빠져드는 대로 너희가 그대로 인내하며 구원할 자를 기다리며 구제할 자를 기다릴 수 있는 그와 같은 여유 있는 마음이요, 생각하는 마음을

가지고 산다 해도,
38 내가 이와 같이 나의 아들을 통하여
이 짧은 시간에 이 바쁜 시간으로, 그
리고 급한 시간으로써 160권이라는
법전을 만들어 세상에 전하는 이 역사
를 이리 서두르지는 아니할 것이니라.
39 늪에 빠진 자가 살겠다고 발버둥치며
몸부림치며 온갖 제 몸을 다 흔들어
대 자꾸 빠져들어 가는 속도가 빠르니,
40 너희를 구원하기 위하여 내가 160권
의 법전을 세상에 내보내 그 법전의
밧줄을 던져 구원하고자 하는 것이니,
41 늪에 빠진 자가 내가 던져 주는 법전
이 너희를 구하는 것이 아니라 하여
보지 아니하려는 자, 받지 아니하려는
자는 결국 너희는 늪 속에서 쓰러져
가며 묻혀 감이니,
42 그게 바로 너희가 지옥의 낭떠러지로
떨어져 나와는 관계없으며, 너희가 살
아온 그 죄의 대가를 치르는 그 암흑
의 세계로 간다는 것을 잊지 말라.
43 이제 내가 너희를 구원하고자 나의
법전을 던져 줌이니, 늪에 빠진 너희
가 살아 나오는 길은 몸부림치지 아니
하며 조용히 기다리는 것이니라.
44 그리하여 어떤 것을 던져 주었든 굵고
강한 것을 따지기 전에 그를 잡고 조
용히 던져 주는 대로 너희 몸을 맡겨
당겨 나오는 자는 구원을 받을 것이니,
45 그 줄이 굵고 강하다, 그 줄이 쇠다,
나무다, 또는 풀이다 할 시간이 없다
는 것을 알라, 사랑하는 나의 아들딸
들아!

6,226 번째 하나님 말씀

2003년 5월 22일 15시 34분

1 사랑하는 나의 아들아!
2 "네, 아버님! 말씀하옵소서."
3 너를 따르는 제자들이요, 나의 법전을
읽고 깨우치는 만백성 그들을 네 온
정성과 마음을 다하여 사랑하며 그들
을 보살피며 그들을 이끌어야 함을
너는 잠시도 머릿속에서 지워서는 아
니 됨이니라.
4 나의 법전을 읽고 깨우친 백성이요,
너를 따르는 그 제자들은 멀고도 먼
징검다리를 건너려 대드는 자요, 그
징검다리를 건너는 자들이니라.
5 앞이 보이지 않는 길고도 긴 그 강의
징검다리를 밟고 뛰고 또 걷고 해서
그것을 건너는 그와 같이 어려운 길을
가고 있는 그들이 바로 너를 따르는
제자들이요, 나로부터 선택된 백성이
니라.
6 내가 너에게 강론하여 가르쳐 주기를
뭐라 말하였느냐?
7 너의 제자들은 적이 설치해 놓은 그
지뢰밭이요, 폭발물을 묻어 놓은 그
길을 찾아서 하나하나 안전한 대지를
밟으면서 통과하는 그 병사보다도 더
조심스럽게 더 어렵고 힘든 길을 가는
것이 너를 따르는 제자들이요, 내가
선택한 백성이 가는 길이라 그리 말하
였음이니라.
8 모든 부비트랩을 설치해 놓았으며, 줄
을 건들어도 터지며, 잘못 밟아도 폭
발하여 모두가 다 죽는 그 길을 너희
는 조심스럽게 지나가는 그 병사들보

다도 더 어렵고 힘들며,
9 온몸에 진땀을 흘리는 그 병사의 고통
보다도 더 어렵고 힘든 길을 가는 것
이 너를 따르는 제자들이요, 나의 법
전을 읽고 깨우친 백성이요,
10 그 누구도 바라보지 아니하며 사탄이
요, 이단이라 저주하며 마지막 시대에
온 거짓 선지자라 말하는 그와 같은
핍박과 그들의 모든 욕함을, 그리고
저희를 비방하는 그 모두를 무릅쓰며
그들은 나의 뜻이요, 나의 성령이요,
내가 마지막 시대에 내리는 법전이요,
나 여호와의 뜻이라 알아 이 길을 가
고 있음이니, 그들이 소중하며 그들을
사랑하는 마음으로 네가 최선을 다해
야 할 것을 잊지 말라.
11 내가 일찍이 너에게 뭐라 가르쳤더냐?
12 잘못된 사람이라 해도, 사나운 자라
해도, 너를 욕하는 자라 해도 그가 나
여호와를 찾으며 나 여호와에 대한 말
을 할 때, 그는 네 손님이 아니요, 내
손님이라 그리 말하지 아니하였더냐?
13 그러니 나의 성전을 찾는 너의 제자
요, 법전을 읽는 모든 제자요, 너를 따
르는 제자들과 법전을 보고 깨우친 백
성, 그들은 네 손님이 아니요, 나 여호
와의 손님임을 너는 알아야 할 것이
니라.
14 그들이 제자로서 너로부터 배우며 너
로부터 강론을 듣는 것은 네가 임의로
하는 것이 아니요, 내가 직접 내리는
것이 아니더냐?
15 내가 너를 통하여 직접 강론하며 나
의 뜻을 전하며 책으로 만듦이니, 이
는 네 것이 아니요, 나의 뜻이니라.
16 너는 다만 대변인이요, 내가 내리는
것을 받았으며 네 뜻대로 하지 아니하
며 내 뜻대로 기록함이니, 네가 강론
을 해도 그들은 네 제자가 아니요, 나
의 제자요, 나의 손님이며 내가 사랑
하는 나의 아들딸이라는 그 엄연한 사
실을 너는 잠시도 잊어서는 아니 됨을
알아야 할 것이니라.
17 이제는 네가 나의 법전을 읽고 깨우친
그 경지가 있으며 네가 나의 뜻을 알
며 행하고자 함이니, 그러니 너는 그
모두가 나의 손님이며 나의 아들딸이
니라.
18 그리고 나를 보려고 온 자요, 나를 만
나기 위해서 온 자이니라.
19 그러니 내가 너를 통하여 내리는 모든
강론이요, 그 모두도 네 것이 아니요,
내가 직접 함이니,
20 네가 네 것으로써 그들을 가르치며 그
들을 깨우친다면 네가 스승이요, 그들
이 제자일지 모르나,
21 그들은 내가 내리는 것을 가지고 너는
전해 주는 자며 전해 주는 역할만 함
이니라.
22 네 뜻이 아니요, 보낸 이, 내 뜻에 따
라 네가 전하는 것이니, 그들은 나의
제자요, 나의 백성이라는 그 의미의
깊이를 알라.
23 다만, 육을 가지고 있으며 이 뜻을 전
하며 이를 통제하며 이끌어 가는 것이
네가 나를 대신하여 세상에 역사함이
니, 그리하여 내가 네 제자라 그리 불
러 주는 그 의미를 알라.
24 모두는 다 나의 손님이요, 내가 직접
관장하는 나의 아들딸이니, 그들이 소

중하고 그들이 위대하며 그들이 귀한
자라는 것을, 그리고 네가 항상 나를
대하듯이 그들을 모두 사랑하라는 것
을 잊지 말라.
25 그렇다면 네가 그들에게 말 한마디,
행동 하나, 그들에게 실수하는 말, 그
들에게 얼굴을 붉히는 행위요, 그들을
미워하는 얘기요, 저주하는 얘기요,
그 모두를 너에게 속해 있는 제자처럼
네가 그들을 사용하고 그들을 불러 쓰
며 그들을 이용하며 그들을 네가 활용
해서 그리고 네가 어떠한 일이 있어도
너를 위하여 그들을 이용하며 그들의
힘을 빌리며 그들의 역사함에 원하는
것을 이룬다 하면, 이는 네가 나의 손
님에게 무례한 행위를 하는 것임을 알
아야 할 것이니라.
26 나의 성전은 네 성전이 아니요, 그들
의 성전이며, 나의 법전은 너의 것이
아니며 그들의 것이니라.
27 그러니 모두는 그들이 역사하며 그들
이 운영하며 그들이 이끌어 나가며 그
들이 갈 수 있도록 네가 지도해 주며
인도해 주는 중심적인 역할이요,
28 네가 주도적으로 끌고 가는 자가 아니
요, 네가 대장이 아니요, 네가 주인이
아니라는 이 엄연한 사실의 깊이를 이
제 네가 깨달을 때가 되었음이니, 내
가 그리하여 너에게 전해 줌이니라.
29 또한, 너의 제자들도 그러하니라.
30 세상에 나가서 남들과 대화할 때, 다
른 백성을 이끌 때 그들도 오늘 너와
같은 위치요, 너와 같은 자세로써 나
여호와의 손님이요, 나 여호와의 아들
딸이라 생각하며,
31 그들이 가장 낮은 자세요, 겸손한 자
세로써 처신하며 행동하며 말하도록
그리 가르치라, 사랑하는 나의 아들아!

6,227 번째 하나님 말씀

2003년 5월 22일 15시 42분

1 사랑하는 나의 아들아!
2 "네, 아버님! 말씀하옵소서."
3 이 세상 내가 만든 이 지상이 곧 무엇
이라 말하였느냐?
4 곧 내가 만든 성전이라 말하였음이니
라.
5 이 세상의 그 모두는 다 내가 만들어
세상에 내려보냈으며 나의 주관하에
역사한다 하였음이니라.
6 그리하여 내가 만들어 세상에 내려보
낸 모든 동식물이요, 그 모두는 영원
히 사는 것이 없으며 그 죽음의 문턱
을 넘지 않는 것이 없다는 그 엄연한
사실을 너희는 알아야 할 것이며,
7 이를 깨달으며 그 신비함을 좀 더 한
발짝 나가 생각한다면, 나 여호와가
존재함이요, 그리고 창조주는 나 여호
와요, 너희가 말하는 삼위일체요, 등
등 어떠한 역사도 너희가 할 수 없음
을 알아야 할 것이니라.
8 이 세상에 식물은 하나의 씨앗을 떨어
트려 꽃을 피우고 아름답게 사느니라.
9 그러나 그 식물은 결국 어찌 되느냐?
10 시들어 죽어 감이니라.
11 미물들 또한 어떠하던가?
12 그들이 살다가 그들 나름대로 죽지 않
는 것이 없음이니라.
13 말 못 하는 모든 동물이요, 사나운 맹

수 그들도 다 죽지 않는 것이 없으며
그들도 죽어 가는 것이니, 그러나 인
간 너희는 또 과연 어떠하던가?
14 너희도 살다 그 죽음의 고비를 넘지
못함이니라.
15 그러니 식물과 미물이요, 동물이요,
또 인간 너희까지도 세상에 나가 죽
지 않는 자가 없으며, 무엇이든 죽음
이라는 그 고비를 넘지 못하는 것은
똑같은 존재이며 똑같은 가치임을 너
희는 알아야 할 것이니라.
16 식물이 하나의 씨앗이 떨어져 꽃이 피
고 열매를 맺고 시들어 죽는 것과 너
희가 죽어 가는 것과 무엇이 다르다
말할 수 있는가?
17 똑같이 죽음의 길을 넘지 못하는 것은
모두 다 같은 것이니라.
18 그러나 여기서 인간인 너희는 무엇이
다르겠는가?
19 너희는 나로부터 생각하는 지혜를 받
아 세상에 나갔음이니, 인간은 삶의
목적이 있으며, 너희는 인간 육의 삶
의 세상에서 작든 크든 삶의 목표를
세우며 그를 위해 노력하는 그와 같은
삶을 사는 자들이니라.
20 그리고 너희는 인간의 삶의 가치를
높이기 위하여 인간의 삶의 가치가 무
엇이며 존재하는 것이 무엇인가, 그리
하여 부가가치를 높이는 그와 같은 삶
을 생각할 수 있는 것이 너희이니라.
21 그리고 세상에 인간으로 나와서 살면
서 인간이 사는 의미는 무엇이며 어디
서 왔으며 어디로 흘러가는 것인가 하
는 그와 같은 것을 생각할 수 있는 지
혜를 가지고 있는 것이니,
22 그들과 같이 나고 죽는 것은 똑같이
죽음의 벽을 넘지 못한다 해도 너희
가 다른 점이 거기에 있음이니라.
23 그리하여 나의 백성 너희가 정녕 어
디서 왔다가 어디로 가는 것인지 그를
생각할 수 있는 지혜가 있음이니라.
24 그리고 너희는 모두를 관리하며 공동
체의 질서를 지킬 수 있는 것이 짐승
과 다른 점이 아니던가?
25 그리고 미래를 생각하며 오늘을 설계
하며 무한정한 삶의 생활을 위하여 연
구 개발하여 무엇인가를 창조할 수 있
는 그와 같은 무서운 지혜를 가지고
있기에 모든 동물을 통제하고 다스릴
수 있는 그와 같은 높은 지혜를 내가
준 것이 너희이니라.
26 이와 같이 높은 지혜를 준 것은 너희
가 생각할 수 있도록, 그리고 너희가
옳고 그름을 생각하여 집단을 이루며
너희가 살아가는 그 세상에서 질서를
지키며 모두를 역사하는 삶을 살 수
있도록 내가 너희에게 그리 주었음이
니,
27 너희가 미물과 식물과 말 못 하는 동
물이 살다 죽는 것과 다른 것이 있다
면 거기에 있다 함을 알아야 할 것이
니라.
28 그리하여 너희는 배움이 있으며 깨달
음이 있으며 진리를 연구하며 그 진리
에 따라 변하는 그와 같은 삶을 살고
자 하는 것이 너희이니, 그와 같이 모
든 식물이요, 미물이요, 동물이요, 인
간이 다 나서 죽는 것은 똑같으나 너
희가 그 많은 지혜를 가진 것은 바로
무엇을 의미하는가?

29 나 여호와가 너희를 창조하였으며, 내 가 너희에게 삶의 역사함의 그 대가를 반드시 치르도록 하며, 나에게 오를 수 있는 그 문을 통과할 수 있으며, 너희가 삶을 산 것만큼 그 대가를 치르는 그와 같은 형국이 너희에게 있다는 것을 잊어서는 아니 될 것이니라.
30 모든 식물이요, 미물이요, 동물보다도 너희가 그 무서운 죄를 지은 것, 인간의 삶의 부가가치를 높이며 삶의 의미를 알며, 너희가 어디서 와서 어디로 간다는 것을 생각할 수 있는 그와 같은 높은 지혜와 생각할 수 있는 것을 내가 너희에게 주었음이니, 이는 오로지 너희에게만 내려 준 은혜요, 영광이니라.
31 그리하여 너희에게 내가 높은 지혜를 준 것만큼 너희가 어찌 살고 어찌 행했느냐 하는 그것은 반드시 너희가 나에게 와서 심판을 받으며 그 대가를 치르는 것이 다른 것들과 다르며,
32 그리고 너희는 죽음의 의미가 다른 것들의 죽음과는 다르다는 것, 그 깊이를 알아야 함을 잊지 말라.

6,228 번째 하나님 말씀

2003년 5월 22일 16시 59분

1 사랑하는 나의 아들아!
2 "네, 아버님! 말씀하옵소서."
3 네가 지금 보는 모든 종파의 집단이요, 그 지도자들이 옹벽보다도 더 굳게 굳어져 있으며, 그는 무너트릴 수 없을 것이라 생각하며 그는 도저히 무너지지 않을 것이라 너희는 그리 생각할 것이니라.
4 그 많은 집단이요, 물리적인 힘이요, 그들이 가지고 있는 그 모두가 다 정녕 무너질 수 없다 너희는 그리 생각할 것이니라.
5 그리고 그는 무너트릴 수 없다고 생각하여 네가 괴로워하며 고통스러워함을 나 여호와는 아느니라.
6 그러나 너는 알아야 할 것이니라.
7 그들이 지금까지 이루어진 물질적인 힘이요, 그 집단의 수요, 그 영역을 이루는 것은 과연 무엇으로써 이루어졌는가?
8 한 인간으로 하여금 그가 시작되었으며 모든 인간의 힘으로써 그 모두가 이루어진 것이니라.
9 그러니 그 역사를 이룬 것은 인간의 힘을 모아서 그와 같이 이루어졌음이니, 그게 바로 무엇이더냐?
10 하나의 모래성을 쌓아 이루어진 것이 아니더냐?
11 그 하나의 모래성이 무너지기 시작한다면 그는 무너질 수 있다는 것을 알아야 할 것이니라.
12 지금 많은 나의 피조물 만백성이 구원의 길을 가고 있으나, 그들이 정녕 나의 법전을 읽고 깨우쳤을 때 이게 진정 나 여호와의 뜻이며 하늘의 뜻이라는 것을 알 수 있는 백성이 많이 있음을 너는 알아야 할 것이니라.
13 너를 찾아와 오늘 하소연하는 그 여인이 있느니라.
14 지금까지 믿음의 길을 갔으며 네가 강론하는 것을 들은 그 여인이 뭐라 말하였느냐?

15 그는 오늘 돌아가면서 오랜 세월 동안
교회를 다녔으며 믿음의 길을 왔으나
제 가슴에 아픔을 안고 있으며 제 가
슴에 부끄러움을 알며 선생님의 앞을
떠나간다 그리 말하지 아니하였던가?
16 그는 지금까지 배우고 하늘에 오르는
길이요, 참진리요, 믿음의 길이라는
것을 네가 강론하며 설명하는 것을 듣
고 뭐라 말하였더냐?
17 지금까지 믿음의 길을 온 것이 얼마나
부끄럽고 잘못된 것인가를 알았으며
많은 것을 질문하고 많은 것을 알고
싶었으나 입을 열 길이 없으며 말할
것이 없다 그는 말하며 뭐라 말하였던
가?
18 가슴에 부끄러움을 그득히 안고 저 자
신이 몸 둘 바를 몰라 이제 그냥 그는
물러감이라 그리 말하지 아니하였던
가?
19 그 여인처럼 마음에 와 닿는 자, 깨달
음이 있는 자, 그리고 지금까지 믿음
을 왔던 것을 잘못 믿었다는 것을 깨
닫는 자, 그와 같은 백성이 수없이 있
을 것이니라.
20 다만, 나의 법전이 세상을 덮는 것처
럼 네가 나의 법전을 모든 백성이 읽
고 깨우칠 수 있도록 그 역사만 이루
어 놓으면 됨을 알아야 할 것이니라.
21 사람을 모아 놓고 강론이 필요 없으며
사람의 깨우침이 필요 없음이니라.
22 오늘 너를 만나 이곳을 다녀간 여인이
책을 읽고 깨우쳤으며, 법전을 읽고
너에게 찾아와서 그 법전을 들고 가며
그가 가슴 아프며 잘못된 것, 지금까
지 살아온 것이 너무나 부끄럽고 창피
하다 하며 눈시울을 적시며 가는 그
여인의 뒷모습을 보지 아니하였던가?
23 그와 같이 역사가 이루어짐이니라.
24 지금 모든 종교 집단이 철옹성같이
굳어진 것 같으나 그들이 지금 이것이
잘못되었으며 이것으로써는 구원을
못 받는다는 것을 아는 백성이 많이
있으나,
25 그 새로운 법전이 없으며 새로운 성경
이 없으며 대안이 없기에 그들이 어쩔
수 없이 그 길을 끌려감이니라.
26 구원은 받아야만 하겠으며 구원을 받
지 아니하면 불안해서 살 수 없으며
사후 세계에 대해 너희가 나에게 오
는 그 역사함이 없이는 견딜 수 없기
에,
27 그와 같이 그들은 어쩔 수 없이 그래
도 사는 것보다는 나의 아들 예수의
이름을 찾으며 금화와 은화를 갖다 바
친다 해도 나의 아들 이름을 찾으며
나를 찾으며 그리고 착하게 살아가고
자 노력하는 마음만 갖고라도 저희가
믿지 않는 자보다, 잘못 살아가는 자
보다 위안이 된다는 그와 같은 마음
에서 그들이 있음이니,
28 진정한 진리요, 참진리를 그들이 모르
고 그를 접하지 못했기 때문이니라.
29 이를 접했을 때 그들은 지금과 같이
단단한 그 조직이 무서우리만큼 무너
질 수 있다는 것을 알아야 할 것이니
라.
30 사람으로 하여금 모든 것이 이루어졌
으며 사람이 모여서 모인 힘으로 그와
같이 이루어졌듯이, 한 알의 모래가
모여서 백사장이 이루어졌듯이 한 사

람 한 사람의 그 힘으로 하여금 오늘
의 그 방대한 종교 집단이 탄생했으며
그들이 존재하며 지도자가 존재하지
아니하는가?
31 그것이 하나가 빠지고 둘이 빠지기 시
작하면, 사람이 이루었던 것처럼 사람
이 빠져나오기 시작하면 하루아침에
무너진다는 것을 알라, 사랑하는 나의
아들아!
32 두려워하지 말며 불안해하지 말며 겁
먹지 말라.
33 세상에 승자는 너이며 그 모두는 내
뜻대로, 내가 명한 대로 이루어진다는
것을 잊지 말라.
34 시간이 필요하며 세월이 필요함이니
라.

6,229 번째 하나님 말씀

2003년 5월 22일 17시 05분

1 사랑하는 나의 아들아
2 "네, 아버님! 말씀하옵소서."
3 내가 너에게 뭐라 말하였느냐?
4 남의 것을 도적질하는 자, 그리고 가
난하게 사는 자, 또 게으른 자, 남에게
신세를 지며 걸인과 같은 생활을 하는
자, 그와 같이 살아가는 사람이 수없
이 많이 있음이니,
5 그 살아가는 모습에서 마음 한 자리
를 잡으면 마음 하나 고쳐먹기에 따
라서 그들은 엄청난 변화의 역사의 소
용돌이 속에서 한 시대에 필요한 사람
으로서 변화될 수 있다는 것을, 내가
너희의 마음자리가 그리하여 중요하
다 가르치지 아니하였던가?
6 이제는 남을 위하여 삶을 사는 것, 걸
인이요, 노숙자요, 남에게 신세를 지
고 사는 불쌍한 그와 같은 사람들이
자기는 폐인이라 생각하며 설 자리가
없으며 아무것도 쓸모가 없다 하여 자
신을 망가트리며 자신을 저주하며 사
는 그와 같은 사람들이,
7 남을 위하여 저도 무엇인가를 해야
하겠으며,
8 제가 죽기 전에 남은 삶 동안에 남을
위하여 저도 신세만 지는 것이 아니
요, 신세를 베푸는 사람이 되겠다는
그와 같은 마음으로 바꿔 생각한다면
얼마나 그들이 무서운 삶의 변화를 한
다 내가 말하였더냐?
9 희망이 없던 자가 희망을 갖게 되며
희망이 없던 자가 희망 속에 욕망을
갖게 되며 그 희망을 이루기 위하여
노력하는 사람으로 변화되는 것이 인
간 너희가 가지고 있는 마음이라 내가
그리 말하지 아니하였던가?
10 그리하여 남으로부터 폐를 끼치며 남
으로부터 신세를 지며 남으로부터 구
걸하며 살던 그와 같은 삶을 바꿀 수
있음이니, 그 바뀌는 것이 인간으로서
얼마나 큰 변화를 이루는 것이더냐?
11 다만, 어느 한 계기에 마음먹기에, 생
각하기에 달린 것이 인간 너희이니,
마음을 어찌 먹느냐에 따라서 하늘과
땅의 차이가 이루어지는 것이 인간 세
상 살아가는 너희의 형태이니라.
12 그리하여 내가 말하여 너희에게 전하
였느니라.
13 이제는 나의 법전을 읽고 깨우치며 나
의 아들을 따르는 제자 너희는 이 세

상이 내가 뭐라 말하였느냐?
14 너희는 육신이 불편한 자들은 보이면
서 마음으로 병들어 있고 마음이 불구
자요, 마음이 썩어 있는 자는 너희가
보지 못한다 그리하였으니,
15 이 세상의 성한 그 백성이 다 병들어
있으며 썩어 가고 있는 세상이 되어
있음이니,
16 그들을 구원하고 바로잡아야 할 것이
너희라 하였음이니라.
17 그러니 너희가 그들을 구원하기 위하
여 너희 모두를 다 바치며 온갖 정성
을 다하여 그 백성을 구하는 데 최선
을 다한다 생각한다면 너희는 무한한
역사를 이루는 그와 같은 자로 변할
수 있다는 것을 내가 너희에게 깨우
쳐 전하고자 함이니라.
18 내가 이 세상이 다 썩어져 있으며 병
들어져 있다 하였음이니라.
19 육신은 멀쩡하나 그 마음이요, 생각하
는 것이 다 병들고 썩어져 있는 것이
나의 백성이니라.
20 그러니 그 속에서 새로운 자가 태어날
수가 없으며 새로운 역사가 이룰 수
가 없는 것이니라.
21 계속 무너져 가며 계속 썩어져 가고
있기 때문이니,
22 그 고름 덩어리요, 썩은 자리가 너무
나 크기에 거기에 새 살이 나올 수 없
으며 새로 역사할 수 없는 것이 지금
의 형국이니라.
23 그 속에서 내가 너희를 선택하여 그
를 도려내며 그를 치료하고자 함이니,
도려내고 치료하는 너희의 고통이 얼
마나 심한가를 너희는 알아야 할 것
이니라.
24 너희가 보통의 마음이요, 보통의 생각
으로써는 그와 같은 역사를 이룰 수
없음이니라.
25 완전히 썩어져 가는 나의 백성을 너
희가 살리는 것은 얼마나 어렵고 힘
든 노력이 따라야만 하는 것인가를 알
아야 할 것이니,
26 너희가 마음 자세를 굳건히 하며 마음
을 굳건히 뿌리내렸을 때만 만백성을
구하는 역사를 할 수 있는 것이니라.
27 이제 너희만이 구원받는 길을 알며,
하늘에 오르는 길을 알며, 내가 이루
고자 하는 것을 알며, 내가 역사함을
아니, 너희는 나로부터 선택된 나의
아들딸이요, 나의 전사라 하였음이니
라.
28 그러니 나로부터 선택된 전사 너희가
그 쓰러져 가는 자들을 구원하는 그와
같은 것은 너희가 자신 있는 마음이
요, 행할 수 있는 마음이요, 행동할 수
있는 마음이요,
29 어떠한 고난과 역경이 있더라도 만백
성을 구하는 것보다 위대한 것이 없으
며, 그보다 나 여호와가 기억해 주는
일이 없다는 것을 너희가 알고, 굳건
히 마음자리를 굳히며 그 역사에 돌입
한다면,
30 만백성을 구하는 데 너희는 촛불이
될 것이며, 만백성을 구하여 하늘에
인도하는 안내자요, 빛이 될 것이라는
것을 잊지 말라, 사랑하는 나의 아들
딸들아!

6,230 번째 하나님 말씀

2003년 5월 22일 17시 11분

1 사랑하는 나의 아들아!
2 "네, 아버님! 말씀하옵소서."
3 정녕 진정한 믿음의 길을 가는 가정이
요, 모범 된 가정이요, 다시 돌아볼 수
없는 그와 같은 가정이라 하며도 믿
음 속에 사는 가정의 자녀가 탕아요,
잘못되고 비뚤어진 자식을 둔 가정이
있는가 하면,
4 너희는 믿지 않는 가정이요, 믿음을
모르는 가정이라 하여도 그 자식이 효
성스러우며 남에게 누를 끼치지 아니
하며 정도의 길을 가며 나의 계명에
어긋나지 않은 삶을 사는 그와 같은
가정이 있다 하면,
5 너희는 어떤 가정이 내가 원하는 가정
이며 내가 어떠한 가정을 더 사랑한다
고 생각하겠는가?
6 나 여호와가 정녕 어떠한 가정의 자식
을 선택하여 쓰고자 한다고 생각하는
가?
7 어떤 가정이 진실한 사랑이 있는 가
정이며, 어떠한 가정이 나 여호와의
뜻에 사는 백성이며, 나 여호와의 뜻
에 사는 가정이라 너희는 말할 수 있
는가?
8 그러나 너희는 여기서 말하느니라.
9 아무리 효성스런 착한 아이요, 효자
같은 아이가 세상에 나왔으며 그 가정
이 아무리 화목하며 남에게 모범이 되
는 가정이라 하여도, 그 가정은 나 여
호와의 축복이요, 나의 영광이 없다
너희는 그리 말하느니라.
10 그러니 화목한 가정이요, 화기애애한
가정이요, 그와 같은 가정에서 아름다
운 모습으로 자라난 그 아이들은 나로
부터 사랑을 받지 못하며 내가 그들을
기억하지 않는다 너희는 그리 말하느
니라.
11 그러면서 너희는 뭐라 하는가?
12 그 믿음의 가정이요, 모범이 된 믿음
의 가정이라는 그 속에서 탕아요, 또
는 망나니로서 남들의 눈살을 찌푸리
는 그와 같은 행위를 하는 자식, 그와
같은 자식이 있다 해도 너희는 그리
말하느니라.
13 아무리 못된 짓을 하는 자식이라도 믿
는 부모 밑에 믿는 가정의 자식은 나
여호와가 그를 기억하며 그를 생각하
며 그는 구원을 받게 되어 있으며 하
늘나라 나에게 들어올 수 있다 그리
말하느니라.
14 믿지 않는 가정의 아이가 아무리 선
하고 착하고 아름답게 살며 모범적인
삶을 산다 해도 그는 구원을 받을 수
없으며 천국에 오를 수 없다 그리 말
하느니라.
15 아무리 못된 짓을 한다 해도, 잘못된
짓을 한다 해도, 살인을 한다 해도, 강
도질을 한다 해도, 강간을 한다 해도,
부모에게 자식의 도리를 못한다 해도,
16 믿는 가정에 있는 아이들은 내가 기억
하며 그들은 축복을 받는다 그리 말함
이니라.
17 이게 과연 맞는 답이며 과연 있을 수
있는 소리라 너희는 말하는가?
18 너희는 그와 같이 떠들며 그와 같이
울부짖고 있느니라.

19 그렇지 아니하면 너희는 체면마저도
유지할 수 없으며 너희 자신의 마음
을 위로할 수 없기 때문이며 너희 자
신을 달랠 길이 없기 때문이니라.
20 그리 억지라도 써야만 너희가 체면이
서며 마음이라도 잠시나마 편하기 때
문이니라.
21 그러니 너희는 믿는 가정의 아이가
잘못되며 믿지 않는 아이가 착하게
살아간다면, 과연 믿는 가정이요, 믿
는 그 부모의 내면과 이면의 생활이
요, 그들의 실생활이요, 형태를 들여
다봐야 할 것이니라.
22 거기에는 사랑이 없으며 이기주의며
메마른 가정이기 때문에 그와 같은 믿
는 가정에서 잘못된 아이들이 세상에
나올 수 있다는 것이며,
23 믿지 않는 가정이라 하여도 그들이
아름다운 모습으로 살아가는 자식이
나온다면 그들은 바로 그 부모가 효도
하며 사랑이 있으며 남들을 이해하는
아름다운 마음이 있음이니,
24 곧 그는 나의 마음이요, 십계명을 두
려워하며, 십계명을 그들은 암송하지
않아도 삶에서 그를 지키고 살아가는
나에게 선택된 훌륭한 백성의 가정이
기 때문에 그러하니,
25 너희는 과연 어떠한 가정을 선택하며
어떠한 가정을 이루고자 하는 것인가
너희 스스로 깨달으라.
26 너희는 더 이상 억지 같은 소리를 해
서는 안 되며 악을 써도 안되며 시인
할 것은 시인해야 할 것이니라.
27 너희가 잘못 가르치며 사랑이 없었던
그 믿음의 가정이 잘못된 것을 인정하
고 시인해야 할 것이니라.
28 그게 부끄럽고 감내하기 어려워 너희
체면을 세우기 위하여 아무리 뭐라 해
도 너희 자식은 믿음의 가정이기 때문
에 천국을 가며 다른 집 자식은 가지
못한다는 그와 같은 말로써 너희의
부끄럽고 추한 치부를 덮으려 하며,
29 너희의 그 알량한 체면이요, 너희의
그 믿음이라는 것, 성서를 들고 있는
너희의 그 모습이 너무나도 부끄럽고
추한 것을 감추려 하는 그와 같은 억
지를 쓰지 말라, 어리석은 백성들아!

6,231 번째 하나님 말씀

2003년 5월 23일 08시 52분

1 사랑하는 나의 아들아!
2 "네, 아버님! 말씀하옵소서."
3 너희가 세상에 나로부터 태어났음이
니, 손발이요, 그 형체가 누구나 다 똑
같은 것이니라.
4 그러나 비정상적인 사람들 속에서 한
사람이 정상적인 사람이 있다면, 결국
정상적인 사람이 비정상이요, 비정상
인 사람이 정상적인 그와 같은 형국으
로 흘러가는 것이 너희 인간 세상의
흐름의 힘이니라.
5 손가락이라는 것은 열 개이거늘, 열다
섯 개를 가진 사람들이 모여 사는 곳
에 열 개를 가진 자가 한 명 있다면 그
것은 정상적으로 열 개를 가진 사람이
바보요, 비정상인 사람처럼 보이지 아
니하겠느냐?
6 지금 이 세상이 바로 그러하니라.
7 모든 종교 집단이요, 지도자라 하여

그 수많은 물리적인 힘이요, 조직의
힘을 가지고 있는 백성 그들은 숫자
놀음을 하고 있음이니라.
8 숫자가 많으며 저희를 받치는 사람들
이 많으니, 그게 힘이요, 그게 진리라
는 그와 같은 생각에 빠져 있음이니라.
9 많은 것이 진리요, 적은 것은 진리가
없다고 말함이니, 바로 열다섯 개의
손가락을 가지고 있는 사람이 반드시
비정상이니라.
10 그러나 그들만이 온통 존재하며 그 속
에 열 손가락을 가진 사람 하나를 비
정상인 자로 너희가 몰고 가듯이, 지
금 이 세상이 다 그렇게 되었음이니라.
11 그러니 내가 내리는 나의 성령이요,
나의 뜻이 정상적인 모습이요, 정상적
인 깨달음이요, 정상적인 진리의 길이
요, 정상적인 하늘에 오르는 길을 안
내하고 인도한다 해도 그들은 이를 정
상적이라 받아들이지 아니하며,
12 저희가 가고 있는 형태인 비정상이 정
상이요, 나 여호와의 뜻이라 그리 말
하는 것이니, 그를 무너트릴 수가 없
음이니라.
13 그래서 힘들다 함이니라.
14 열 개의 손가락을 가진 자 속에 열다
섯 개의 손가락을 가진 가 많을 때 저
희가 비정상적이요, 잘못된다 했을 때
그들이 가만히 있겠는가?
15 저 자신이 바보요, 병신이라는 것을
시인하고자 하는 자는 없을 것이니라.
16 지금의 모든 종파요, 인간 세상의 욕
심이요, 너희가 살아가는 형태가 그러
하니라.
17 정도가 없으며 진리가 없으며 그저 숫
자 놀음을 하고 있으며, 힘 있는 곳이
정의요, 힘 있는 곳이 승리요, 힘없는
자는 패자와 같은 형국이 되어 있음이
니,
18 2천 년 전 나의 아들 예수가 죽음으로
써 모두를 가르치며 깨우치고자 했던
그 길을 선택하지 아니하면 아니 되었
던 그 모두도 비정상적인 자들이 정상
적인 체하며 정상적인 사람들이 비정
상적인 사람들의 물리적인 그 숫자의
힘에 견디지 못하여 밀리다 보니 그와
같은 형국이 되어 있음이니라.
19 지금은 수억의 종파들이 다 하나가 되
어 너희를 공격할 것이며 너희를 비
정상적이라 밀어붙일 것이니, 여기서
살아날 수 있는 것은 어떤 것이 가장
현명한 방법이더냐?
20 너희가 아무리 열다섯 개의 손가락을
가진 비정상이라는 것을 안다 해도,
많은 사람 앞에 너희가 손가락 열 개
를 내보이면서 이게 정상이라 그리 말
한다면, 그들은 너희의 손가락을 다
갈기갈기 분질러 놓을 것이며, 그와
같이 말하는 자를 존재하지 못하도록
할 것이니라.
21 그러니 거기에서 너희가 그리 소리
질러야 하겠는가?
22 한 사람씩 한 사람씩 이해시키며 그
모습을 보여 주며 그를 다스려 나가는
방법이어야만 그것을 견딜 수 있을 것
이니라.
23 지금 생사가 달렸으며 저희끼리 몇천
년 동안 흘러온 그 역사 속에서 참진
리요, 나 여호와의 뜻이요, 새로운 성
경이라 하여 너희가 떠들고 요란하게

간다 하면, 너희는 결국 손가락이 잘
려 나가는 사람이요, 죽음을 면치 못
하는 그와 같은 형국에서 헤어 나올
수가 없음이니라.
24 그러니 누가 말을 하든 누가 뭐라 하
든 너희를 찾아오는 자, 나의 성전에
와 너희와 더불어 법전을 공부하며
깨우치고자 말없이 따라오는 자, 그와
같은 백성을 하나하나씩 거둬들여 그
들과 같이 살아나가다 보면, 너희 자
리가 넓어질 것이며, 주변에 뿌리가
내리게 될 것이니라.
25 그 방법밖에는 없음을 너희는 알아야
할 것이니라.
26 내가 너에게 머리가 하얘졌을 때 모
든 기적의 역사를 이룬다는 그 의미를
이제는 알겠는가?
27 "네, 아버님! 그 의미와 뜻을 이제야
제가 깨달았사옵나이다.
28 제가 예수님처럼 모든 기적이요, 역사
를 지금 이룬다 하면, 속 다르고 겉 다
른 자들이 많이 모여들어 저를 따를
것이며 이를 아버님의 진리라 그리 말
할 것이나,
29 그 반면에 그를 무너트리고자 그를
쓰러트리고자 하는 적이 더 많음이니,
그는 정녕 견딜 수 없다는 것을 이제
야 제가 깨달았사옵나이다.
30 그리하여 제가 머리가 하얗게 되었을
때 그때쯤이면, 하나님의 법전이요,
아버님 말씀의 성령을 읽고 깨우친 사
람들이 수없이 제 머리카락 이상으로
많은 백성이 저를 따를 것이며, 아버
님의 말씀이라는 것을 믿을 것이며,
저와 더불어 가고자 하는 자, 생사를
같이하고자 하는 자가 하나 둘 그리
늘어날 것이니,
31 그때 가서 모든 역사와 기적을 이루신
다는 것을, 제가 아버님의 그 깊은 뜻
을 이제야 이 아침에 깨달았사옵나이
다."
32 그러니라, 아들아!
33 그와 같은 길이 아니면 정녕 견딜 수
가 없음이니라.
34 예수의 2천 년 전 시대는 지금의 백성
보다도 유한 백성이요, 사랑이 있고
정이 있는 백성이었느니라.
35 너희가 10년 단위로 나눠서 10년 전
의 백성과 20년 전의 백성의 인성을
보라 했으니,
36 2천 년 전의 백성의 인성이 어떠했겠
느냐?
37 지금보다 천사와 같은 자들이 세상에
살았다 해도 과언이 아닐 것이니라.
38 그와 같은 자들도 그 믿음이요, 저희
가 잘못되었다는 것을, 저희의 약점
을, 저희의 추한 모습을 보여 주지 아
니하려 나의 아들 예수를 그리 처참히
죽게 했음이니,
39 그보다 2천 년 동안 사악해진 그 무리
인 지금의 백성이 과연 어떠한 방법
으로 너희를 가해할지, 내가 마지막
내리는 나의 법전이 이 세상에 존재
할 수 없으며 뿌리를 내릴 수 없는 그
와 같은 형국이 됨이니라.
40 그러니 서서히 감이니라.
41 비실비실하며 쓰러지지 아니하며, 비
실비실하면서 넘어지지 아니하며, 네
가 바로 서고 달릴 때까지, 네 머리가
하얗게 되었을 때 너를 따르는 백성이

인산인해를 이룰 때, 내가 너에게 예
수 못지않은 그 역사의 기적을 이루
도록 할 것이며,
42 그때는 나의 법전이 세상에 나의 성령
인 나의 뜻이라는 것을 온 백성이 알
것이니라.
43 지금은 아무리 참진리를 갖다 진리라
해도 그들이 받아들이지 아니할 것이
며 듣지 아니할 것이니라.
44 상자 속에 있는 그 보물을 보지 못하
나, 너희는 그 보물의 형태요, 가짓수
요, 그 모든 것을 투시하는 능력이 있
어서 다 볼 수 있다 하였음이니라.
45 그리하여 너희가 정확히 상자 속에
들어 있는 것이 무엇이라 말해도 저희
가 하는 말이 맞다 함이니라.
46 그리하여 네가 쪼개서 그를 열어서
보자고 해도 그들은 절대로 열지 않는
다고 내가 가르치지 않느냐?
47 그들은 자신이 없기 때문이니라.
48 지금의 모든 종파요, 지도자요, 믿음
의 길을 가는 그들이 자신이 없기에
너희에게 갑론을박하고자 아니 하며,
49 너희에게 모두를 다 뒤집어 놓고 너
희와 같이 시시비비를 하며 그리 가지
아니하고, 그저 물리적인 힘으로, 육
으로 행사하는 힘으로 그들은 모두를
해결하려 하며 모두를 덮어 버리고자
하는 것이니 그리 알라, 사랑하는 나
의 아들아!

6,232 번째 하나님 말씀

2003년 5월 23일 20시 43분

1 사랑하는 나의 아들아!
2 "네, 아버님! 말씀하옵소서."
3 내가 너에게 일러 말하였느니라.
4 네 머리가 하얗게 되어 네가 네 제자
앞에 강론하는 단상에 섰을 때 그들은
네 눈빛의 강렬함을 바라보지 못할 것
이니, 그때 내가 너로서 모든 역사를
이룬다 내가 그리 너에게 전하여 주었
음이니라.
5 내가 너에게 일찍이 말하여 깨우쳐 주
기를, 이 세상에 한 사람의 의인이 있
을 때 나는 이 세상과 그 모두를 바꾸
지 아니한다 하였음이니라.
6 구약의 시대요, 신약의 시대요, 수천
년의 역사가 흘러오는 지금의 형국에
단 한 사람도 나에게 구원받아 내 옆
에 와 있는 자가 없다 말하였음이니,
단 한 명의 의인이요, 내가 원하는 백
성이 없었다는 그 뜻이니라.
7 몇천 년 동안 흘러오는 그 세월 동안
에 하나의 의인이요, 세상에 본보기로
서 쓸 수 있는 백성이 없어 그 많은 세
월을 기다렸다면 과연 너희는 나 여
호와의 마음을 알겠는가?
8 너희는 하나의 뜻을 이루기 위하여,
그 하나의 역사를 위하여 과연 몇 년
을 기다리며 몇십 년을 한 우물을 파
노력하는가, 너희는 과연 얼마나 인내
하고 기다릴 수 있는가?
9 나 여호와는 정녕 하나의 백성을 구하
기 위하여 몇천 년이라는 그 세월을
기다렸으며,
10 몇천 년의 세월을 흘러오는 그동안에
나는 한 백성을 구하고자 지금까지 인
내하고 있었다면, 너희가 무엇을 이루
고자 네 인생을 다 바쳐 너희의 모든

삶을 다 바쳐 노력한 대가와 내가 기
다리고 인내한 그 세월과 과연 너희는
어디에 비중을 더 둘 수 있으며 그를
비교하여 생각할 수 있단 말이던가?
11 지금 내가 나의 성령을 기록하여 나의
피조물 만백성에게 전하며 너를 따르
는 제자들에게 깨우치며 내 성령을 직
접 그들에게 전함이니,
12 나 여호와는 단 한 사람의 천사와 같
은 자를 구하고자 함이 나의 뜻이니라.
13 너희가 아무리 큰 성벽이요, 아무리
단단하게 쌓아 놓은 그 성벽이라도 하
나의 벽돌이요, 하나의 돌이 빠지기
시작하면 그 모두가 무너지는 것이 그
와 같은 순리이니라.
14 그를 반대로 거꾸로 놓고 생각한다면
어떠한 것이던가?
15 한 사람의 의인이 세상에 나옴으로써
그로 하여금 만백성을 덮는 그와 같은
위대한 역사를 이룰 수 있다는 것을,
그리하여 내가 단 한 사람의 의인을
기다리며 그를 만들려고 오늘까지 몇
천 년 동안을 기다렸다면 너희는 과
연 그를 이해할 수 있겠는가?
16 그 많은 세월 동안에 내가 기다리는
마음이 조급하며 그 마음의 고통과 그
마음의 시련은 과연 너희는 어찌 생
각할 수 있단 말이던가?
17 내가 사랑하는 나의 아들까지 목숨을
던져 너희에게 그와 같은 백성을 구
하고자 했으나, 너희는 나에게 은혜
요, 감사함을 갚는 것이 아니요, 나의
뜻을 거역하며 나와는 관계도 없는 지
금 오늘의 험악한 이 세상이 이루어졌
으며 오늘날 이와 같이 역사한 것이
지금 너희의 현주소이니라.
18 이와 같은 형국에 과연 내가 지금 무
엇을 조급히 역사하겠는가?
19 너희는 생각할 것이니라.
20 나 여호와가 너희에게 하루아침에 모
든 역사를 이루어 주며 그 모두를 이
루어 줄 것이며 기적을 보고자 하나,
21 모세를 따라 가나안 땅에 들어가고자
한 그 백성의 고충과 얼마나 많은 세
월동안 내가 그들을 훈련하였는가?
22 나는 몇천 년 동안을 기다렸음이니라.
23 몇천 년 동안을 인내와 고통 속에 기
다린 나 여호와가 다스려지지 아니한
자, 준비되지 아니한 자 앞에 어떠한
역사의 기적을 이룬다는 생각을 해서
는 아니 될 것이니라.
24 다만, 너희가 나의 음성을 들으며 나
를 볼 수 있으며 기적을 얻고자 한다
면,
25 너희 마음속에 있는 기복 신앙의 마음
이요, 욕심의 뿌리를 버리는 그와 같
이 변화되지 아니한다면 너희는 결코
그 모두를 역사할 수 없음을 알아야
할 것이니라.
26 지금의 모든 종교 집단이요, 믿음의
길을 가는 백성은 나를 위한 믿음의
길을 오는 것이 아니요, 저희 자신을
위하여 저희를 위한 믿음이요, 저를
위한 삶을 살아가는 자들이니,
27 나의 아들을 따르는 그 제자들이요,
나의 법전을 읽은 백성 너희가 거기
에서 얼마나 깨우쳤으며 너희가 얼마
나 그들과 차별화되었다 생각하는가?
28 너희는 차별화됨이 그리 많지 아니함
이니라.

29 이제 너희가 열이라는 숫자가 나에게
오르는 것이라면, 너희는 셋이요, 넷
이요, 다섯이라는 숫자를 아직 넘지
못하였음이니라.
30 내가 너희에게 바라는 것은 너희에게
내린 60점이라는 그 삶의 한계를 벗
어나는 것, 그 한계를 벗어나는 것만
이 모든 역사를 이룬다는 것을 너희는
알아야 할 것이니라.
31 똑같은 백성 중에서는 그 누구도 사람
들이 따르지 아니하며 그 말을 믿지
않느니라.
32 내가 너희에게 말하지 아니하였던가?
33 똑같은 알로서는 그 알이 좀 더 크다
하여 그가 따르라 한다 해서 그 알들
이 따르지 않는다 하였음이니라.
34 그 알이 깨어나서 새가 되고 병아리가
되었을 때 그 알들은 그를 따르며 순
종한다 내가 그리 말하지 아니하였던
가?
35 너희가 바로 깨어난 병아리와 같은 자
들이 되어야만 만백성이 너희를 따를
것이며, 내가 너희를 통하여 그 모든
역사의 기도를 들을 것이며 그에게 역
사를 이룰 것이며 너희가 상상할 수
없는 그 기적의 문을 내가 열 것이니
라.
36 너희가 똑같은 지금의 하루의 형태에
서 벗어나지 못하였음이니, 너희가 알
에서 깨어나는 그와 같은 역사를 이루
라.
37 그리했을 때 내가 너희에게 모든 것
을 다 이루어 줄 것이니 그리 알라.

6,233 번째 하나님 말씀

2003년 5월 24일 23시 41분

1 사랑하는 나의 아들아!
2 "네, 아버님! 말씀하옵소서."
3 내가 너에게 일러 말하기를, 내가 십
계명을 직접 불로 친필로 썼음이니,
그것은 너희가 지키고 깨우쳐 그리 행
하는 것이요, 그 영혼의 양식도 중요
한 것이나,
4 내가 그를 써 준 것은 어떠한 백성에
게 썼더냐?
5 애굽에서 선택된 백성으로서 광야를
거쳐 온 백성에게 써서 내려 주었음
이니,
6 나를 믿고 나를 경배하며 나에게 은혜
를 받은 백성이 가장 나의 뜻을 지키
지 아니한다는 그 의미가 거기에 있음
을 내가 너에게 깨우쳐 주었느니라.
7 나를 믿으며 나를 경배한다는 백성이
가장 십계명을 지키지 않는 백성이라
는 것을 알라 하여 내가 그들 머리 위
에 십계명을 써 내렸음이니라.
8 그러니 모든 종교 집단이요, 그들이
오면서 지금 나의 십계명을 덮어 두며
나의 십계명을 중요시하지 아니하며
인간으로서 지킬 수 없다고 감히 말하
니,
9 내가 십계명을 지키지 않는 백성이
너희가 말하는 이방인이 아니요, 나를
찾지 않는 백성이 아니라, 나를 찾고
나를 경배한다 하며 그리고 나의 뜻에
산다 하는 백성이 가장 십계명을 지
키지 않는 백성이라 하여 내가 십계
명을 너희 머리 위에 내려 준 의미와

뜻이 거기에 있다 하였음이니 이것은
엄연한 사실이니라.
10 그러니 지금 모든 종교 집단이요, 지
도자들, 또 그 백성도 바로 어떠하던
가?
11 그들이 가장 십계명을 지키지 아니하
며 그를 행하지 아니하는 자들이니라.
12 너희가 말하는 이방인이요, 교회를 다
니지 않는 자요, 너희가 만든 성전을
가지 않는 자요, 너희가 말하는 회당
에 가서 배우지 않는 백성, 그리고 나
를 찾지 않는 백성, 나의 아들 예수의
이름으로써 구원을 받았다 말하지 않
는 백성, 그들만큼도 지키지 아니하는
자들이며 행하지 않는 자들이라 내가
그리하여 너희에게 명하였다 하였음
이니라.
13 내가 일찍이 너에게 말하였음이니라.
14 너의 제자들이 어느 정도만큼 변했을
때 네가 십계명을 암송하지 아니할
것이며, 너 또한 변했을 때 십계명을
암송하지 아니하고 기도할 때가 있다
내가 하였음이니, 그 의미가 바로 무
엇이던가?
15 너희도 아직 제대로 지키지 아니하며
그를 행하지 않는 백성이라는 것이며,
16 나로부터 선택된 아들딸 너희 자신이
그만큼 아직도 변화되지 아니했고 너
희가 그를 지키지 아니하며 행하지 아
니하기에 내가 너희에게서 이를 거둬
들이지 아니함을 알아야 할 것이니라.
17 너를 따르는 제자들이요, 나의 법전을
읽고 깨우친 백성이 바로 변화되는
백성이 있을 때, 내가 거둬들이며, 십
계명을 너에게 암송하지 않게 할 것
이니라.
18 그를 완벽하게 지키는 백성에게 내가
왜 그것을 내리겠는가?
19 지키지 아니하는 백성이기에 먼저 너
희가 가장 지키지 아니한다는 그 증거
로써 내가 너희에게 내려보냈으며,
20 그리고 그대로 지키고 살아야 한다는
것은 두 번째 너희에게 내린 중요한
답임을 알라.
21 이는 나에게 오르는 영혼의 양식이요,
근본이라 하였음이니라.
22 그를 지키지 아니한 자는 나에게 오를
수 없다 하였음이니, 너희가 지키고
하늘에 오르는 것이 첫 번째가 아니
요, 두 번째요,
23 너희가 가장 지키지 않는 자라는 그
경종을 울리기 위하여 내가 너희 머리
위에 내렸음을 알라 하였음이니,
24 이와 같은 나의 뜻을 만백성에게 전하
여, 너희가 과연 어찌 나의 십계명을
지키고 행하여야 하는가를 깨닫도록
그리하라.
25 너의 제자들 또한 마찬가지니라.
26 너의 제자들이 완벽히 변화되었을 때
그 십계명은 필요 없지 않던가?
27 지키는 백성에게는 내가 십계명을 지
키라 명하지 아니한다 하였으니, 그
또한 그와 같은 의미가 있음을 너희는
알아야 할 것이니 그리 알라.
28 너희가 뭐라 해도 나의 아들이 십계명
을 계속 암송하며 나에게 성령을 받아
기록하는 한, 너희는 변한 자가 하나
도 없으니,
29 의인과 같은 자, 천사와 같은 자가 나
왔을 때 내가 나의 아들에게 십계명을

암송하는 것을 중단시킴을 너의 제자
들은 잊지 말라 전하라.

6,234 번째 하나님 말씀

2003년 5월 24일 23시 49분

1 사랑하는 나의 아들아!
2 "네, 아버님! 말씀하옵소서."
3 내가 너에게 일러 너의 제자들에게 전
하라 그리 말하였느니라.
4 적과 대치하여 전쟁하고 있으며 실탄
이 날아오고 서로 죽고 사는 최전방의
병사가 과연 그 속에서 어떠한 생각을
하겠는가?
5 그가 인간 세상에 사는 백 가지, 천 가
지, 만 가지 생각을 과연 그 순간에 할
수 있는가, 실탄이 날아오는 거기에서
과연 그들은 어떠한 생각을 할 수 있
겠는가?
6 그 전쟁에서 죽지 않고 살아남는 그
하나의 일념이요, 그 목적지를 탈환하
는 그와 같은 것 외에 무슨 생각을 할
수 있는가?
7 실탄이 날아오는 최전방에서 전쟁을
치르는 병사들이 감히 잠을 잘 수 있
으며 딴생각을 할 수 있으며 딴 짓을
할 수 있단 말이던가?
8 지난날의 모든 것을 생각할 수 있는
그와 같은 여유가 없으며 어떠한 생각
도 그들은 할 수가 없을 것이니라.
9 과연 전쟁터에서 실탄이 날아오며 옆
에 있는 전우가 죽어 가는 그 속에서
너희는 어찌하겠는가?
10 너희는 오로지 살아남아야겠다는 것,
그리고 목적지를 탈환하는 것, 그것
외에는 아무런 생각도 없으니, 과연
그것이 정신이 통일된 것인가, 정신이
통일되지 않은 것인가?
11 그와 같은 상황에서 너희가 가지고
있는 그 마음은 오로지 한 길일 것이
니라.
12 그것만도 못한 것이 너를 따르는 제자
들이요, 나의 법전을 읽는 백성이 감
히 하는 길이던가?
13 지금 너희는 적과 전쟁을 하는 병사
들보다도 더한 책임과 긴장 속에서 살
아야 하는 것이거늘,
14 어찌하여 십계명을 지킬 수 없다 하며
나의 율법을 지킬 수 없다 하며 내가
직접 나의 모두를 태워 내리는 새로운
성경이요, 이 성령을 감히 지킬 수 있
다 없다 말하며,
15 오늘은 착한 일을 백 가지 하였으며
또한 악한 일을 백 가지 하였으며 이
와 같은 시시비비를 할 수 있는 생각
이 과연 있단 말이던가?
16 너희가 나에게 오르는 길이요, 내가
존재한다는 그 믿음이요, 너희가 죽어
와 심판으로써 지옥 불에 가는 그 고
통을 정녕 안다 하면, 그리고 그를 믿
는다 하면, 그게 사실이라고 생각한다
면,
17 내가 내리는 나의 성령이 진실한 나의
뜻이요, 창조주 내가 내려보낸 나의
아들이 나를 대신하는 지금 이 시대의
목자라는 것을 너희가 얼마만큼 믿는
가?
18 정녕 믿는다면 너희가 과연 어떠한
생각을 할 수 있단 말이던가?
19 적과 전쟁을 하고 있는 그 병사들이

아무런 생각도 하지 않는 그 긴장된 마음만큼도 못한 생각으로써 과연 세상을 살아갈 수 있단 말이던가?
20 너희가 더한 책임이니라.
21 더 긴장 속에서 살아가야 한다는 것을 너희는 알아야 할 것이니라.
22 너희는 적과 싸우는 것이 아니요, 적의 후방에 투입되어 너희 자신을 죽여 국가에 충성하는, 그리고 영원히 이름 없는 병사와 같이 죽어 가는 그 특공대원과 같은 임무를 띠고 있는 것이며 그보다도 더한 것이 너희이거늘,
23 어찌하여 정신 하나를 통일하지 못하며 마음 하나를 다스리지 못하며 저 자신을 추스르지 못하고 그와 같은 여유 있는 생각을 하며 너희가 살아가면서 잘못된 일, 저지른 죄, 남들에게 부끄러운 짓 그 모두를 단죄하지 못하며 악습을 끊지 못한다 말할 수 있는가?
24 적지에 들어가 목숨을 던져 장렬히 죽어 가는 그 병사요, 실탄이 날아오는 그 적과 대치하고 있는 그 병사들의 생각이 어떠하겠는가?
25 과연 나를 믿고 만백성을 구하는 전사로서 선택된 너희가 그들의 정신 상태만도 못한 그와 같은 마음으로써 역사를 할 수 있단 말이던가?
26 너희는 십계명을 지킬 수 없다, 율법을 지킬 수 없다, 인간이기 때문에 죄를 짓지 아니하고 살 수 없다, 인간이기 때문에 거짓 하지 아니하고 살 수 없다고 하나,
27 너희가 전쟁터에서 싸우는 병사들만큼만 정신을 가졌어도, 긴박할 때 과연 정신이 그곳에서 잠을 자며 지난날의 과거를 생각하며 그리운 사람들을 생각하며 온갖 생각을 과연 그 병사가 하겠는가?
28 오로지 살아가는 그 일념 외에는 아무것도 생각할 수 없거늘, 그만큼도 너희가 긴장하지 못하기 때문이니, 그보다 더한 긴장함 속에서 살아간다면 과연 이렇다 저렇다 말할 수 있단 말이던가?
29 너희 자신을 알아야 할 것이며 노력해야 함을 알아야 할 것이니라.
30 너희는 후방의 임무를 수행하고 장렬히 죽어 가는 병사이며, 너 자신의 막을 내리는 그와 같은 병사요,
31 목숨을 던져 특공대원으로서 그 임무를 수행하는 그 병사들의 각오와 정신으로써 너희가 살아간다 하면, 나를 경배하고 따른다면, 나의 법전을 가지고 공부한다면 너희는 어찌하겠는가?
32 적의 후방에 들어가 그 이름 없이 장렬히 죽어 가며 그 충성이라는 것, 국가를 위하여 그 명을 다하는 특공대원만도 못한 정신을 가지고 나를 믿고 하늘에 온다 하는 것이 너희이니라.
33 그러니 이제는 더한 각오로써 나를 믿으며 나의 법전을 공부하며 만백성을 구하는 전사로 서며, 나의 아들을 바라보는 그 마음의 자세가 과연 어떠하며,
34 그가 너희에게 미래를 가르쳐 주며 너희가 가야 할 역사를 가르쳐 주는 그와 같은 가르침을 과연 너희는 어찌 들어야 할 것인가?
35 너희는 이를 알아야 할 것이니라.

36 내가 나의 성령을 태워 나의 아들에게
직접 내려 강론을 듣는 너희는 창조
주 나의 음성을 듣거늘,
37 명을 받아 전쟁터에 가 있는 실탄이
날아들며 죽고 사는 그와 같은 상황에
있는 병사들의 각오만도 못한 것이 너
희이니라.
38 그들보다 더 강인한 정신력을 갖고 그
보다 더 강한 마음을 갖고 역사해야
너희가 나의 뜻을 이룰 것이라는 것을
알라.
39 너희의 생활의 자세를 이제 들여다보
라.
40 내가 나의 법전에 기록하여 나의 아들
을 따르는 제자들이요, 나의 법전을
읽는 백성 너희에게 전함이니,
41 감히 너희가 계명을 지킬 수 없으며
인간이기 때문에 도적질하지 아니하
고 살 수 없으며 거짓 하지 아니하고
살 수 없으며 남을 속이지 아니하고
살 수 없다는 그와 같은 말을 할 수 있
는가?
42 이는 너희가 알아서 해야 할 길이며,
나 여호와는 너희에게 가는 길이요,
방법을 다 가르쳐 주었음이니 그리 알
라.

6,235 번째 하나님 말씀

2003년 5월 24일 23시 56분

1 사랑하는 나의 아들아!
2 "네, 아버님! 말씀하옵소서."
3 지금의 모든 종교 집단의 그 믿음의
형태가 과연 어떠한지 알겠는가?
4 그들은 나의 피조물 만백성을 지금까
지 우리 부자의 이름으로써 속여 왔으
며, 그리고 저희의 생활 방식으로써
부귀와 영화를 누렸으며, 그 집단의
수로써 제왕적인 행위를 했으며,
5 모든 백성을 통제하는 자들이라 하였
으며, 나로부터 명을 받아 하늘에 인
도한다는 저희가 나의 아들 예수를
대행하는 그와 같은 형국으로 지금까
지 이끌어 왔음이니라.
6 그러나 그들은 더 이상 견딜 수 없으
며, 지금의 형태에서 변화를 이루지
아니하고는 이대로 더 이상 지탱할 수
없는 그 시대가 왔음을 그들도 알고
있음이니라.
7 지금의 방법으로, 지금의 수단으로써
나의 피조물 만백성을 속이고 더 이끌
어 갈 수 없는 것이 그들이 지금 처해
있는 것이며,
8 너희가 뭐라 말하여도 지금의 종교 집
단이요, 지도자들이 가는 그 방향으로
써는 스스로 저희가 구원을 받지 못
한다는 것을 깨달은 백성이 수없이
있으며, 그들의 마음이 지금 굳어져
있다는 것을 알아야 할 것이니라.
9 그와 같이 깨달은 백성이 지금 극에
달하여 있음이니라.
10 그리하여 그들은 나무에 기름을 부어
놓았으며 그 기름 위에 불을 붙이기만
하면 그저 바로 타 버릴 것만 같은 그
와 같은 형국으로써 지금 모든 백성이
곪아 있으며 그들이 아니라는 것을 알
고 있으며 고개를 흔들고 있음이니라.
11 그리고 저희가 지금까지 당해 온 모든
종교 집단이요, 지도자의 그 만행이
요, 그들의 행태에 대해서 조용한 밤

에 스스로 그를 생각해 볼 때, 그것이 아니라는 신도들이 지금 수없이 많이 있음이니라.

12 그저 불만 붙이면 타 버릴 수 있는 그와 같이 기름에 불을 붙이면 타오를 수 있는 형국으로써 그들의 형태가 되어 있음이니라.

13 그들은 대안이 없으며 방법이 없기에 그와 같이 폭발 직전에 있어도 그를 폭파하지 못하며,

14 그저 믿는 길, 그래도 그 길이라도 가는 것이 안 믿는 것보다는 나을 거라는 그것 때문에 그 많은 시간을 강론을 들으며 설교를 들으며 수없는 것을 바치고 살아온 그 시간이,

15 이방인이라는 믿지 않는 자들보다는 그래도 믿고 찾는 것이 스스로 나을 것이라는 그 속에서 지금 불만 붙이면 타오를 기름 같은 그와 같은 형국에서 그들이 참고 인내하고 있음이니,

16 그들에게 성냥이라는 것, 그리고 불씨라는 것, 그것 하나를 던지기 시작하면 그들이 폭발하는 힘과 같이 불붙을 것이라는 것을 너는 잊지 말라.

17 그리하여 지금 모든 종교 집단이요, 지도자 저희도 스스로 그를 알고 있음이니라.

18 그리하여 새로운 진리요, 새로운 역사가 세상에 나왔을 때 그는 감당할 수 없다는 것을 알기 때문에, 그들은 이 세상에 오는 것은 다 사탄이요, 악마요, 사악한 자니 보지도 말며 듣지도 말라 그리 이용하고 있음이니라.

19 사탄이요, 이단이요, 마지막 시대에 오는 거짓 선지자라는 그와 같은 단어로써 나의 피조물 만백성이 곧 터질 것 같은, 타 버릴 것 같은, 폭발할 것 같은 그와 같은 마음이요, 그 생각들을 짓누르고 있으며 그를 이용하고 있는 자들이니라.

20 그리하여 나의 법전이 세상에 나가 160권이라는 이 장서가 세상에 전해질 때, 그리고 나의 아들이 역사를 이룰 때, 그리고 그 제자들이 변화되는 모습으로 살 때,

21 저희와 무섭게 차별화가 되었을 때 저희를 따르는 종교 집단에 등을 돌리는 그와 같은 형국을 막기 위한 가장 좋은 방법으로써 이용할 것이며 악용한다는 것을 잊어서는 아니 될 것이니라.

22 그리하여 서서히 다져 나감이니라.

23 그들이 너희를 악용하는 것뿐만이 아니라, 너희 자체를 이 세상에 뿌리내리지 못하도록 할 수 있는 그와 같은 무서운 형국이니라.

24 태산이 무너지는 것보다도 무서운 힘으로써 그들은 덮칠 것이며,

25 태산이 무너져 온 마을을 덮어 버리며 흔적도 없이 하는 것처럼, 바다가 꺼지고 육지가 나오는 것처럼, 그 육지가 바다가 되며 바다가 육지가 되어 뒤집히는 그와 같은 형국의 무서움보다도 더 강력한 힘으로써 너희에게 그와 같은 변화를 이루도록 할 것이며 덮쳐 올 것이니,

26 이를 알고 있기에 내가 서서히 가고 있음을 너는 알아야 할 것이니라.

27 타 버리는 불처럼, 폭발물처럼 터져 오는 그들을 수용하고 받아들이고 인

도할 수 있는 준비가 되어 있을 때 그
역사를 이룰 것이니,
28 내가 그리하여 그것을 10년 안에 이
룬다 하였으니, 너는 두려워하지 말며
걱정하지 말라, 사랑하는 나의 아들아!

6,236 번째 하나님 말씀

2003년 5월 25일 0시 05분

1 사랑하는 나의 아들아!
2 "네, 아버님! 말씀하옵소서."
3 나 여호와가 십계명이요, 율법이요,
지금 새로 내리는 성경이요, 나의 법
전을 너희가 읽고 깨우치며 그대로 행
하며 그대로 지키면, 너희가 나에게
오를 수 있는 그와 같은 영광을 얻는
다 내가 수없이 그리 말하였음이니라.
4 그를 행하지 아니하는 자, 나에게 올
수 없다 그리 말하였음이니, 이는 바
로 무엇을 의미하는가?
5 너희는 그저 그대로 듣고 흘려보낼
것이나, 여기서 알아야 할 것이니라.
6 너희가 내가 직접 친필로 쓴 십계명이
요, 나의 율법이요, 지금 나의 아들을
통하여 내리는 새로운 성경이요, 곧
'하늘에 오르는 길'이요, '하나님! 말
씀하옵소서'라는 나의 법전을 너희가
읽고 깨우치느냐, 깨우치지 아니하느
냐에 따라서 너희는 새로운 생명으로
태어나느냐, 태어나지 못하느냐 하는
그 문제가 거기에 있으며 답이 거기에
있음이니라.
7 너희는 육의 세상에서 죽고 사는 것을
두려워하는 것이며,
8 죽고 사는 것 외에는 더 이상 원하고
잃는 것이 없듯이 죽으면 모든 것을
다 잃는다 생각하느니라.
9 육이 죽고 사는 그 심각한 입장에서
너희가 죽고자 하는 자가 없을 것이니
라.
10 바로 너희가 어찌 지키느냐에 따라서
너희가 다시 태어날 수 있으며 다시
구원을 받으며 새로운 생명으로서 나
에게 오를 수 있느냐 없느냐, 이는 죽
고 사는 문제보다도 더 긴박한 문제이
니라.
11 육이 죽고 사는 것보다도 더 심각한
문제며 더 두렵고 무서운 문제가 여기
에 있다는 것을 너희는 잊어서는 아
니 될 것이니라.
12 너희가 성경의 뜻을 한 획이라도 고쳐
서는 안 되며 가감해서도 안 된다 그
리 말하느니라.
13 그리해서 빼도 안 되고 더해도 안 된
다고 그리 가르치면서 지금 나의 피조
물 만백성을 가르치는 종교 집단들이
어찌 가르치느냐, 그 지도자들이 어찌
가르치는가?
14 십계명이요, 그 율법대로 인간은 살
수 없다 너희가 그리 말함이니, 이것
이 바로 무엇이더냐?
15 나의 성서에 있는 가장 중요한 것을
통째로 다 빼 버린 것이며, 골자요, 가
장 중요한 대목들은 다 빼 버리고 그
리 믿음의 길을 가고 있는 형국이라
하면, 정녕 너희는 그를 믿지 않을 것
이니라.
16 그리고 절대 그러한 일이 없다 그리
말할 것이니라.
17 그러나 바로 너희는 한 획을 가감해서

도 안 된다고 말하면서, 내가 직접 불
로 써 내린 나의 친필인 십계명이요,
율법이요, 나의 법전대로 살아갈 수
없다고 말하는 그 행위는 무엇인 줄
알겠는가?
18 진정 내가 원하는 참진리요, 그 모든
진실한 것은 다 통째로 떼어 버리고
그 겉껍데기만 가지고 믿음의 길을 가
고 있는 것이 너희이니라.
19 이는 엄연한 사실이니라.
20 그뿐이던가? 너희가 나의 성경, 나의
뜻을 기록하면서 빼고 더한 그 행위가
이루 말할 수 없음이니,
21 나 여호와의 성령인 성경을 마음대로
너희가 가감했다는 것을 알아야 할 것
이며, 여기에 거부하는 자는 네가 죽
어 왔을 때 그때 그를 알게 될 것이니
라.
22 너희는 죽어 나에게 오기 전까지는 그
를 알 수 없음이니,
23 그리하여 내가 나의 아들을 통하여 내
리는 나의 법전에 기록하는 그 내용을
그대로 받아들여 너희 것으로 만들어
깨우침을 얻어야 할 것이니라.
24 나의 법전이 너희가 살아가는 삶을
잘못 가르치지 아니하며 하늘에 오르
는 진리를 가르치며 너희가 행하는
것을 그대로 가르친다면,
25 너희가 성경에서 알지 못하는 것, 깨
우치지 못하는 것, 성경의 비유요, 그
뜻을 모두 내가 기록하여 전하는 이것
이 너희가 읽으면 알 수 있으며 들으
면 알 수 있는 내용이기에 너희가 스
스로 판단해야 할 것이며 너희가 다
그를 판정할 수 있도록, 그를 깨달을
수 있도록 내가 내려보냈음이니 그리
알아야 할 것이니라.
26 너희가 마음대로 교리를 만들었으며
지금의 모든 종교 집단은 너희 마음대
로 법을 만들었으며 너희 마음대로
만들었음이니라.
27 그리하여 그와 같이 만든 교리요, 너
희가 마음대로 고친 그와 같은 법도를
만들어 가지고 너희 성도들에게, 나의
사랑하는 백성 그들에게 나의 뜻이 아
닌 너희 뜻을 그리 가르치는 것이 지
금의 너희이니라.
28 그러면서 너희는 나의 아들이요, 나
여호와의 뜻이라 그리 그 굴레를 씌어
놓고 온갖 만행과 작태를 부리고 있는
것이 지금의 종교 집단이요, 지도자들
이 가는 길이요,
29 진정한 나 여호와의 진리를 위하여 가
는 것이 아님을 너희는 알아야 할 것
이니라.
30 그와 같이 사악한 행위를 수천 년 동
안 해 왔으며, 그러면서 천국인 나의
나라요, 나에게 오르는 백성이라며 너
희가 그리 전하고 있음을 알라.
31 그러나 너희는 여기서 알아야 할 것
이니라.
32 나에게 오르는 백성, 나에게 오고자
하는 백성은 율법과 내가 직접 친필로
내린 십계명이요, 지금 내 가슴을 태
워 내리는 '하나님! 말씀하옵소서',
'하늘에 오르는 길', '새로운 성경'이
요, 나의 법전을 읽지 아니한 자는 어
느 시대에도 어느 백성도, 그 누구도
구원을 받을 수 없으며, 나에게 와 심
판을 받을 수 없다는 것을 알라.

33 너희가 나의 십계명의 율법대로 살아
가지 아니하는 자, 내가 지금 내리는
법전대로 살지 않는 자, 과거요, 현재
요, 미래의 어느 시대의 백성도 나에
게 오를 수 없다는 것을 알라.

6,237 번째 하나님 말씀

2003년 5월 25일 0시 21분

1 사랑하는 나의 아들아!
2 "네, 아버님! 말씀하옵소서."
3 나 여호와가 너희에게 뭐라 말하였느
냐?
4 지금의 종교 집단이요, 지도자요, 신
도라는 너희가 가장 나의 뜻을 지키
지 아니하며 내 뜻을 거역하는 백성이
라 내가 그리 말하지 아니하였던가?
5 너희가 지금 가고 있는 그 형국을 바
라보는 나 여호와가 그리 말하면 너희
는 그리 가는 것이 아니라 거부할 것
이니라.
6 그러나 너희가 그보다 더한 행위를
하고 있는 것이니라.
7 지금의 모든 종교 집단이요, 지도자
요, 성도요, 신도라 하는 백성 너희가
어찌 살아가는가?
8 너희는 나 여호와 외에는 절대로 다른
신을 섬기지 않으며 그리고 내 뜻대로
살아간다 그리 생각하느니라.
9 그리하여 너희는 어찌 말하는가?
10 다른 종교 집단은 다 이단이요, 사탄
이요, 사악한 자라 하여 사생결단의
투쟁까지도 불사하는 그와 같은 너희
가 되지 않는가, 그리고 너희는 그리
생각하고 살지 않는가?
11 절대적으로 너희는 나 여호와의 뜻을
지키며 내 명에 의해 살아가며 그를
위배하지 않는 순종인 백성이라 자부
하느니라.
12 순종인 백성은 너희뿐이기 때문에 나
머지는 다 가짜며 순종이 아니라 그리
말하고 있음이니, 그러면서 너희는 뭐
라 말하느냐?
13 인간이기 때문에 십계명대로 살 수 없
으며 인간이기 때문에 그리 지킬 수
없으며 인간이기 때문에 율법을 지킬
수 없다고 말함이니,
14 과연 너희는 절대적으로 내 뜻을 따르
며 다른 신을 섬기지 아니하며 계명을
어기지 아니하고 사는 백성이라, 그리
고 순종의 백성이라 하여 다른 백성이
요, 다른 종교 집단이 생긴다면, 너희
는 사생결단의 죽고 사는 전쟁을 불사
하는 그와 같은 형국으로써 지금 행위
를 하니,
15 과연 내가 어느 것을 믿어야 하며, 내
가 지금 어떤 것을 받아들이며 어떤
기도를 들어야 한단 말이던가?
16 내가 너희를 바라보는 마음이 그러니
라.
17 지금 수천 년 동안 흘러오는 그 백성
이요, 그 믿음의 집단이요, 종교 지도
자요, 그 백성이요, 신도라는 자들이
가장 나의 뜻을 지키지 아니하며 내
뜻을 따르지 아니함이니,
18 그리하여 내가 오죽하면 너희에게 십
계명을 내린 뜻이 내 뜻을 지키지 않
는 자들에게 경종을 울리게 하며,
19 나의 뜻을 가장 지키지 않는 자들이
나를 믿고 나를 따르며 내 뜻에 따라

하늘에 오르는 나로부터 선택된 순종
의 백성이라 말하는 너희의 그 웃지
못할 형국이기에 내가 너희에게 경종
을 내린다는 그 뜻을 깨우쳐 주었음이
니라.
20 이것이 바로 너희 형태임을 어찌하여
모르는가?
21 그 속에 와 너희가 '아멘, 할렐루야!'
를 찾으며 재물이요, 모든 시간을 다
바치며 구원의 길이라 지금 가고 있음
이니,
22 그것이 바로 너희가 달려가는 그 길
이 지옥의 낭떠러지라는 것을 내가
수백 번 나의 법전에 기록하여 전해
도, 어찌하여 너희는 귀를 씻고 그것
을 듣지 아니하며,
23 나의 아들을 통하여 내리는, 창조주가
내리는 이 대역사를 이루는 나의 강론
을 듣지 않으려 하는가?
24 그리고 내가 나의 성령을 태워 내리는
나의 법전을 읽어 보지 아니하며 이를
들여다보지 아니하는 자를 어찌한단
말이던가?
25 그러면서 너희가 구원을 받을 수 있
으며 나에게 오를 수 있다고 말하는가?
26 2천 년 전 나의 아들을 죽인 그 믿음
의 길을 가는 자들, 그리고 나의 백성
이라는 자들, 지금처럼 저희만이 나의
뜻을 따르며 순종이라는 백성이 나의
아들 예수의 가르침에 귀를 기울인 자
들인 줄 아느냐?
27 귀를 기울지 아니하며 그 행동을 보지
아니하였으며 그가 가르치는 것을 듣
지 않은 자들이니라.
28 듣지도 아니하며 보지도 아니한 자들
이 사탄이요, 이단이요, 나의 아들이
아니라 하며 그리 처참히 그들이 죽이
도록 종용했으며 그들이 그리 역사를
이루었음이니라.
29 지금도 나의 법전을 읽고 깨우친 백성
이 정독한 백성이라면, 감히 나의 아
들 앞에 와 그가 이단이요, 사탄이요,
마지막 시대의 거짓 선지자라 말하지
못할 것이니라.
30 나의 아들은 말없이 십계명은 내가 내
린 친필이니 절대적으로 그대로 지키
고 살아야 하며 율법을 지켜야 한다
하였음이니라.
31 내가 오죽하면 전쟁터에서 실탄이 오
고 가는 그 전쟁 속에 싸우는 병사가
오로지 목적지를 탈환하며 살아남아
야 한다는 그 일념 외에는 무슨 생각
이 있겠느냐 하여,
32 그보다 열 배 더한 마음으로써 너희가
나를 따른다면 지키지 못할 것이 없다
내가 이리 애절한 마음으로 기록해 전
하는 내 뜻을 알겠는가?
33 절대로 다른 신을 섬기지 아니하며 절
대로 나 여호와의 뜻을 어기지 아니하
며 저희만이 순종이라 하며, 이 세상
에 나오는 모든 다른 종교 집단은 적
으로 생각하며 그들을 파멸시키며 그
들을 죽이려 하는 투쟁도 사악한 방법
으로 하는 그와 같은 행위를 하는 자
들이 지금 뭐라 하느냐?
34 인간이기 때문에 계명을 지킬 수 없으
며 율법을 지킬 수 없으며 나의 법전
대로 살 수 없다고 말하는 것이니, 과
연 너희가 순종이란 말이더냐?
35 이 잘못된 부분을 너희는 어찌하여 그

를 알지 못한단 말이더냐?

6,238 번째 하나님 말씀

2003년 5월 25일 0시 36분

1 사랑하는 나의 아들아!
2 "네, 아버님! 말씀하옵소서."
3 내가 내린 모든 성경은 한 획도 고치
지 말라, 그리고 더하고 빼서도 아니
된다 내가 그리 가르치고 너희가 전하
였음이니라.
4 그러나 세월이 흐르는 동안에 이를 고
치고 너희 마음대로 만들었으며 너희
의 그 색깔에 따라 그를 고치고 또 고
친 그와 같은 형국이 되었음이니라.
5 이를 제 마음대로 해석하는 종교 집단
이 있으며 지도자가 있는가 하면, 그
집단의 특색에 맞도록 모든 것이 변질
되었음이니,
6 나 여호와의 뜻은 하나이거늘 너희가
나를 숭배함이 아니요, 사탄을 숭배하
는 자로서 전락하여 있는 것이 지금
의 모든 종교 집단이요, 너희가 가고
있는 길이라는 것을 알아야 할 것이
니라.
7 너희는 그렇지 않다 그리 말할 것이니
라.
8 그리하여 그와 같이 말하는 나의 아들
을 사탄이요, 그를 따르는 제자들이
사악한 자며 나의 법전은 쓸 수 없는
것이며 마지막 시대에 나오는 사악한
자가 너희를 교란하기 위해서 내려온
것이라 그리 말할 것이니라.
9 그러나 나는 그리 보지 아니함이니라.
10 창조주 나는 너희가 그와 같은 자요,
나의 아들이요, 나의 뜻을 따르는 그
제자들은 나의 뜻을 따라 역사하는 자
라는 것을 너희가 알라 함이니라.
11 너희는 여기서 알아야 할 것이니라.
12 성경은 하나의 뜻이 있으며 성경은 한
곳으로, 한 책으로써, 한 내용을, 나
여호와의 뜻을, 내가 이루고자 했던
길을 내가 거기에 기록하여 내려보냈
음이니라.
13 그러나 너희는 하나의 성경 속에서 모
든 종파가 생겼으며 모든 종파가 분류
되었으며 각종 종파가 분류되어 제 이
름을 갖고 있음이니, 이 형국이 어찌
되었는가?
14 '김'씨의 성을 가진 한 부모 밑에서 여
러 형제가 태어났으니, 그 형제들이
다 각자가 제 부모의 성을 따르는 것
이 아니요, 저희가 성을 하나씩 다 만
들어 그것이 제 부모의 성씨라 그리
억지를 쓰는, 그리고 아귀다툼을 하며
싸우는 형제들과 무엇이 다르던가?
15 성경책에서는 갖가지 색깔이 지금 나
와서는 아니 되는 것이니라.
16 내가 내린 성경이요, 내가 내린 뜻을
기록하여 그대로 공부하고 너희가 그
진리를 연구하는 백성이라면, 종파가
있어서는 아니 되며 종파가 분리되어
서도 아니 됨이니라.
17 너희가 각 종파가 분리되어서 지금
바로 무엇이더냐?
18 제가 최고라 그리 말하며 악을 쓰고
있음이니라.
19 그러니 그 종파마다, 교파마다 나 여
호와가 아닌 저희가 각자 다른 하나
님을 모시고 경배하는 것이니, 그것이

너희의 형국이니라.
20 그 모두는 진정한 나 여호와가 아니
요, 너희는 사탄을 경배함이니라.
21 너희는 사탄의 하나님을 만들어 놓았
으며 사탄의 하나님을 경배하면서 창
조주 나 여호와라 그리 말함이니,
22 너희는 정녕 창조주 나를 경배하는 집
단이 하나도 이 세상에 없다 하면 어
찌하겠는가?
23 하나도 없음을 알아야 할 것이니라.
24 지금 너희가 가고 있는 그와 같은 형
국이니라.
25 성경은 하나의 뜻이니, 거기에 무슨
교파요, 무슨 종파요, 이와 같은 것이
절대로 생겨서는 아니 됨이니라.
26 모든 교파가 생긴 것이 내가 너희에게
가정사를 들어 말하였음이니, 하나의
성씨를 가진 부모가 열 자식을 두었음
이니라.
27 그 열 자식이 제 부모의 성을 따르려
하지 아니하며 각자 저희가 나가서
제 성을 만들어 놓고 제 이름 앞에 그
성을 붙여 놓고 그것이 제 부모의 성
이요, 혈통이요, 정통이요, 순종이라
그리 아귀다툼하는 그 형제들과 마찬
가지임이니라.
28 그리하여 저희 부모의 성은 따르지 아
니한 자들이 그 기득권을 차지하려는
것과 마찬가지인 것이 너희이니,
29 하나의 성경이요, 나의 진리 앞에 너
희가 집단이요, 종파의 이름이 수없이
생긴 것은 바로 무엇이던가?
30 너희는 사악한 자들이니라.
31 그리고 너희는 사탄의 하나님을 모셔
놓고 하늘에 오르는 백성이요, 나를
경배한다 함이니, 너희의 기도 소리를
내가 듣지 아니한다 했지 않는가?
32 이 모두는 너희 마음속에 있는 욕심
의 뿌리 때문이니라.
33 그 욕심을 버리지 못한 결과이며 그
욕심의 근본에서 그와 같이 이루어진
것임을 너희는 알아야 할 것이니라.
34 그러니 지금 나의 사랑하는 백성 너희
가 모든 집단이요, 그 물리적인 방대
한 힘을 가지고 나에게 오른다는 그
백성이 너희 성을 하나씩 갖다 붙여
놓고 나 여호와의 성이라, 서로 저희
가 그것이 정통이며 저희가 유업을
받은 자라 그리 말함이니,
35 거기에 내 성을 가진 자가 하나도 없
는 그와 같은 형국이니, 그 종파를 붙
인 자는 그러니라.
36 그리하여 내가 나의 아들을 통하여 뭐
라 했느냐?
37 '하늘에 오르는 길'이요, '하나님! 말
씀하옵소서'는 종파가 없는 것이라 했
느니라.
38 나의 아들 예수가 종파를 가지고 행했
던가?
39 나의 아들 예수가 너희에게 강론하며
진리를 가르치며 하늘에 오름을 깨우
쳐 주고자 했을 때, 앞에 종파를 갖다
붙였던가?
40 너희처럼 어떠한 종파를 붙이지 아니
하였음이니라.
41 그러니 바로 무엇이던가?
42 지금의 나의 아들이 그를 붙이지 아니
하며 그가 누구를 찾는가?
43 '하나님! 말씀하옵소서.' 창조주 나에
게 '말씀하여 주옵소서.' 하여 그를 받

아 기록하였으며 그를 받아씀이니, 그
게 바로 정통인 나의 아들이요, 혈통
이니라.
44 예수가 나로부터 받아 나간 나의 정통
인 혈통이요, 그가 다른 성을 갖지 아
니하였음이니라.
45 예수가 종파를 가졌으며 예수가 그 만
백성을 가르치면서 종파를 앞에 내세
웠다면 그는 나의 뜻이 아니요, 제가
다른 성을 가진 자나, 그는 내 뜻을 그
저 강론하고 가르쳤으며,
46 보낸 이가 계시며 보낸 이의 뜻을 따
르는 것이 하늘에 오르는 길이요,
47 보낸 이를 너희가 만나고자 한다면,
그가 전하는 말을 그대로 듣고 배워
내 뜻대로 너희가 살다 하늘에 오를
수 있으며 나를 만날 수 있다 그는 애
절하게 가르쳤음이니라.
48 너희가 한 줄의 성경에 기록하여 그리
전했으나, 그는 수천수만 번을 부르짖
은 말이며, 갈 때마다 가는 장소마다
그가 외쳤던 것을 너희가 한 줄의 기
록으로써 그리 기록한 것이지, 수천수
만 번 부르짖은 내용이라는 것을 너희
는 알아야 할 것이니라.
49 그러니 지금 나의 아들이 '하나님! 말
씀하옵소서.'라 하여 내가 나의 뜻을
받으라 하여 그리 기록하여 전했으니,
그가 종파를 가지고 있는가?
50 종파를 가지고 있지 아니하니 그가 바
로 나의 혈통이니라.
51 내 이름으로써 그가 모두를 전함이니,
그가 바로 하나의 혈통이며, 나머지는
다 너희 앞에 너희가 붙인 이름을 가
지고 너희가 성씨를 붙이는 그와 같
은 자들이니라.
52 그리해서 모든 종파는 나와 관계없는
것이며, 그는 너희가 너희 앞에 이름
을 붙여 나에게서 떠나간 자들이니,
53 그리하여 너희가 사탄의 하나님을 모
시며, 그리 모시는 것이 하나님이라
하며, 사탄의 하나님을 각자 만들어
놓고 거기서 만백성에게 하늘에 오른
다 하니,
54 그건 너희가 말하는 하나님이 아니요,
사탄임을 알아야 할 것이니라.
55 이를 깨우쳤다면 너희가 지금 가고
있는 그 믿음에서 한 번쯤은 발을 멈
추고 나의 법전을 읽고 내가 가르치는
뜻이 무엇인가를 들여다봐야 할 것이
니라.
56 지금의 종교 집단은 율법과 십계명을
버리고 마귀의 하나님을 만들어 놓고
서낭당에서 소원을 빌고 비는, 우상을
깎아 놓고 빌고 비는 기복 신앙의 대
표로서 전락하였음을 알라.
57 지금 모든 종교 집단이요, 지도자요,
그 신도들이 기복 신앙으로 전락하였
음을 알라.
58 바로 무엇이던가?
59 나의 아들은 너희에게 가르치기를 뭐
라 말하였느냐?
60 '저의 죄를 용서해 주옵소서.' 하나, 너
희는 기도하며 나를 찾을 때 달라, 이
루어 달라 그 소리가 가을밤에 악을
쓰는 개구리 소리보다도 더 요란하며,
그저 그 합창단 소리는 내가 들을 수
없음이니라.
61 각자가 화합을 맞춰 소리를 지르며 제
가 최고라 소리 지르는 그 소리를 내

가 들어 무슨 소리인지를 알 수 없으며, 하늘을 오염시키는 것이 너희이니라.
62 너희가 지금 가고 있는 것은 마귀의 하나님을 만들어 놓고 가는 것이며 너희의 기도소리는 바로 기복신앙의 대표로 전락한 자들이 하는 짓이니라.
63 내가 다시 너희에게 말함이니라.
64 모든 종파의 성을 가지고 종파를 가지고 있는 것은 욕심의 뿌리에서, 한 부부 밑에서 태어난 형제가 각자 제 부모의 성을 따르지 아니하며 제가 성을 하나씩 갖다 붙여 놓고 그게 제 부모의 성이라 하고 그리 가르침이니라.
65 그리하여 부모의 모든 유업을 받으며 제가 정통이라 말하고 있으니,
66 너희의 지금 마음이 어떤 자인가?
67 그저 원조라 부르짖는 장사꾼의 속성과 똑같은 것이 너희이니라.
68 제 마음대로 갖다 붙여 놓고 저희가 원조라 말하는 자, 너희는 이와 같은 형국이니 나 여호와의 찢어지는 이 가슴을 알겠느냐?
69 사랑하는 나의 아들아!
70 네가 어렵고 힘들다 하여도, 너의 제자들이 어렵고 힘들다 하여도 이와 같은 것을 바로잡아야 할 것이며, 이와 같은 것을 깨우쳐 줘야 할 것이니라.
71 그 누군가는 이 역사를 이루어야 할 것이 아니던가?
72 그리하여 내가 너를 세상에 내려보냈으며 너의 제자들이 너를 따르게 하였으며 네가 밤과 낮을 가리지 아니하고 160권의 법전을 책으로 기록하여 전하는 이 역사를 행함이니라.
73 장하다, 사랑하는 나의 아들아!
74 내가 너를 사랑함이니라.
75 모두가 원조라 부르짖는 자, 한 부모 밑에서 나온 자들이 성을 제 앞에다 붙여 놓고 제 부모의 성을 버린 그 사악한 자,
76 은혜를 모르며 부모의 성씨를 갖다 버리는 자, 그러면서 제가 제 부모보다 낫다 말하는 자,
77 그리고 제가 제 부모를 대행하는 자, 제 부모의 성씨를 따르지 아니하며 그 유업을 받으며 그 역사를 받았다 말하는 자,
78 그 사악한 자들이 종파를 가지고 있는 모든 집단이요,
79 종파를 붙이는 순간에 그것은 사탄이니라.
80 너희 또한 나가서 어떠한 종파를 붙였을 때, 너희 또한 사탄으로 전락하며 마귀의 하나님을 따르며 그 자식이 되는 것을 잊지 말라.
81 절대로 종파는 있을 수 없는 것이니라.
82 예수는 종파가 없었거늘, 종교 집단이요, 지도자들이요, 그 신도들은 뭐라 하는가?
83 예수가 종파를 가졌다면 그 종파 그대로 내려오면 될 것이니라.
84 그러나 종파가 없음이니라. 이걸 알라.
85 사랑하는 나의 백성이요, 성도라는 자, 신도라는 자, 재물을 바치고 금화를 바쳐 하늘의 표를 사려 하는 그 사악한 욕심을 가진 자, 너희는 나와 관계없이 지옥 불의 낭떠러지로 떨어진다는 것을 잊지 말라.

6,239 번째 하나님 말씀

2003년 5월 25일 0시 51분

1 사랑하는 나의 아들아!

2 "네, 아버님! 말씀하옵소서."

3 너를 따르는 제자들이요, 나의 법전을 읽고 깨우치며 공부하는 백성, 나로부터 선택된 너희는 지금 나로부터 나의 아들을 통하여 너희에게 어떤 기적의 역사를 이루는 것을 기다린다면 결국 그것이 무엇인 줄 알겠는가?

4 너희는 기복 신앙의 근본인 자들이며 그 생각을 버리지 못하고 있는 자들이니, 그와 같은 것을 기다리는 너의 제자들이요, 나의 법전을 읽는 백성 너희 앞에는 그 역사가 없음을 알라.

5 너희가 기다리지 아니하며 기복 신앙의 그 욕심을 버린 자, 그리고 나의 아들을 통하여 내리는 강론을 들으며 나의 법전을 읽고 깨우치며 그대로 가고자 하는 자, 그대로 공부하는 자, 그리하여 그와 같은 마음을 사랑하며 기다리지 아니한다면, 너희가 받을 자격이 되었을 때 내가 내린다 하였음이니라.

6 내가 너희에게 내릴 상장이요, 너희에게 내릴 상품이 그득히 쌓여 있다 하였음이니, 받을 자격이 있으면 내가 준다 하였음이니라.

7 우등생에게 주는 상품이요, 상장을 우등생이 되지 않은 자에게 줄 수 없다고 말했듯이, 너희가 나에게 받을 수 있는 우등생이 되는 그 역사를 이루어야 할 것이니라.

8 이제 나의 법전을 읽고 깨우친 백성이요, 나의 아들을 따르는 선택된 제자들이요, 만백성을 구하는 전사 너희는 수없이 옆에서 이루어지는 그 기적을 볼 것이니라.

9 작고 크게 이루어지는 그 기적이 이루어짐이니,

10 너희에게 이루어지지 아니한다 하여 불평하며 이루고자 기다리는 마음이 있는 자는 그것을 이룰 수 없음이니라.

11 오로지 나의 법전을 어찌 세상에 전할 것이며 어찌하여 만백성을 깨우칠 것인가 거기에 노력하는 자, 그리 생각하는 자, 그 길을 가고자 하는 그 백성 앞에, 나의 아들의 제자 앞에, 나로부터 선택된 백성 그들에게 내가 기적의 역사를 이룰 것이니라.

12 기복 신앙의 믿음의 길을 가는 자는 아니 됨이니라.

13 그 뿌리를 뽑은 자에게, 그리고 오로지 나의 법전을 전하여 만백성이요, 썩어져 가고 죽어 가는 사람을 치료하는 것보다도 더 마음이 썩고 죽어 가는 나의 사랑하는 백성을 살리는 자, 구원하는 자, 그에게 내가 기적을 이루어 줄 것이니 그리 알라, 사랑하는 나의 아들아!

6,240 번째 하나님 말씀

2003년 5월 25일 0시 58분

1 사랑하는 나의 아들아!

2 "네, 아버님! 말씀하옵소서."

3 내가 똑같이 세상에 내려보낸 나의 아들딸이니 다 소중하지 않던가?

4 소중하지 아니한 나의 백성이 없으며 나의 아들딸이 아닌 자가 없거늘, 그

들이 잘못 가며, 그들이 나를 따르는 것이 아니요, 사탄의 하나님이라 하여 저희가 찾고 있는 것이 사탄의 제왕이라면, 과연 그를 바라보는 나 여호와의 마음이 어떠하겠는가?

5 내가 저희에게 오라고 가슴을 열며 저희에게 내가 손뼉을 치건만, 나를 바라보지 아니하며 사탄을 세워 그 사탄을 저희가 나 여호와라 믿고 가는 그와 같은 백성이 간다 하면, 그를 보는 나 여호와의 아픈 마음이 어떠하겠는가?

6 이를 너희가 바로잡아 나 여호와의 아픈 마음을 역사할 수 있는 그 길을 가라 내가 그리하지 아니하였던가?

7 지금 믿음의 길을 가는 자, 너희가 손으로 지은 교회요, 성전이라는 곳에 와 재물을 바치며 축복을 받으며 구원을 받는다 말하는 자, 너희는 나의 진리를 듣는 것이 아니요, 나의 진리의 길을 보는 것이 아니요,

8 목사라는 그 사람을 보며 목사라는 인간을 보고 너희가 믿는 믿음이라는 것을 잊어서는 아니 될 것이니라.

9 모든 종교 집단의 지도자로서 설교하고 가르치는 자들에게 배우는 너희는 그 교회라는 곳에서는 믿음이요, 하늘에 오르는 길을 믿는 것이 아니요, 목사밖에 볼 수 없으며 목사의 그 설교밖에 들을 수 없으며, 그리하여 인간 목사를 너희가 보는 믿음을 믿으며 그것을 벗어나지 못하는 것이 너희의 믿음의 한계라는 것을 알라.

10 지금은 하늘에 오르는 나를 보고 믿는 것이 아니요, 나를 따르는 것이 아니라, 너희가 인간 목사를 믿는 그 믿음 밖에는 절대 볼 수 없으며, 거기서 벗어날 수 없음이니라.

11 그리하여 너희가 교회라는 것, 성전이라 짓는 종교 지도자들이 지금 주둔하며 너희를 가르치며 하늘에 오르는 길이라 하여 온갖 재물을 거둬들이며 시간과 그 모두를 거둬들이며 제왕적인 역할을 한 그 집단 속에서, 교회라는 곳에서 뛰쳐나오는 용기가 없는 자는 절대로 하늘에 오르는 그 빛을 볼 수 없음이니라.

12 내가 세상에 내려보낸 나의 목자요, 나의 아들을 볼 수 없으며, 너희가 나의 아들을 통하여 나의 성령으로 기록되는 나의 법전을 볼 수 없으며 하늘에 오르는 길을 절대로 볼 수 없음이니라.

13 너희가 그리도 갈구하고 원하는 천국에 오르는 길을 볼 수 없으며 천국의 문을 볼 수도 없으며 나 여호와도 절대 볼 수 없다는 것을 알아야 할 것이니라.

14 지금의 그 믿음에서 탈피하지 못하는 자, 그곳에서 과감히 뛰쳐나오지 아니하는 자는 아무것도 볼 수 없다는 것을 알라.

15 너희는 지금 손으로 지은 그 교회에서 무엇이더냐?

16 나 여호와를 믿는 것이 아니요, 나의 뜻을 따르는 것이 아니요, 나의 아들 예수가 행함을 배워 따르는 것이 아니요, 인간 목사요, 사람을 보며 인간을 보는 그 인간 속에 가르치는 믿음을 벗어나지 못한다는 것이니,

17 너희와 똑같은 그 지도자의 한계를 벗어나지 못한다 하였음이니라.

18 그러니 너희가 손으로 지은 그 교회에서 얻는 것이 무엇이더냐?

19 너희가 인간 목사가 가르치는 것을 들으며 그 속에서 예수가 재림한다는 그 소리만을 듣게 되며, 예수가 재림, 재림한다는 그 소리밖에는 듣는 것이 아무것도 없으며,

20 너희의 귀를 울리는 것은 재물을 바치며 헌금을 바치며 십일조를 바치라는 그와 같은 말밖에 없음이니라.

21 예수가 재림한다고 말로써 가르치며, 그 말 다음에는 재물을 거둬들이는 그와 같은 형국이 되어 있음이니라.

22 그러니 너희가 몇천 년 동안 지금 흘러오는 그 역사 속에서, 그 믿음 속에서, 너희는 교회 안에서 목사 앞에서 예수가 재림한다는 것, 예수가 재림하는 것을 기다린다는 것, 그리하여 예수를 기다리는 것, 죽음에서도 구원을 받아 다시 산다는 그와 같은 기다림, 그 모두를 너희가 다시 바꾸지 아니하면 아니 됨을 알라.

23 거기서 뛰쳐나오는 자가 되어야 한다 하였음이니라.

24 내가 나의 법전 1부에 기록하여 너희에게 뭐라 전하였느냐?

25 산 밑에 불을 붙이면 불길이 타올라가니, 그 짐승들이 산꼭대기로 올라가 결국은 그 불에 타 죽으니,

26 그 불을 뚫고 밑으로 뛰쳐나오는 짐승이 상처는 입을망정 구원을 받는다 하였음이니라.

27 그와 같은 용기 있는 자가 교회에서 목사가 가르치며 목사만 보고 목사를 보고 믿는 믿음,

28 나를 보는 믿음이 아니요, 인간 목사를 보고 믿는 그 믿음에서 벗어나는 자, 그리고 예수의 재림이요, 죽은 자가 깨어나서 구원을 받는다 하는 그 교회에서 뛰쳐나오지 아니하는 자는 나를 볼 수 없으며 하늘에 오르는 길을 볼 수 없으며 구원의 길을 볼 수 없으며 나의 법전까지도 볼 수 없다는 것을 알라.

6,241 번째 하나님 말씀

2003년 5월 25일 01시 04분

1 사랑하는 나의 아들아!

2 "네, 아버님! 말씀하옵소서."

3 나 여호와가 기록하여 전한 성경이요, 나의 법전이요, 나의 뜻이 중요한 것은 무엇인 줄 알겠는가?

4 이는 곧 변하지 않는 진리이기 때문이니라.

5 그리하여 이는 변하지 아니하며, 이를 변질하여 듣고 가르친다면 이것은 너희가 너무나 큰 오류를 범하게 된다는 것을 알아야 할 것이니라.

6 그리하여 나의 진리이기 때문에 너희가 한 획도, 한 문장도 더하고 빼지 말라 함이 여기에 있으며 그리해서는 안 된다는 것이니라.

7 너희가 O(오), X(엑스)를 선택하는 그 과정과 같은 결과이기 때문이니라.

8 너희가 정답에다 X라는 것을 쳤을 때 점수가 없을 것이며, 오답에다 O를 치면 점수를 받을 수 없는 것이 그 O, X

의 선택이 아니던가?

9 그와 같이 무서운 결과가 이루어지기 때문이니라.

10 그리하여 한 획도, 한 문장도 더하고 빼지 말라는 뜻이 여기 있음을 과연 알고 있는가?

11 선택 과정에서 얼마나 무서운 결과가 되느냐?

12 O, X를 잘못 선택함으로써 그 원하는 답을 얻을 수 없는 것이며, 너희는 패자가 되며 실패자가 되는 것이 아니던가?

13 이는 나 여호와의 진리요, 나의 뜻이기 때문에 그리하여 한 자를 잘못 쓰고 한 획을 잘못 그으면 천국이요, 나의 품에 올 수 있는 그 백성이 지옥으로 간다는 그 엄청난 무서운 사실을 너희는 알고 있는가?

14 그리하기에 내가 바로 그와 같은 뜻을 전함을 너희는 알아야 할 것이니라.

15 너희가 한 획이요, 한 문장을 더하고 빼고 임의로 넣음으로 하여 얼마나 무서운 결과가 초래하는 것인지 아는가?

16 천국으로 올 수 있는 나의 백성이 그 한 획을 잘못 넣어 지옥으로 가는 길로 깨달으며 지옥으로 가는 그와 같은 역사가 이루어지기 때문에, 내가 그리하여 너희가 한 획을 더 빼고 함부로 해서는 아니 된다 그리 가르쳤음을 알아야 할 것이니라.

17 너희가 잘못하기 때문이요, 한 획, 한 점을 잘못 가감했을 때 거기에 이루어지는 결과는 이루 말할 수 없음을 너희는 알아야 할 것이니라.

18 너희 마음대로 너희 뜻대로 전해 오면서 수없이 지금의 나의 성경이 변질되었으며 나의 뜻이 그대로 전해지지 아니하였음이니라.

19 너희가 모든 역사 속에서 그리 만들었으며,

20 또한 나의 성경이요, 나의 뜻을 받아들이는 백성이요, 집단들의 문화의 차이에서, 또한 해석하는 과정에서 변질되었으며,

21 그 시대의 환경에 따라 받아들이는 사람의 그 생각과 그를 전하는 사람에 따라 또한 변질된 것이 지금 바로 나의 성경이 잘못 흘러왔음이니라.

22 그리하여 그 오류가 이루 말할 수 없는 역사가 이루어져, 지금 너희가 재물만 거둬들이며 큰 성전을 지으며 제왕과 같은 대우를 받으며 궁궐 같은 것을 지어, 나의 백성의 배고프고 어렵고 힘든 것을 모르느니라.

23 사랑을 모름이니라.

24 그저 있든 없든 갖다 바치기만 하면 된다는 식으로 그리 가르쳤으며, 그저 재물만 갖다 바치며, 없는 자는 없는 대로 바치면 그 영광이 있으며, 있는 자는 있는 대로 갖다 바치면 영광이 있다고 그리 가르침이니,

25 그리하여 내가 이를 바로잡고 바로 깨우치고자 160권의 법전을 세상에 내려보내며 이 어려운 역사가 이루어진다는 것을 너희는 알아야 할 것이니라.

26 그리하여 변질되고 변질되었기 때문에 너희는 내 뜻과는 전혀 관계가 없는 것이니라.

27 '사랑, 사랑' 하면서 사랑이 무엇인 줄

모르고 가는 것이 너희라는 것을 알
아야 할 것이니라.

6,242 번째 하나님 말씀

2003년 5월 25일 12시 05분

(강론을 마치며)

1 사랑하는 나의 아들아!
2 "네, 아버님! 말씀하옵소서."
3 이 세상 내가 만든 이 아름다운 성전
에 존재하는 모든 동식물이요, 그 모
두는 아래로는 너희를 위하여 존재하
며, 너희가 먹고살고 활용하며 관리할
수 있도록 하였음이니,
4 내가 너희에게 하늘에 오르는 길이
100의 점수라면 60의 그 점수는 인간
세상에서 너희를 위해 모두 존재한다
고 내가 그리 가르쳐 주지 아니하였던
가?
5 그는 또한 엄연한 사실이니라.
6 아래로는 이 세상 내가 만든 아름다운
이 성전에 존재하는 그 모두는 사랑하
는 나의 백성 너희를 위해 존재하며,
또 위로는 나 여호와를 위하여 존재함
을 알아야 할 것이니라.
7 이 지상의 모든 것은 나 여호와를 위
하여 존재함이요, 내가 관장하며 관장
하지 아니하는 게 없으며, 내 뜻을 거
역하고 존재할 수 없다는 것을 너희는
알아야 할 것이니라.
8 나의 백성 너희도 또한 나를 위하여
존재함이니라.
9 그리고 내가 필요로 하여 너희를 이
세상에 존재하도록 하였음이니,
10 과연 너희는 누구를 위하여 사는 백
성이며, 누구의 뜻을 거역하지 않는
백성이 되어야 하겠는가?
11 나의 백성 너희는 들으라.
12 사랑하는 나의 아들아!
13 "네, 아버님! 말씀하옵소서."
14 내가 십계명을 내린 그 깊은 뜻은 나
를 경배하며 나를 따르는 백성 너희가
바로 이와 같은 계명을 지키지 아니하
며 이를 행하지 아니한다는 것을 내가
경종을 울려 주며 너희를 깨우치고자
그를 전했다 하지 않던가?
15 내가 십계명 다음에 너에게 한 줄을
더 주어 외우라 함이니, '나 여호와가
존재함을 믿는 그 자체가 구원의 길에
들어서는 기본이요, 근본이라.' 내가
이 구절을 넣었음이니, 그 뜻이 얼마
나 너희가 나에게 죄송스러우며 부끄
러운 대목인 줄 알겠는가?
16 나의 아들 예수가 세상에 와 나의 뜻
을 전하고자 하여 그 모두를 다 바쳐
갔음이니라.
17 그리하여 2천 년의 길고도 긴 세월을
흘러온 지금의 너희가 내가 나의 아
들을 통하여 '나 여호와가 존재함을
믿는 그 자체가 구원의 길에 들어서는
기본이요, 근본이라.' 말함은 수천 년
동안 흘러오는 동안에 종교 집단이요,
지도자요, 구원을 받았으며 깨우침을
얻었다는 백성이 나 여호와가 존재한
다는 그 자체 하나도 제대로 깨우치지
못했으며 그를 알지 못하고 갔기에,
18 내가 모든 종교 집단이요, 지금까지
믿음의 길을 가는 백성에게 너희의
그 부끄러운 부분을 전하고자 하며 깨
우쳐 주고자 함이니라.

19 나 여호와가 존재함을 믿지 아니하며
그를 믿지 않고 산 것이 너희이니라.
20 너희가 나를 향하여 믿음이요, 만백성
을 구하는 역사를 했으며, 너희가 선
택된 백성이라 아무리 말하고 지도자
라 해도, 나 여호와가 존재함 그 자체
를 믿지 아니하며 믿지 못하는 백성이
니라.
21 너희들이 나 여호와가 존재함을 믿는
다면 하늘을 향하여 한 점의 부끄럼이
있는 삶을 살 수가 없으며,
22 감히 내가 내린 계명이요, 율법이요,
내가 새로운 성경인 나의 법전을 내리
는 것을 시시비비할 수 없으며 그 내
용을 갖고 옳다 그르다 할 수 없음이
니라.
23 너희가 나 여호와가 존재함을 믿으며
내가 있는 것을 믿는다 하면,
24 성서에 기록하여 전하기를, 이 세상의
그 모든 것은 내가 다 필요로 하여 내
가 만든 것이며 내가 주관하여 세상에
존재한다 하였음이니,
25 너희가 감히 그를 가지고 어찌하여 옳
고 그름을 시시비비할 수 있단 말이던
가?
26 모든 생명이요, 동식물이요, 그 모두
가 내가 필요하여 내린 것이니, 이 세
상에 종이에 하나의 글자를 써서 바람
에 날리는 것도 그 모두가 다 나의 주
관이요, 나의 뜻에 의하여 이 세상에
나왔다 하면,
27 너희는 과연 무엇을 가지고 이단이요,
사탄이요, 사악한 자라 시시비비를 과
연 할 수 있단 말인가?
28 정녕 너희는 나를 믿지 못하기에 모
두를 다 시시비비하며 성경에 기록되
어 전하는 그 뜻을 공공연히 위배하며
그를 거부함이니라.
29 그러면서 너희가 거부하는 것을 모르
며 그를 거역하는 것을 모르며 너희가
나의 뜻을 거역하고 살아가는 그 자체
까지도 알지 못하며 깨닫지 못하는 것
이 어리석은 백성 너희이니라.
30 그리하여 내가 나의 아들을 통하여
160권의 법전 속에 너희 모두를 깨우
쳐 주며 그 의미를 전달하며 그 의미
를 알게 하고자 하는 것이 나의 뜻임
을 너희는 알아야 할 것이니라.
31 이제 나의 아들을 따르는 제자들이요,
나의 성전에 와 나의 법전을 가지고
공부하는 백성 너희는 알라.
32 이 세상의 모든 것은 나의 뜻에 의하
여 이루어지지 않은 것이 없다고 말한
다면, 그 모든 것은 다 내가 주관하는
것이니 얼마나 소중한 것인지를 알아
야 할 것이니라.
33 내가 나의 아들을 통하여 법전에 그리
전하였느니라.
34 정신이 나간 자, 알코올에 중독된 자,
그리고 이성을 찾지 못하는 자가 너희
앞에 와서 온갖 작태를 다 부린다 해
도, 그들이 하나님이 계신가를 물으며
하나님을 너는 믿느냐 물을 때,
35 그때부터 그 사람은 네 손님이 아니
요, 나의 손님이니, 그리하여 그를 정
중히 대접하고 모시라 하였음이니, 너
희는 그 뜻 하나를 과연 얼마나 지키
는가?
36 사람만 내 손님이기에 나를 찾아온 자
라 말하는가?

37 이 세상의 모든 동식물이요, 무생물까
지도 내가 이 세상에 존재하도록 하였
음이니, 그게 다 나의 손님이요, 내가
주관하여 역사한 것이니, 너희가 가장
낮은 자이니라.
38 그리고 그들이 다 너희보다 더 위대
한 자이니라.
39 너희는 나로부터 선택된 백성이요, 그
모두를 바로 세워야 하며 바로 깨우
쳐야 하며, 그들이 깨닫지 못하는 것
을 인도할 대명을 받은 너희요, 나로
부터 선택된 자이기 때문에,
40 이 세상의 모두를 다 가르치고 다스려
야 하는 대명을 받은 너희가 오만하
며 교만해서는 아니 된다는 것을 잊어
서는 아니 될 것이니,
41 너희가 나를 믿고 나를 따른다 하면,
나로부터 선택된 백성 너희는 이 세
상에 바람에 날리는 낙엽의 그 먼지
하나까지도 내가 주관하는 것이며 내
것이라는 것을 안다면, 주인 것이라는
것을 안다면, 너희가 어찌 관리하고
다스려야 하는지를 잊지 말라.
42 이 세상에 이 뜻을 아는 자, 이 가르침
을 아는 자, 이를 역사하고 행하고 실
천할 자는 너희밖에 없음이니,
43 너희 마음부터 다스려야 할 것이며,
너희 생각부터 바꿔야 할 것이며, 너
희 삶을 바꿔야 하는 그와 같은 변화
되는 삶을 살라.
44 너희가 영원히 사는 나에게 올 수 있
는 그 축복과 영광을 얻고 못 얻는 것
은 너희에게 달렸음이니,
45 나의 법전대로 살아가는 것이 세상에
서 잃는 것이 많으며, 얻는 것보다 손
해 보는 것이 많으며, 너희 마음이 고
통스러운 삶을 사는 그 가르침이 있거
든, 너희는 내가 지금 나의 아들을 통
하여 전하는 것을 듣지 말라.
46 그러나 너희가 나의 법전을 읽고 네
가슴을 울리며 너희에게 깨달음이 있
으며 너희가 변함이 있으며, 세상의
이치를 바라보며 너희가 그저 무심코
행하고 지났던 것이 죄이며 부끄러운
행동이라는 것을 나의 법전을 읽고 깨
달을 수 있고 변할 수 있다면,
47 이는 나의 뜻이며 나의 성령이라 그리
굳건히 믿으라.
48 그것밖에 너희 마음을 다스릴 길이
없으며,
49 나의 아들의 머리가 하얗게 되어 그
모두를 역사할 때까지 너희가 인내할
수 있는 것은,
50 나의 법전의 내용이 과연 너희에게 어
떠한 마음의 변화를 주며 심경의 변화
를 주며 생활의 변화를 주는가 거기에
서 너희 마음의 지표로써 스승으로
삼는 것뿐이니 그리 알라, 사랑하는
나의 아들딸들아!

6,243 번째 하나님 말씀

2003년 5월 25일 22시 07분

1 사랑하는 나의 아들아!
2 "네, 아버님! 말씀하옵소서."
3 너희가 나로부터 생명을 받아 세상에
태어났음이니, 너희가 곧 나의 아들딸
이라 그리 말하였음이니라.
4 그리하여 너희가 세상에 태어나 살아
갈 때 100이라는 그 숫자로써 너희가

하늘에 오르는 그 점수라 하면 60이
라는 그 점수의 한계를 내가 이미 너
희를 위해 다 준비해 주었다 그리하
였음이니라.
5 하나의 미물의 생명이 세상에 태어난
다 해도 그가 먹고살 수 있는 모든 준
비를 완벽히 해 놓고 나서 그 미물이
태어나며 모두는 다 살아갈 수 있는
정밀한 계획하에 모두가 역사함이니,
6 인간의 머리요, 너희의 한계로써는 이
룰 수 없는 그와 같은 역사의 위대함
을 나 여호와가 주관하기에 내가 존재
함을 믿고 그리 깨우쳐 가라 내가 그
리 너희에게 일찍이 깨우쳐 주었음이
니라.
7 지금 너희는 과연 어떠한 길의 역사
를 하고 있는가?
8 그와 같은 창조주 나 여호와의 뜻을
받들어 법전을 만들며 만백성에게 전
하는 그와 같은 역사를 하고 있는 선
택된 너희이니라.
9 과연 너희의 자세며 가는 행동이 어
떠해야 할 것인가, 스스로 너희가 그
를 깨우쳐 행해야 함을 잊어서는 아
니 될 것이니 그리 알라.
10 내가 너희에게 일찍이 깨우쳐 뭐라
전하였느냐?
11 나의 선택된 모세가 과연 어찌했던가?
12 그는 모든 인생을 다 바쳐 80의 나이
가 되어 그 백성을 이끌어 나가며, 광
야에서 40년이라는 세월 동안 그 백
성을 이끌며 갖은 고초와 시련 안에
그 역사를 다 겪고 그가 왔다 했음이
니라.
13 그러나 그도 결국 그 소망하던 가나안
땅에 가지 못했으며 내가 그를 인도하
지 아니하였음이니, 그는 무엇이던가?
14 그가 분노하는 마음, 그 개인의 성격
이요, 그 마음을 다스리지 못하였으
며, 내가 명하는 것을 순종하는 그 모
세이기 전에,
15 그 성격이요, 그 분노하는 마음으로써
제가 먼저 일을 처리하며, 제가 먼저
생각하는,
16 그와 같은 규정을 많이 어긴 모세라
내가 그리 말하지 아니하였는가?
17 그리하여 그도 내가 손을 놓았음이라
너희에게 말하여 전하였음이니라.
18 내가 너희에게 말하기를, 너희는 나로
부터 60점이라는 그 점수를 받아 나
간 나의 아들딸이요,
19 정녕 나에게 오를 수 있는, 하늘에 오
를 수 있는 그 아들딸이란, 거듭나는
고통과 시련 속에서 내가 너희를 인간
세상에 내려보낼 때 정해서 내린 60
점이라는 그 점수의 한계를 벗어나는
그와 같은 변화를 이루지 아니하는 자
는 나를 볼 수 없으며 나에게 오를 수
없다 내가 그리 말하지 아니하였던가?
20 그는 바로 알에서 새 생명이 태어나는
그 변화보다도 더 위대하고 어렵고 힘
든 변화라 내가 그리 말하였음이니라.
21 모세가 얼마만큼 그 역사의 긴 세월
동안 나를 경배하며 나의 뜻에 따라
그 백성을 이끄는 데 얼마만큼 노고를
했으며 그가 최선을 다했는가?
22 그러나 그도 결국은 제 성격이요, 제
분노를 이기지 못하며 스스로 변하지
못하는 자가 되어,
23 내가 원하지 않는 행위요, 내가 행하

지 말라 하는 그와 같은 일을 서슴없
이 행하기에 내가 그 손을 놓았다 하
였음이니,
24 그 형상이요, 그 실정을 지금의 종교
지도자요, 만백성은 깨우쳐 알아야 할
것이라 내가 그리 말하였느니라.
25 내가 너희에게 나의 서약서요, 내가
직접 내린 친필이요, 내가 내린 문서
가 있다면, 너희가 그를 함부로 찢어
버리며 태울 수 없다 하지 아니하였는
가?
26 내가 불로 직접 써서 내려보낸 그 십
계명을 모세가 던지며 깨 버렸으니,
27 그 모두를 다 '내 탓, 네 탓'을 구분하
여 '내 탓'이라 말하지 않고 '네 탓'이
라 생각하는 그와 같은 그 광분한 마
음이 아니요,
28 그 십계명을 가지고 전했으며 그 백성
이 깨우칠 수 있도록 그들에게 보여
주었으면 될 것이니라.
29 그리했을 때 그 역사가 이루어지고 안
이루어지는 것은 나 여호와의 뜻이요,
나의 주관이거늘,
30 제 스스로 제 생각에 광분하여 그를
던져 파괴하는 그와 같은 행위를 하는
그와 같은 것은 정녕 나의 뜻을 거역
하는 자며, 정녕 나로부터 변화된 백
성이 아님을 너희는 알아야 할 것이
니라.
31 너희가 지금 나의 법전을 읽으며 내
가 새로 역사하는 성경이요, 법전을
만들며 그 법전을 전하며 너희가 공
부하고 깨우친다 해도 항상 내가 뭐라
말하였느냐?
32 너희는 사탄과 천사의 사이를 오고 간
다 하였음이니라.
33 너희가 아름다운 행위를 하는 것은 천
사요, 사악한 행위를 하는 것은 사탄
으로 전락한다 하였음이니,
34 사탄으로 전락되는 그 시간이 길어지
며 사탄에서 벗어나지 못하는 그 시간
이 길어진다면, 영원히 너희는 나에게
오를 수 없으며 나에게 역사할 수 없
는 것이니라.
35 그러니 마음의 자세요, 너희가 살아감
에 그 행동이 어떠해야 할 것인가를
스스로 너희가 깨우쳐 가야 할 것이
니라.
36 모세가 40년 동안 그 광야요, 그 어려
운 생활이요, 그리고 그 백성을 이끌
어 내며 갖은 시험이요, 갖은 모든 역
사의 기적 속에서 그 역사를 이루었으
며,
37 그의 마지막 소원은 가나안 땅에 안주
하는 것이며 나에게 오르는 것이었음
이니라.
38 그리하여 내가 선택한 모세에게 나의
뜻인 십계명까지 내려보냈으며 그에
게 전하였음이니라.
39 그러나 그도 그와 같은 실수를 하며
그와 같은 분노를 참지 못하며
40 아무리 그가 정의로운 분노라 하여도,
그가 나 여호와를 위한 분노라 하여도,
41 내가 명한 것이 아닌 것은 내 뜻이 아
니요, 그것은 내 뜻을 거역하는 것이
니라.
42 이제 내가 마지막 시대에 나의 아들을
통하여 너희를 구원하고자 내리는 나
의 법전을 만들고 접하는 백성 너희가
과연 행함이요, 살아가는 자세가 어떠

한 것인가를 깨닫고 알아야 할 것이
니라.
43 지금 모두 세상은 다 썩어져 있음이니
라.
44 나의 아들은 나의 성령을 받고 나의
뜻을 알기에 나 여호와의 뜻에 의하여
살아가는 백성이 되어야 한다고 그리
가르치나,
45 모든 백성은 내가 불로 써 직접 내린
그 십계명도 지킬 수 없다고 그리 거
역하며 그리 가며,
46 단순히 지킬 수 없다 하며 인간이기에
지킬 수 없다는 그 말에 그를 동조하
며 그를 인정하며 그를 이해하려 하는
것이 너희이니라.
47 그것이 너희가 잘못되어 있음을 알라.
48 너희가 그를 인간이기 때문에 인정할
수 있으며, 인간이기 때문에 동조하
며, 인간이기 때문에 그와 같이 갈 수
있으며, 그와 같이 이루어질 수 있으
며 그와 같은 생각을 할 수 있다는 것,
그것이 바로 너희 자신을 죽이는 것이
며 새로 태어나는 그 생명의 영광의
길을 잃는 것이니라.
49 모세가 나의 뜻을 그대로 순종하지 아
니하며, 아무리 나를 위한 길이라 해
도, 제가 화를 내며 제가 광분하는 것,
그건 나를 위한 것이 아니니라.
50 그와 마찬가지임을 너희는 알아야 할
것이니라.
51 너희가 아무리 뭐라 말을 한다 해도,
너희가 나의 뜻을 따르지 아니하며 나
의 뜻을 거역하는 그와 같은 행위가
있어서는 아무것도 이루어질 수 없으
며 역사할 수 없다는 것을 알아야 할
것이니라.
52 내가 모세의 손을 놓았듯이 너희도
항상 스스로 나로부터 손을 놓도록 하
는 것은 너희 행동에 달렸으며, 너희
의 마음가짐에 달렸으며, 너희의 몸가
짐에 달렸음을 알아야 할 것이니라.
53 이것이 너희가 가야 할 길이니라.
54 지금 내가 나의 아들을 통하여 마지막
시대에 역사하고자 하는 것, 이를 너
희가 바로 가지 못하며 바로 보지 못
하며 너희 생각대로 모두를 보며, 너
희 생각대로 모두를 판단하며, 너희가
쉽게 생각하며 쉽게 판단해서 행동하
며 처신하는 것,
55 그 모두는 나로부터 용서받을 수도 없
는 그 길을 너희가 자초한다는 것을
잊어서는 아니 될 것이니라.
56 지금은 마지막 시대라 그리 말하였느
니라.
57 예수 시대로부터 이루지 못했던 그 역
사함을 이제 마지막 시대에 내가 직접
내려가 세상을 통제하며 다스림이니,
58 이 법전을 다스리는 것, 이 법전을 전
하는 것, 너희가 이것보다 이 세상에
더 귀하고 소중한 것이 없다는 것을
아직도 깨닫지 못하며 그를 인식하지
못하고 있기 때문이니, 나의 아들을
따르는 제자들이요, 나의 법전을 읽는
백성 너희의 마음 자세요, 너희가 생
각하는 것이요, 너희가 행함을 바로
해야 함을 잊지 말라.
59 '나 여호와가 존재함을 믿는 그 자체
가 구원의 기본이요, 근본이라.' 말했
듯이,
60 너희가 지금까지 믿고 따라온 모든 백

성이 나를 믿는 것이 아니요, 내가 존
재함을 믿는 것이 아니요,
61 너희가 지금까지 왔던 그 믿음은 나
여호와를 위한 믿음이 아니요, 너희
자신을 위한 믿음이요, 너희 욕심을
채우기 위한 믿음이요, 너희 욕망을
채우기 위한 믿음이라 내가 그리 말하
였음이니라.
62 그러니 이제 너희는 그와 같은 믿음
에서 벗어나야 한다 하였으며, 그를
탈피해야 한다는 것이 내 뜻이라 너
희에게 전하였음이니라.
63 그러니 나의 법전을 만들며 나의 법전
을 다루며 만백성을 깨우쳐 가는 너희
는 과연 누구던가?
64 나 여호와가 나의 법전을 내리며 내가
같이한다 했으며 내가 지금 직접 통
제하며 직접 역사한다 했으니,
65 너희는 나의 뜻에 따라 행하는 백성
이며 나로부터 선택된 백성이니,
66 너희가 나로부터 선택된 백성이면 그
만큼 말과 행동이 달라져야 하며, 너
희의 살아가는 모습이 모든 백성과
차별화되어야 할 것이니라.
67 차별화가 되지 아니한다면 너희는 스
스로 내가 손을 놓을 것이며, 나의 아
들을 따르는 제자로서, 나의 아들을
따르는 백성으로서, 나의 아들과 더불
어 강론을 하는 백성으로서, 나의 아
들 강론을 듣는 백성으로서 너희가
자격을 상실함을 잊지 말라.

6,244 번째 하나님 말씀

2003년 5월 25일 22시 15분

1 사랑하는 나의 아들아!
2 "네, 아버님! 말씀하옵소서."
3 나 여호와가 너희에게 명하는 대로,
행하라는 대로, 나의 법전에 기록하여
전한 대로 그와 같은 삶을 사는 것이
너희가 해야 할 일이며 가야 할 길이
라는 것을 알아야 할 것이니라.
4 나의 법전을 만들며 나의 명에 따라
행하고 살아가는 너희는 너희 뜻대로
분노와 격분을 보여서도 아니 되는 것
이며, 만백성에게 살아가는 모습이요,
행함이요, 언행의 그 모두가 한 점의
소홀함을 보여서도 절대로 안 되는 것
이 너희가 살아가는 모습임을 알아야
할 것이니라.
5 너희가 나의 법전을 만들며 나의 법전
을 전하는 백성이요, 나로부터 선택된
너희는 분노와 격분하는 모습을 보여
주어서도 안 되며 흐트러진 모습을 보
이는 그와 같은 삶을 살아도 아니 되
는 것이니라.
6 물이 위에서 밑으로 흐르듯이, 물이
조용히 흐르듯이 그와 같이 변함없이
흘러가는 그 물줄기와 같이 변하지 아
니하며,
7 또 높은 곳에서 밑으로 흐르는 그 순
리며 유하고 부드러운 그와 같은 모습
으로써 살아가야 하는 것이며, 흐르는
그 물과 같이 역사해서 이루는 것이
너희가 가야 할 길이라는 것을 알아야
할 것이니라.
8 너희가 지금 살아가는 그 형국이 과연

어떠하더냐?
9 너희는 그와 같은 역사를 이루며 그와
같은 기적이 이루어지는 삶이요, 남들
이 볼 때 감히 이룰 수 없는 물이 흐르
는 것과 같은 그 역사의 흐름과 같이,
유하고 부드러운 모습으로써 변함없
이 흐르는 그와 같은 기적을 이루는
것이 너희가 나의 법전을 전하는 것
이며, 나의 법전을 역사하며 만백성을
구하는 것이니,
10 너희가 해야 할 일이라는 것을 알아
야 할 것이니라.
11 그러니 너희는 분노하지 말며, 너희
생각대로 표출해서 행동하지 말며,
12 또한 나의 아들과 더불어 한 시대를
살아간다는 것, 나의 아들이 나의 법
전을 기록하여 전하는 이 시대에 너희
가 더불어 살아가는 그것이 얼마나 위
대한 영광이요,
13 또 너희가 나의 법전을 접하며 나의
법전을 만들 수 있고 전한다는 것이
얼마나 큰 영광인지를 알아야 할 것
이니라.
14 이는 모두 나의 뜻에 따라 나 여호와
가 원하는 그 길을 가는 것이기에,
15 너희는 내가 원하는 길이요, 내가 인
도하는 길이요, 지금 이 시대에 내가
나의 아들을 통하여 나의 성령을 태워
마지막 심판의 그 역사를 만드는 그곳
에 참여한 너희는 과연 그 행복이 얼
마나 위대한 행복이며 얼마나 만족한
삶인지 그 감사한 이치를 깨닫고 살아
간다면, 오늘의 너희 자세를 스스로
돌아다보는 그와 같은 계기를 가져야
할 것임을 너희는 잊지 말라.
16 너희가 너희 생각을 하고 행하고자 한
다면 내가 내린 임무를 소홀히 함이요,
17 너희는 절대 그 책무를 이룰 수 없으
며 내가 이 세상을 덮어 만백성을 구
하는 그 역사를 이룰 수 없음을 알아
야 할 것이니라.
18 이제 너희는 나의 법전을 위하여 나
의 계명에 의하여 그를 정독하여 읽고
깨우쳐 그 속에서 내가 원하는 것이
무엇이며 내가 역사하는 것이 무엇인
가를, 그리고 너희가 알아서 그 생활
의 방법이요, 살아가는 그 모두를 너
희 스스로 다스려 나가는 그와 같은
삶을 살아야 할 것이니라.
19 너희가 임의대로, 생각하는 대로 말하
며 생각나는 대로 행동하며 그와 같은
삶을 살아간다면, 너희는 내가 내리는
그 귀중하고 소중한 임무를 함부로 소
홀히 하는 자요, 그 책무를 다하지 못
하는 자이니,
20 너희는 심판대에 설 수 없는 자들과
똑같이 전락한다는 것을 잊어서는 아
니 될 것이니라.
21 책무를 다 완수 못 한다면 나에게 올
수 없다는 것을 너희는 알아야 할 것
이니라.
22 그리하여 너희는 나의 법전을 만들고
법전을 전하는 데 최선을 다하라는 것
이 나 여호와가 너희에게 가르치는
뜻임을 알아야 할 것이니라.
23 지금 수천 년 동안 흘러오는 그 믿음
이 내가 원하는 믿음이 아니요, 나를
거역하며 나를 능멸하며 나와 전혀 관
계없는 그와 같은 믿음의 세상이 지금
흘러왔음이니,

24 이를 바로잡고자 하는 내 마음이요,
여기에 선택된 것이 너희이니,
25 선택된 너희가 바로 서지 못할 때 아
무것도 역사할 수 없음을 알라.
26 너희가 뭐라 기도하느냐?
27 '여호와 하나님 저의 죄를 용서하여
주옵소서.' 너희는 그리 말하느니라.
28 그리고 나의 뜻대로 하고자 하여 거듭
나는 백성으로서 내 뜻에 의하여 살
고자 발버둥치는 것이 너희이나,
29 그러나 모든 종교 집단이요, 지도자들
이 지금까지 흘러오는 길은 무엇이더
냐?
30 저희를 위한 기복 신앙의 믿음을 왔음
이니라.
31 그저 나의 아들 예수를 찾음으로써 모
든 것이 다 이루어진다는 그와 같은
안일한 방법을 가지고 살아오는 그들
이니라.
32 그러니 그들이 얼마나 잘못된 것인가
를 너희는 알겠는가?
33 너희가 얼마나 고통스러운 깨달음 속
에서 얼마나 어렵고 힘든 길이 하늘에
오르는 길이라 그리 말하는가?
34 너희가 통곡하고 또 울고 또 울어도,
몸부림치고 몸부림쳐도 너희가 바로
서지 못하는 것이요, 나의 뜻에 나에
게 기쁨을 주지 못하는 너희가 가슴
아프고 조이는 삶을 사는 것이 나에게
오르는 길이거늘,
35 그와 같은 것을 모르며 그와 같은 것
을 생각하지 아니하며, 예수의 이름으
로써 모두를 구원을 받았으니 이제 저
희는 천국에 와 편안한 역사요, 내 품
에 앉아 하늘나라에 산다는 그 생각,
그것만을 기대하고 그리 이루어질 것
이라 생각하는 어리석은 백성과 그와
같은 차이점이 있는 것이니라.
36 너희가 지금 믿음을 온다는 그 백성
을 바라볼 때 그들이 과연 어떻던가?
37 너희 눈에 보이는 그 모습이 잘못되었
듯이 그보다 열배 백배 더 잘못 가고
잘못 이루어지는 것이 나 여호와가 내
려다보는 지금의 종교 집단이요, 지도
자요, 구원을 받았다고 몸부림치고 울
고불고하는 그 백성의 형태임을 알라.
38 너희가 볼 때 열이라는 것이 잘못되었
다는 것을 느낄 때,
39 나 여호와가 볼 때는 그들이 백 가지
천 가지가 잘못되었으니, 그리하여 나
의 백성이 아니라는 뜻이 여기에 있음
을 알라, 사랑하는 나의 아들딸들아!

6,245 번째 하나님 말씀

2003년 5월 25일 22시 22분

1 사랑하는 나의 아들아!
2 "네, 아버님! 말씀하옵소서."
3 나의 백성을 인도한다 말하며 그들을
가르친다는 그 지도자요, 그 집단이
요, 그리고 나의 아들 예수의 보혈로
써 구원을 받았다 말하는 그 백성이
살아가는 형태가 어떠하던가?
4 그들은 살아가면서 갖가지 유혹과 욕
망을 다스리지 못하고 있으며, 그리하
여 저희의 욕심이요, 그 유혹의 욕망
에 힘없이 무너지는 것이 그들이니라.
5 그리하여 오늘 무너지고 또 내일 회개
하고 기도한다 하며 저희가 또 그리
바로 섰다 말하며,

6 그다음에 그 유혹에 견디지 못하며 재
물의 유혹이요, 명예의 유혹이요, 만
백성 위에 제왕과 같이 군림하는 자리
의 그 유혹에 견디지 못하고 넘어짐이
니라.
7 그리하여 넘어진 자가 또 회개하고 기
도하고 눈물로써 반성하고 찬송 부르
며 저희가 또 깨끗해졌다고 그리 생각
하느니라.
8 그리하여 또 단상에 서서 그들이 설교
하며 만백성을 가르친다 하는 것이니,
9 모든 종교 집단이요, 지도자요, 그 신
도라는 백성 그들이 유혹에 넘어졌다
가 또다시 일어났다, 기도하고 회개하
며 눈물짓고 콧물 지으며 그 다음 날
또 유혹에 넘어지는 것이 지금 수천
년 동안 흘러온 종교 집단이요, 지도
자의 살아가는 형태이며 오늘에 이른
역사이니라.
10 그러나 나의 법전을 읽고 깨우친 너의
제자들은 과연 어찌하던가?
11 오늘의 잘못된 것을 뼈아프게 생각하
며, 두 번 다시 하지 아니하려는 그만
큼 얼마나 고통스럽고 힘든 길을 가는
가?
12 그리하여 바로 변하고자 하는 것이 내
가 선택한 백성 너희가 역사하는 것
이며 그리하여 너희가 선택된 백성이
니라.
13 지금 인간의 삶에서 거듭나야 한다는
그 뜻이 과연 무엇이던가?
14 너희처럼 그리 변하는 길이요, 너희처
럼 두 번 다시 실수를 하지 아니하려
하며,
15 한 번의 실수를 통곡하며, 한 번의 악
습을 버리지 못하여 나에게 구원을 받
지 못하며,
16 너희가 말로써 눈물로써 기도하고 회
개하는 것은 그다음에 나에게 약속을
어길 것을 알기 때문에 나 여호와가
들어주지 아니하며 나와 관계없다 하
였으니,
17 그 뜻을 아는 너희는 그와 같은 기도
를 하려 하지 아니하며, 그와 같은 행
동을 하지 아니하려 하며,
18 하나의 악습을 버리고 고쳐서 나 여호
와의 기쁜 모습이요, 기쁨을 주고자
하며, 또한 나로부터 내가 너희를 기
억하고자 하는 그와 같은 역사의 길을
가려고 너희가 얼마나 힘들고 어려운
길을 가는가?
19 그것이 내가 원하는 길이며 나의 백성
에게 원하는 길이며 바라는 길이니,
너희는 정녕 나의 뜻에 의해 살아가고
자 하는 백성이니라.
20 그러나 지금 수천 년 동안 흘러온 종
교 집단은 그러하지 않음이니라.
21 그저 저희가 재물의 유혹이요, 모든
유혹과 욕망에 의하여 힘없이 무너지
고 쓰러졌다가 그다음에 회개하고 눈
물짓고 그다음에 또 쓰러지는 이와 같
은 형국으로 가는 것이 너희와 차별
화된다는 것을 알아야 할 것이니라.
22 내가 오늘 나의 아들을 통하여 너희에
게 다시 가르쳐 줌이니, 하늘의 뜻이
요, 진리는 인간의 머리로써는, 너희
상식으로써는 문제를 해결하며 그 문
제를 판단하려 생각하지 말라 전하라.
23 진리는 그리 갈 수 없는 것이니라.
24 그러나 모든 종교 집단이요, 지도자들

은 나 여호와의 뜻을 위하여 너희가
역사함이요, 나의 진리를 탐구하며 그
진리의 길을 가고자 하여 너희가 목
숨을 거는 그와 같은 굳은 결의가 없
이 그저 흘러가는 대로 지금 살아감이
니, 바로 살아가면서 너희가 어찌 살
아가는가?
25 하늘의 뜻이요, 하늘의 진리요, 하늘
에 오르는 그 모두를 너희 머리로써
너희 자신이 가지고 있는 양식이요,
상식으로써 그 문제를 해결하고자 하
며 그 문제를 판단하고자 하는 것이
너희이니, 그게 바로 무엇이던가?
26 내가 명한 너희가 나에게 오르는 그
한계를 벗어나지 못하며 그 암흑 속에
서 허덕이고 있다는 것을 너희는 알아
야 할 것이니라.
27 인간의 머리로써는 진리를 기준으로
할 수 없음을 너희가 알아야 할 것이
니, 이 무섭고 깊은 뜻을 깨달아야 할
것이니라.
28 너희는 그리하여 지금 어찌 살아가는
가?
29 참진리라 하는 것이 세상에 내려오며
내가 마지막 나의 성령을 태워 새로운
성경이요, 법전이라 하여 나의 아들을
통하여 내리는 이 모든 160권의 법전
도 너희가 직접 이를 접해 보며 읽고
깨우치려 하는 것이 아니니라.
30 자신이 직접 읽고 깨우쳐 접해 보고
판단한다면 거기서 깨달음이 있을 것
이거늘,
31 너희는 직접 보지도 아니하며, 열어
보지도 아니하며, 읽어 보지도 아니하
며, 들으려 하지 아니하며,
32 남이 전하는 말만 듣고, 종교 지도자
들이 전하는 말이요, 종교 지도자들이
가르치는 그것만을 믿고 무조건 외면
하고 이를 태워 버리고 찢어 버리며
사탄이요, 거짓된 자가 하는 것이요,
이단이 하는 짓이라 조소하는 것이 지
금의 형국이요, 너희 마음이니라.
33 내가 마지막 너희를 구원하는 그 심
판의 법전을 내린다 했음이니, 법전을
읽지 않는 자는 곧 심판을 받을 수 없
다 내가 그리 그 무서운 내용을 기록
하여 전했음이니,
34 너희가 이를 무조건 외면하며 이를 조
소하며 이를 찢어 버리며 태워 버리는
자, 제 손으로 구원의 길인 이 법전을
접한 자가 그를 들어 읽어 보지도 못
하며 깨우치지 못하며 태워 버리고 찢
어 버리는 그 어리석은 행위를 하는
자는 바로 지옥 불에 제가 스스로 떨
어진다는 것을 머지않아 알게 될 것이
니라.
35 너희는 그와 같은 어리석은 행위를
하지 말라.
36 이제는 너희가 남의 말을 들으며 남이
전하는 것만 믿고 잘못된 종교 지도자
가 전하고 가르치며 설교하는 것만 듣
고, 너희가 직접 읽고 접해 보지 아니
하는 그와 같은 어리석은 삶을 살지
말라.
37 이제는 이 세상의 그 모두는 나 여호
와의 뜻이요, 내가 역사하기에 모두가
존재한다는 그 의미를 너희가 하나
안다면,
38 직접 읽고 직접 접하여 너희가 선택
하여 하늘에 오르는 길을 찾을 수 있

는 현명함을 얻도록 그리 전하도록 하라, 사랑하는 나의 아들아!

6,246 번째 하나님 말씀

2003년 5월 25일 22시 31분

1 사랑하는 나의 아들아!
2 "네, 아버님! 말씀하옵소서."
3 2천 년 전 나의 아들 예수를 통하여 너희를 깨우쳐 하늘에 오르게 하고자 그러한 역사를 가르쳤으며, 하늘에 오르는 길이 무엇인가를 깨우쳐 너희 스스로 노력하여 나에게 와 구원을 받는 그 길을 가게 하고자 하였음이니라.
4 그러나 너희가 그를 바로 받아들이지 아니하였으며 그를 그대로 깨우쳐 행하지 아니하여 오늘과 같이 이처럼 험악한 형국이 되었음을 너희는 알아야 할 것이니라.
5 나의 아들 예수가 너희를 깨우치는 것은 하늘에 오르는 그 방법이요, 그 길을 안내했으며, 그리고 그를 인도하고자 하였음이니라.
6 그러니 나의 아들이 가르친 그대로 너희가 그를 본받아 종파가 없이 그대로 흘러내려 왔다면 지금같이 험악한 세상은 이루어지지 아니하였을 것이니라.
7 나의 아들 예수요, 그 모든 제자요, 그를 따랐던 백성, 너희 조상이, 그들의 후손이 이와 같이 수천수만 개의 종파를 만들어 서로 얽히고설키고 싸우며 물고 뜯는 그와 같은 형국이 되리라고 그 누구도 생각한 자 없으며 그를 예측한 자 아무도 없었음이니라.
8 오늘과 같이 이처럼 수천수만의 종파가 뿌리를 내려 정녕 나의 아들 예수를 통하여 내가 내려 가르치고자 한 그 뜻을 다 떠나 너희가 등지는 그와 같은 형국이 이루어질 것이라 생각했더라면 그들은 바로 그와 같은 것을 예방하여 기록했을 것이며, 그리해서는 안 될 것이며, 그리 이루어질 것을 미리 단속하는 그를 기록하여 전하였을 것이니라.
9 그러나 또한 그들이 전한다 해도 사악한 너희가 그를 다 삭제했을 것이며 그를 그리 받아들이지 아니하였을 것이니라.
10 직접 내가 내린 나의 아들 예수가 세상에 내려가 모두를 가르쳤으나 그는 하나도 이 지상에서 지금 찾아볼 수가 없는 형국이 되었음이니라.
11 예수가 전하던 방법, 예수가 가르치고자 하는 방법, 예수가 원하고자 했던 그 방법은 모두 다 하나도 이 세상에서 지금 찾아볼 수가 없으며, 오로지 그와는 전혀 관계도 없는 수많은 종파가 세상에 남겼음이니, 이 세상에 '박'씨라는 성씨를 가진 그 자손들이 지금은 '박'씨라는 성씨가 하나도 없이 다 다른 성을 가지고 지금 저희가 '박'씨가 되었다 발버둥치는 것과 똑같은 형국이 되었음이니라.
12 그러니 지금 나의 아들을 통하여 내가 내리는 나의 성령이요, 새로운 법전이요, 이 새로운 성경 역시 지금은 완벽하게 만들어지며 이걸 감히 흉내 낼 자 없으며 이를 모방할 자 없으며 이를 가지고 다른 종파가 생길 수 없다

고 너희는 그리 말하나,
13 이를 가지고도 수천수만 년 세월이 흐
른 다음에 지금보다 더 많은 종파가
이루어질 것이며 더 많은 종파의 역사
가 이루어진다는 것을 너희는 알아야
할 것이니라.
14 그리하여 이 세상이 존재하는 한 나의
아들의 사진을 넣으라 하였으며, 그
그림을 넣으라 하였음이니라.
15 그 그림이 존재하지 않는 것은 진품이
아니요, 그 그림이 없는 것은, 나의 아
들의 사진이요, 그 모습이 없는 것은
진정한 나의 뜻이 아니요, 내가 내리
는 성령이 아니라는 것을 그 근거를
하게 됨이니,
16 너희는 오늘의 일을 소홀히 생각해서
는 아니 될 것이니라.
17 너희가 지금 160권의 법전을 세상에
냄으로 인해 누가 이를 모방하며, 누
가 이를 흉내 내며, 누가 이를 가지고
제가 썼다 이야기하며, 누가 이를 가
지고 종파를 만들어 나의 피조물 만백
성을 우롱하는 그와 같은 역사를 이루
겠는가 그리 생각하나,
18 너희가 나의 아들이 지금 존재하며 나
의 아들이 살아서 거기서 그 가르침을
받은 제자들이요, 같이 공부한 자요,
나의 성령을 들은 자 너희가 살아서
영원히 산다면 그와 같은 일은 있을
수 없을 것이니라.
19 너희는 목숨을 바쳐 지금 내가 내리는
나의 법전이요, 이 새로운 성경을 지
킬 것이며 증거할 것이며 설명할 자가
있기 때문에 감히 그리할 수는 없을
것이며, 그와 같이 생긴다 해도 너희
가 최선을 다해 막을 수 있을 것이니
라.
20 그러나 너희도 죽어 가며 나의 아들도
죽어 감이니, 그 세월 속에는 누구도
여기에 존재하는 자가 없음이니라.
21 그러니 사악한 자들이 지금 나의 아들
예수가 만백성을 구하고자 나의 뜻을
그리 전했던 그 원액은 세상에 찾아볼
수도 없으며 맛을 볼 수가 없으며,
22 사악한 자들이 이름을 붙여 만든 종파
만이 나의 뜻과 관계도 없는 것, 나와
는 인연이 없는 것들이 나에게 오르는
길이요, 구원의 길이요, 하늘에 오르
는 길이라 하여 우리 부자의 이름을
팔고 울고불고하는 이와 같은 지금
추한 형국이 되었음이니,
23 160권의 법전을 세상에 만들어 놓고
너희도 또한 가며 너희 제자들이 다
이 세상을 떠났을 때, 백 년, 2백 년이
지났을 때 수천수만 가지 종파가 나
의 법전으로 그리 생길 것이며, 그것
이 원본이며 원조라 그리 말할 것이니
라.
24 그리하여 내가 너희에게 나의 아들의
사진을 넣으라 하였으며 그림을 넣으
라 하였음이니, 그것이 증거함이니라.
25 그것이 없는 것은 절대 진품이 아니
며, 그것이 없는 것은 너희가 말하는
나 여호와의 뜻이요, 나의 아들을 통
하여 역사한 것이 아니요,
26 다 사탄이요, 사악한 자들이 모방한
것이며 흉내 낸 것이며,
27 나의 아들, 또 나를, 나의 성령을 팔아
먹는 사악한 자들과 같음이니,
28 너희는 내가 내려 가르친 그 뜻을 하

나하나 잘 점검하여 위배되는 일이 없
도록, 거역하는 일이 없도록 법전을
완벽히 만드는 데 이제 최선을 다하라.
29 그리해야 함을 잊지 말라.
30 너희가 지금은 감히 모방하며 흉내
내지 못하며 다른 종파가 생길 수 없
다 그리 말하나,
31 이리 치고 저리 치고 이리 갖다 붙이
고 저리 갖다 붙이며 너희가 죽고 난
다음에는 수많은 종파가 생김이니,
32 예수가 죽은 다음에 지금의 사악한 시
대가 되었듯이 그 사악한 시대가 된
다음에는 천 년에 걸쳐서 내가 이루
고자 하는 지상의 낙원을 이룰 수가
없는 것이 아니던가?
33 그리하여 나의 법전에 내 아들의 사진
을 넣으라 함이니, 이는 나를 대신하
는 것이요, 나를 증거하기 때문이니
그리 알라.

6,247 번째 하나님 말씀

2003년 5월 25일 22시 42분

1 사랑하는 나의 아들아!
2 "네, 아버님! 말씀하옵소서."
3 수천 년 동안 흘러온 종교 집단이요,
그 지도자들이 성경을 읽고 또 듣고
공부하나, 그들이 아무리 읽고 깨우치
고 공부를 한다 해도 그를 이해하지
못하며 그 비유의 뜻을 제대로 알지
못하고 있기 때문에 오늘에 이와 같은
더 험악한 세상이요, 너희가 말하는
종말의 시대가 열려 있음을 알아야 할
것이니라.
4 성경의 뜻을 이해하지 못하며 또한 그
비유의 뜻을 더욱이 모르기에 지금같
이 그들이 잘못 가르치며 잘못 인도해
왔기에 오늘과 같이 험악한 형국이 되
었음이니라.
5 지금 너희가 살아가는 이 지상에 오
늘의 삶이 과연 나의 백성으로서 천국
과 같은 삶을 살고 있다 하는가?
6 나 여호와가 너희에게 율법을 내리며
계명을 내리며 성서를 내려 가르치는
것은 무엇이던가?
7 천사와 같은 백성으로서 너희가 지상
에 살라 그리 말하였음이니, 너희가
그대로 바로 공부하며 연구하고 깨우
쳐 왔다면 지금의 지상은 천국이 되었
을 것이나,
8 너희가 사람이 사람을 보기를 두려워
하며, 거짓된 자들이 활개를 치며, 그
리고 도둑이 들끓는 세상이요, 공포의
세상이요, 그리고 너희가 이해관계를
위해서는 인간의 목숨을 파리 목숨만
도 못하게 그리 취급하는 이와 같은
형국이 되어 있음이니,
9 과연 너희가 나의 뜻이요, 내가 전하
고자 내가 깨우쳐 주고자 가르치는 것
을 바로 왔으며 그대로 공부하며 깨우
치고 연구한 백성이라 말할 수 있는가?
10 내가 가르친 그대로 너희가 깨우치고
연구해 왔다면 지금은 지상의 천국이
되었을 것이니라.
11 그러니 지상의 천국이 되어 있지 아니
했으니,
12 너희가 나의 뜻이요, 나의 모든 것을
가르친다는 종교 집단이요, 지도자요,
또 구원을 받았다는 그 백성까지도
잘못되었으며 잘못 가르치고 잘못 흘

러온 것이 증거함을 너희는 여기서
알아야 할 것이니라.
13 그리하여 오늘과 같이 이 험악한 형국
이 이루어진 것은 모두가 다 너희의
책임이며 너희 종교 지도자들은 감히
고개를 들고 다닐 자격이 없다 내가
그리 너희에게 말하였음이니라.
14 너희가 나의 아들딸이라 하여도 내가
너희에게 뭐라 말하였느냐?
15 육의 세상의 삶에서 너희가 영적인
삶의 세계로 거듭나는 그 변화를 이루
지 아니한다면, 너희는 정녕 나의 성
경의 뜻을 알 수 없으며,
16 읽어도 그 뜻을 모르며, 너희가 듣는
다 해도 그를 이해하지 못하는 것이라
내가 그리 말하였음이니라.
17 너희가 나의 성경이요, 내가 성령으로
비유하여 뜻을 기록해 놓은 그 뜻을
너희가 알 수 있다면, 고통과 시련의
그 고비를 넘고 넘어 육의 삶의 세상
에 사는 너희의 그 한계를 벗어나는
그와 같은 삶을 사는 자, 그와 같은 자
는 그를 볼 수 있음이니라.
18 그러나 너희가 그 고통과 시련이요,
그것을 거듭나지 아니하며 너희가 변
화되지 아니한다면, 육의 정신과 육의
세계에서 사는 한 너희는 절대로 벗
어나지 못하며 그 속을 벗어날 수 없
는 것임을 알아야 할 것이니라.
19 육의 세상의 삶에 안주하며 고통과 시
련이요, 변화되고자 하는 그 피나는
노력이 없이는 너희는 아무것도 이해
하고 알 수가 없다는 것을 알아야 할
것이니라.
20 그리하여 너희가 성경을 읽어도 그
의미요, 뜻을 알 수 없는 것이니라.
21 또한, 너희가 들어도 들을 수가 없으
며 그 뜻을 이해할 수 없는 것이니라.
22 그리하여 나로부터 선택된 백성이요,
나의 아들로 하여금 모두 다 거듭나는
길을 깨우쳐 주며 거듭날 수 있도록
너희를 가르쳐 주었음이니라.
23 내가 먼저 나의 아들 예수를 세상에
보내 너희를 구원하고자 했으며 너희
를 깨우치고자 하였으며 하늘의 뜻을
너희에게 바로 전달하여 너희가 하늘
에 오르는 길을 바로 봐 나에게 올 수
있도록 그리하였으나 그 모두가 다
실패하였음이니라.
24 그리하여 내가 지금 마지막 시대에 다
시 나의 성령을 태워 내가 직접 나의
아들의 가슴을 통하여 너희에게 전하
는 그 역사를 하고 있음이니, 바로 무
엇이던가?
25 나의 성령이요, 나의 뜻을 내가 직접
나의 아들을 통하여 글로써 책으로써
만들어 너희에게 증거함을 제시함이
니라.
26 그러니 너희가 아무나 이를 읽고 깨우
치며 글을 아는 자, 그리고 눈이 떠 있
는 자, 그리고 생각이 있는 자는 읽으
면 읽을 수 있도록 그를 쉽게 깨우쳐
깨달을 수 있어 하늘에 오르는 길을
너희가 알 수 있도록 지금 내가 역사
하는 것을 알아야 할 것이니라.
27 그리하여 너희가 지금까지 온 믿음이
잘못되었으며, 그 종교 집단이 잘못되
었으며,
28 너희가 하늘에 오르는 길이 아니라 죽
음의 지옥의 길로 가는 것을 깨우치고

자 하여 내가 마지막 시대에 나의 아
들을 통하여 너희를 바로 깨우쳐 주
어 그 역사를 하여 나의 법전을 세상
에 내려보내나,
29 너희는 이 위대한 나의 성령이요, 나
의 성경이요, 새로운 법전을 영접하려
하지도 아니하며 들으려 하지도 아니
하며 믿으려 하지도 아니함이니라.
30 그리고 너희를 구원하기 위하여 밤낮
을 가리지 않고 나의 성령을 받아 책
으로 만들어 전하는 나의 아들을 죽이
려 하며, 이 세상에 존재하지 못하도
록 하며,
31 나의 법전을 다 걷어 태우며 찢어 버
리며 이 세상에 그 누구도 읽지 못하
도록 하는 그와 같은 험악한 행위를
하는 것이 너희가 아니던가?
32 지금 너희가 하는 짓이 그와 같은 행
위며 너희의 마음이 그와 같으니라.
33 그러니 거기에 너희가 진정한 사랑이
있으며 믿음이 있으며 나 여호와의 뜻
을 직접 가르치며 정녕 나의 뜻을 바
로 전한다면, 너희는 어떠한 형국에도
두려울 것이 없으며,
34 어떠한 자가 진리라 와서 말하며 어떠
한 자가 책으로써 증거하여 내놓아도
너희가 광분하지 아니하며 흥분할 필
요가 없는 것이며, 그를 죽이려 하지
아니하며 그를 존재하지 않게 할 필요
가 없는 것이거늘,
35 너희가 진정한 나의 뜻을 위하여 하늘
의 뜻을 가르치는 자가 아니요, 육의
삶을 위하여 계속 나의 백성을 상대
로 사기극을 벌이고 있기에, 너희가
그와 같은 진리를 막으려 하며 존재치
못하게 하는 것이 너희의 본뜻이요,
본심의 실체라는 것을 잊지 말라.

6,248 번째 하나님 말씀

2003년 5월 25일 23시

1 사랑하는 나의 아들아!
2 "네, 아버님! 말씀하옵소서."
3 모든 종파가 생기면서 각자 저희가
제 이름 앞에 성씨를 하나씩 붙여, 그
성을 가지고 그 성을 따르며 그 성씨
앞에 모이라 부르짖는 그와 같은 형국
이라 내가 말하지 아니하였던가?
4 저희가 작은 소집단을 이루기 위하여
집단의 명칭을 갖다 붙여 대는 것이
바로 지금의 종교 집단 하나가 형성되
며 종교 집단이 이루어지는 그와 같은
형국으로 되었음이니,
5 어느 단체에 이름 하나 붙이는 것과
같은 형국으로써 이루어졌으며 이 세
상에 퍼져 나갔으며,
6 그와 같은 종교 집단들이 이 세상을
덮고 지배하고 있는 이와 같은 형국이
되었음을 너희는 알아야 할 것이니라.
7 그러니 정녕 나의 진리요, 나의 뜻이
요, 내가 역사하고자 하는 것을 아무
리 찾으려 해도 찾을 수가 없음이니,
8 수많은 그 종파 중에서 바로 가는 자
가 있으며 바로 역사하는 자가 있다
면, 내가 어찌하여 나의 아들 너를 세
상에 내려보내어 너를 통하여 이 어렵
고 힘든 길의 역사를 간단 말이던가?
9 너희가 단 하나의 종파요, 하나의 집
단이라도 나의 뜻에 의하여 참진리의
뜻이요, 진정한 길을 가는 자가 있다

하면, 나는 그를 선택하며 그로 하여
금 그 모두를 역사할 수 있도록 했을
것이며,
10 그 집단의 힘이요, 그들이 가지고 있
는 그 모두를 다 동원하여 그들의 방
법을 살려 내가 그들에게 역사하여 그
크나큰 역사를 쉽게 이루는 그와 같은
일을 내가 이루었을 것이니라.
11 그러나 내가 아무리 내려다보고 아무
리 찾으려 해도 그와 같은 종교 집단
이요, 지도자를 찾을 수가 없었다면
너희는 과연 나 여호와의 뜻을 믿겠는
가?
12 너희가 그리 뭐라 말을 해도 그와 같
은 형국이 되어 있는 것이 지금의 이
지상의 형국이니라.
13 그는 바로 무엇이더냐?
14 제 정통의 뿌리를 모르며 나의 아들
예수를 통하여 내가 깨우쳐 주고자 그
리고 전하고자 했던 그 뜻을 모르며,
그걸 지금 어찌 흘러가며 어찌 역사할
것인가를 너희가 알지 못하기 때문이
니라.
15 지금 나의 아들을 따르는 그 제자들,
지금 살아 있는 자들, 나의 아들과 더
불어 가는 그 영광과 은혜를 받은 그
들은 어떠한 형태로 나의 법전이 이루
어졌으며, 어떠한 역사를 하여 이와
같이 형성되었으며, 나 여호와가 무엇
을 원하는 것이며 내가 나의 아들을
통하여 내가 160권의 법전 속에 무엇
을 이루고자 하는가를 그 제자들은 잘
알고 있으며 그 뜻을 알고 있음이니라.
16 그러나 그 1세대인 그들이 생각을 잘
못하며 바로잡지 아니하였을 때, 그들
의 2세대요, 3세대는 더 비뚤어지며
더 달라지며 더 간격이 벌어지는 그와
같은 형국으로써 흘러가게 되어 있는
것이니라.
17 그러니 내가 나의 아들 예수를 세상에
내보내 그로 하여금 만백성을 깨우치
고 가르치고자 했던 그와 같은 뜻은 1
세대부터 자리가 잘못 잡혔으며, 1세
대부터 나의 뜻과는 정반대의 방향으
로 흘러가는 그와 같은 역사가 되었음
이니라.
18 그리하니 그 2세대요, 3세대요, 계속
흘러오면서 그는 점점 퇴색되었으며,
인간 저희의 삶을 위해 저희 머리로
써 계명을 만들며 저희가 교회의 법
도를 만들어 지금까지 이끌어 왔음이
니,
19 너희는 2천 년 동안 얼마나 나와는 관
계없이 멀고도 먼 관계로 흘러갔는지
알겠느냐?
20 그것이 바로 지금의 형국임을 너희는
알아야 할 것이니라.
21 너를 따르는 너의 제자들이요, 나의
법전을 직접 만들며 나의 법전을 전해
읽는 그 제자들이 살아 있는 한, 그들
이 증거하는 한, 그들이 바로 살았으
며 그들이 존재하는 동안은 나의 법전
이 흔들림이 없으며 나의 법전이 잘못
가는 것이 없으며 잘못 전해짐이 없을
것이니라.
22 그러나 너희 1세대가 다 종말이 끝난
그다음에 2세대는 너희가 한 그 역사
를 모르며, 너희가 이룬 그 길을 모르
며, 너희가 법전을 만든 그 과정을 보
지 아니하였으며,

23 내가 직접 내리는 강론의 음성을 듣지
못했으며 그 뜻을 듣지 못했으니,
24 그들이 나의 법전을 접하는 마음이요,
생각하는 마음이 너희만 못하며 그
상황이요, 그때의 흐름을 그대로 설명
할 수 없음이니라.
25 그러니 너희가 설명했던 것을 2세대
가 그대로 받아들일 수 없음이니 거기
서 격의 차이가 나며, 그 2세대가 또 3
세대를 가르치면서 그 격의 차이가 남
이니,
26 그리하여 2천 년 동안 흘러오면서 이
리되었음이니라.
27 그리고 너희의 성경은 어찌 되었는가?
28 2천 년 동안 처음에 그리 기록되어 그
성경이 전해진 것이 아니라, 인간인
너희가 보관하며 관리하고 특수 계층
에서 특별히 선택되었다는 백성 너희
가 주무르며 너희 마음대로 만들어
이것을 세상에 내보낸 자가 과연 얼마
나 되는가?
29 나의 아들 예수가 죽어 간 그 역사 위
에 너희가 처음부터 이를 가지고 공
부한 것이 아니요,
30 특수층이요, 특수 인간들이 가지고 있
으면서 저희 마음대로 변질하며 저희
뜻에 맞도록 인간으로서 그 교리에
맞도록 뜯어고치고 또 만져 이 세상에
전해졌으며,
31 지금 동양의 작은 나라의 백성이 성
경을 접한 역사가 천 년이 되던가, 얼
마가 되던가?
32 너희가 접한 지가 백 년이요, 2백 년
이 넘지 못하는 그와 같은 역사 속에
서 지금 너희가 이와 같이 변화된 역
사를 이루었음이니라.
33 그러니 나의 법전 또한 몇백 년이 흘
러간 다음에 과연 그 역사는 어찌 되
겠는가?
34 그리하여 내가 직접 나의 아들을 통하
여 내려 그 원본을 그대로 만들며 그
것을 바로 그 현장에서 글로 만들어
책으로 만들어 너희에게 지금 전하게
하고 있음이니라.
35 그러니 변질할 수가 없으며 가감할 수
가 없으며 너희가 염려하는 한 획을
더 더하고 뺄 수도 없음이니라.
36 너희가 성경을 만들었을 때 직접 나의
아들 예수가 전하는 것을 그 자리에서
그리 만들었더라면 너희는 한 획을
더하고 빼고 할 의미도 없으며 그와
같은 말을 넣을 필요도 없음이니라.
37 그러니 성경은 후세의 사람들이 만든
것이며 그 역사했던 것을 저희가 연구
하여 들은 것, 그리고 스승이 또 가르
쳐 준 것, 스승이 행하며 가르치는 것
을 듣고 만든 것이 지금 너희가 가지
고 있는 신약성경이니라.
38 그러니 거기서 얼마나 많은 오차 범
위가 생겼는가?
39 그리하여 너희가 잘못 이해하여 한
획을 잘못함으로 천국에 갈 자가 지옥
으로 가는 그와 같은 형국이 벌어졌다
내가 그리 말하지 않던가?
40 그리해서 내가 바로 나의 아들을 통하
여 기계에 녹음한 것으로써 내 음성을
담아 그걸로 너희가 바로 책으로 만
들어 냄이니,
41 이는 바로 나와 나의 아들을 통하며
이를 만드는 제자 너희가 하나가 되

어 이 역사를 이룸이니,
42 그리하여 이것은 더는 가타부타 말할 것이 없으며 시시비비할 것이 없음이니,
43 나의 아들의 그림을 붙여 세상에 내보내는 이것이 원본이며, 이는 변화될 수 없으며 그 누구도 손을 댈 수 없으며 고칠 수가 없다는 것을 알라.
44 그러나 이를 직접 책으로 만들어 놓지 아니하며 너희가 이것을 그저 말로 전한다면,
45 너희가 죽은 다음에 이것을 만든 백성이 과연 나 여호와가 직접 나의 아들을 통하여 내리는 그 뜻이 그대로 반영이 되며, 너희가 알고 있는 그 뜻이 그대로 반영되며 그대로 전해진다 생각하는가?
46 너희는 오늘 들은 것을 내일 모르며, 내일 들은 것을 모레 모르며, 그리 달라져 가는 것이 너희의 생각이거늘,
47 직접 듣지 아니하고 직접 만들지 아니하고 그 후세대요, 2세대, 3세대가 만든 것이요, 그리 만들어 놓은 것을 수백 년, 수천 년 동안 가지고 있었으며 특수 계층에서 관리하며 연구하고 또 연구하여 다듬고 다듬어서 나온 것이 신약성경이니, 과연 너희 상식으로 한 번 생각해 보도록 그리하라.

6,249 번째 하나님 말씀

2003년 5월 25일 23시 10분

1 사랑하는 나의 아들아!
2 "네, 아버님! 말씀하옵소서."
3 나 여호와로부터 명을 받은 자는 나 여호와의 뜻을 이루려 하며, 나 여호와의 뜻을 거역하지 않으려 하며, 나의 기쁨을 위해서 너희가 살아가며, 내가 명한 그것을 순종하며 지키고 살아가려 하는 것이 나로부터 선택된 백성이요, 지도자가 가는 자세이며 가는 길이니라.
4 그러나 너희가 똑같이 하늘에 오르는 길이요, 만백성을 구한다 그리 말하며 나로부터 선택된 종교 지도자라 말해도, 사탄 앞에서 일하며 사탄의 앞잡이로서 일하는 너희가 거짓된 지도자라는 것은 어찌 일하는지 너희는 알겠는가?
5 사람들 속에서 사람의 편의에 의해서 사람들의 욕심과 사람들의 사행심을 부추기며 인간의 욕심을 채워 주기 위한 믿음의 길로 이끌어 가는 것이 선택된 백성과 선택되지 아니한 백성의 그 차이점임을 너희는 알아야 할 것이니라.
6 나로부터 선택된 지도자요, 나로부터 명받은 자는 인간이 다시 태어나는 그 어렵고 힘든 변화의 역사를 이루지 아니하면 나에게 오를 수 없으며 나로부터 선택받을 수 없다 그리 가르치는 것이니,
7 나로부터 선택된 나의 자식이요, 종교 지도자라는 것을 너희는 알아야 할 것이니라.
8 이것이 지금 너희와의 차이점임을 알아야 할 것이니라.
9 사탄의 자식인 지도자들은 어찌하는가?
10 나의 아들 예수를 찾으며 나의 아들

예수만을 믿으면 되며 모든 죄를 사함
을 받았다 말하며, 너희가 과거에 지
은 죄요, 현재 지은 모든 죄를 용서받
은 것이며 그리하여 그 모든 죄를 용
서받았기에 너희는 천사처럼 거듭난
자라 그리 말하며 스스로 너희가 천
사가 된 것같이 그리 생각하느니라.
11 그리하여 너희가 손으로 지은 성전에
재물을 바치며 그저 너희 인생을 즐
겁고 행복하게 살면 그것으로써 구원
을 받으며 하늘에 오르는 백성이라 가
르치는 것이 나로부터 선택되지 아니
한 사탄의 종이요, 사탄의 자식으로서,
12 나 여호와의 이름을 팔며 나의 아들을
팔며 지도자 역할이요, 행세한 자들이
그와 같이 차이점이 있음을 너희는
알아야 할 것이니라.
13 나로부터 선택된 지도자요, 나로부터
선택된 자식은 그리 가르치지 아니하
느니라.
14 거듭나는 그와 같은 역사요, '저의 죄
를 용서하옵소서.'라는 그와 같은 애
절한 마음으로써 살아가는 것이니라.
15 그리고 인간의 편의에 의해서 인간인
너희가 편하고자 인간을 즐겁게 하기
위하여, 인간을 현혹하기 위하여, 인
간이 편안한 마음으로 편안한 자세로
써 믿음을 행하도록 그리 인간을 유혹
하는 그와 같은 방법으로써 가르치고
인도하지 아니함이니라.
16 사탄의 자식이요, 잘못된 종교 지도자
가 바로 인간을 위해서 인간의 욕구를
채워 줄 수 있도록 인간의 사행심을
부추기며, 그리하여 인간을 위한 기도
를 하며 인간을 위한 믿음의 길을 가
는 것이며, 인간을 위주로 가는 그 믿
음의 형국이며,
17 저 자신을 위하는 믿음이요, 저 자신
을 위하여 기도하며 저 자신만을 위하
여 지금 존재하는 그와 같은 믿음의
길을 가도록 유도하고 가르치니,
18 그들이 사탄의 자식이요, 사탄 앞에서
일하는 종교 지도자라는 것을, 그들이
거짓 선지자요, 거짓 지도자라는 것을
너희는 알라.
19 이를 구분 못 하는 것이 너희이니라.
20 내가 다시 한 번 너희에게 전함이니라.
21 나로부터 선택된 아들이요, 그 모두는
나 여호와를 경배하며 나의 뜻에 살며
내가 원하는 길을 가도록 가르치는 것
이 나로부터 선택된 자요, 나의 아들
예수를 찾기만 하면 되며 나의 아들
예수를 믿기만 하면 너희의 과거, 현
재, 미래, 그리고 너희의 사악한 죄 그
모두를 다 용서를 받았다 생각하며,
22 그리하여 너희야말로 거듭난 백성이
며, 거듭나는 것이 나를 만난다는 것
이요, 그와 같이 나의 아들 예수가 모
든 죄를 대속하여 너희는 거듭났다
생각하며 천사가 되었다 생각하여,
23 너희는 내가 아까 말한 대로 그저 재
물을 바치며, 종교 지도자가 하라는
대로 그저 맹종하고 맹신하면서 살아
가며,
24 그리고 즐거운 인간의 향락을 즐기며
그리하여 향락을 즐기다 죄를 지으며
잘못된 것이 있으면 그저 너희가 지은
성전에 가서 금화 한 닢을 더 내고 너
희가 눈물 짜고 콧물 짜고 기도하면
구원을 받는다 그리 가르치는 자, 그

들이 사탄이요, 악마의 자식이라는 것을 잊지 말라, 사랑하는 나의 아들딸들아!

6,250 번째 하나님 말씀

2003년 5월 26일 08시 34분

1 사랑하는 나의 아들아!
2 "네, 아버님! 말씀하옵소서."
3 모세가 나의 백성을 인도하여 광야에서 40년이라는 길고도 긴 세월 속에 그들이 그 고난의 길을 갔으니, 그것은 내가 무엇 때문에 그 고난의 길을 갔다 했던가?
4 그 백성이 고생이요, 종살이에서 해방되는 그와 같은 기쁨의 역사를 이루었으나, 그들은 나에 대한 믿음이요, 나 여호와를 따르는 그 마음의 자세요, 그리고 내가 완벽한 백성을 선별하는 그 시간이 그리도 오래 걸렸으며 긴 세월이 흘렀음이니라.
5 너희가 생각하기에는 일순간에 나 여호와가 모든 백성이 나를 경배하며 하늘에 오를 수 있는 천사로 만들면 될 것이라 그리 생각할 것이나, 그는 있을 수 없는 것이니라.
6 너희 스스로 하늘에 오르는 길이요, 거듭나는 그 역사 속에서 나에게 올 수 있는 선택된 백성만이 나의 나라요, 내가 그들을 가슴에 안을 수 있음이니,
7 40년 동안 많은 백성 중에서 그와 같은 백성을 선별하며 그와 같은 백성을 구분하기 위하여 그 세월이 흘렀다 하면 과연 너희는 그것이 짧은 세월이며,
8 지금 살아가는 너를 따르는 제자들과 이 법전을 만들어 가는 백성 그들의 자세는 어떠해야 하겠는가?
9 너희가 스스로 깨닫고 깨우쳐야 할 것이니라.
10 내가 너희에게 오늘에 나의 법전 160권이라는 나의 성령을 세상에 내려보냄이니, 이를 하루아침에 역사하며 모두를 다 이룰 수 있으나, 내가 이를 선택한 백성이요, 선별된 백성이요, 이를 역사하여 뿌리를 내릴 수 있는 백성을 기다림이니라.
11 너의 제자 중에서도 나의 강론을 듣고 너희가 깨우쳤다 하나, 또한 앞으로도 많은 백성이 너에게 와 강론을 듣고 나의 법전을 읽고 깨우치나 그들이 다 거듭나는 백성이 되는 것은 결코 아님이니라.
12 거듭날 수 있는 백성을 찾고 거듭날 수 있는 백성을 기다림이니, 내가 노예 생활에서 구출한 나의 백성을 광야에서 길고도 긴 40년이라는 세월을 끌고 간 것은 그들에게서 내가 그와 같은 백성을 구하고 얻고자 하였으나,
13 그들 스스로 일찌이 내가 존재함을 믿으며 천사와 같은 마음으로 다 변하여 내가 존재함을 진심으로 믿었다면, 그들은 그 광야에서 그와 같은 역사의 시련을 겪을 필요도 없으며 그 훈련을 받을 필요도 없었을 것이니라.
14 너의 제자들 또한 그러하니라.
15 너의 제자들이 하나가 되어 나 여호와가 존재함을 믿는 그 마음이요, 내가 너에게 가르쳤듯이 죽음 직전에서 살

겠다는 그 생각 외에는 아무런 생각을 할 수 없듯이, 너희가 그와 같은 마음으로써 나를 경배하고 나를 따르며 나의 법전을 믿고 깨우쳐 갈 때 모든 역사는 이루어질 것이니라.

16 너희가 죽어 가는 그 순간에 살고자 몸부림치는 만큼 과연 나를 의식하고 나를 믿고 나의 법전을 읽고 깨우쳐 가는 백성이 있는가?

17 너희가 물속에 빠져 허덕이며 마지막 죽어 가는 그 순간에 살고자 발버둥치는 것, 산소가 밀폐된 곳에서 산소 공급을 받지 못하여 죽어 가는 그 순간에 산소를 원하며 살고자 몸부림치는 그와 같은 마음 자세가 되었을 때 모든 역사는 이루어질 것이니라.

18 그와 같은 믿음이요, 그와 같은 마음으로 가지 아니할 때는 너희가 세상에 살다가 죽을 때까지도 모든 역사가 이루어지지 아니할 것이니,

19 그와 같은 나의 백성이 단 한 사람이라도 세상에 나올 때, 그리고 단 한 명이라도 그와 같은 마음 자세로써 믿음을 갈 때,

20 그리고 나의 법전을 믿어 그 법전이 만백성을 구하는 마지막 시대에 심판의 기본이요, 근본이라는 것을 알아 그 심판의 두려움을 알며 그 심판의 낙오자가 되지 아니하려 나의 법전을 가슴에 안고 정독할 때,

21 그리고 모두를 다 던져 오로지 나의 법전을 읽는 것, 나의 법전을 깨우쳐 하늘에 오르는 길, 그리고 그리 살아가 만백성에게 모범을 보이는 것이 스스로 해야 할 길이며 역사할 길이라는 생각을 하며 각오를 하고 오는 백성, 그를 깨닫는 백성, 그와 같은 생각을 하는 제자가 나올 때,

22 모든 면에서 모범이 되며 저 한 사람이 변하여 만백성에게 본보기가 되며 거울이 되며 근본이 된다는 그와 같은 믿음의 길을 갈 수 있는 백성이 단 한 명이 내려올 때,

23 나의 법전은 이 세상을 덮는 역사가 이루어질 것이니라.

24 내가 가나안 땅으로 정해 준 그 땅으로 가는 백성이 얼마나 많이 갔으며 어떠한 백성이 그곳에 들어갔는가, 너희는 한번 돌이켜 봐야 할 것이니라.

25 마지막 나의 성령을 태워 만든 160권이니, 이는 하늘에 오르는 근본이요, 기본이라 말했으며, 이 법전을 가슴에 안고 정독하는 자, 반석 위에 서서 하늘에 오르는 찬란한 빛을 볼 수 있다 함이니,

26 가나안 땅으로 들어가는 것보다도 너희가 더 위대한 관문을 통과해야 한다는 걸 어찌 모르는가?

27 가나안 땅은 내가 선택한 땅이요, 예비한 땅이니,

28 그곳에서 사는 삶이요, 그곳에서 어찌 사느냐에 따라서 인간이 거듭났을 때 나에게 오를 수 있으나,

29 나의 법전을 가슴에 안고 너희가 정독했을 때 반석 위에 서서 하늘에 오르는 빛을 봄이니,

30 가나안 땅으로 선택되어 가는 백성보다도 너희가 얼마나 더 영광되고 축복받은 그 관문을 통과하는 기회를 내가 주었는가?

31 그러니 가나안 땅으로 들어가기 위해
40년 동안 광야에서도 깨닫지 못한
그 백성처럼 시련과 고통을 너희가
그리 겪고 깨우치겠는가, 지금 반석
위에 서서 하늘에 오르는 빛을 볼 수
있는 그 영광된 관문을 너희가 통과하
겠는가?
32 그것은 너희 마음 자세에 있음이니,
오늘 한순간에 마음을 먹음으로써 반
석 위에 설 수 있으나 너희가 죽을 때
까지 지금과 같은 마음 자세요, 지금
과 같은 믿음으로써는 반석 위에 설
수 없으며 하늘에 오르는 빛을 볼 수
없는 것이니, 너희는 여기서 이치를
깨우치라.
33 내가 마지막 시대에 나의 아들을 통하
여 나의 성령을 나의 법전 160권으로
세상에 내려보내니, 이를 가슴에 안고
정독하여 깨우치는 자는 하늘에 오르
는 반석 위에 서서 그 빛을 따라오는
것이니,
34 이는 곧 너희가 천사가 되는 것이요,
거듭난 백성으로서 나에게 오름이니,
그 자리에 서기 위하여 너희는 어떠한
길을 가야 하는가?
35 너희는 광야에서 40년 동안 고통의
시련 속에서 가나안 땅으로 들어간 그
백성보다 열배 백배 천배 영광된 것
이요, 위대한 것을 너희가 얻고 내가
길을 준비해 주었거늘, 어찌하여 그
위대한 것을 모르는가?
36 준비된 가나안 땅으로 가기 위해 내가
그들을 선별하기 위해 40년이라는 어
렵고 힘든 그 속에서 내가 선별해 갈
자와 가지 않을 자를 구분하였거늘,
37 너희는 그보다도 더 열배 백배 천배
인간으로서는 감히 생각할 수도 없으
며 볼 수도 없는 반석 위에 서서 하늘
에 오르는 찬란한 빛을 보며 그 빛을
따라올 수 있는 그곳까지 너희가 올
수 있는 것이 나의 법전을 가슴에 안
고 정독하고 깨우치는 것이라 하였거
늘,
38 너희가 여기서 어떠한 생각을 하며 인
간의 생각을 하며 인간의 계산을 버리
지 못하고 육의 삶에 연연하는 그와
같은 삶을 산다면, 너희는 그 어렵고
힘든 관문을 통과할 수 없음을 알라.
39 너희는 광야에서 40년 동안 시달리고
고생한 그 백성보다 천배 만배 위대
한 그 영광의 관문을 통과함이니, 그
보다 얼마나 더 무서운 시련과 고통을
겪어 그곳에 오고자 하는가?
40 너희 마음에 달렸음이니라.
41 나의 십계명을 지키고 사는 백성, 나
의 법전대로 사는 백성, 그 길을 선택
한다면 너희는 하늘에 오르는 길이라
하였거늘, 어찌하여 그리 소홀히 생각
하는가?
42 나의 법전을 접하는 것, 나의 법전을
읽는 것, 그것이 너희가 얼마나 위대
한 것이며 얼마나 영광된 것인가를 어
찌하여 그를 모른단 말이던가?
43 그는 너희가 반석 위에 서서 하늘에
오르는 빛을 봄이니, 너희가 다시 태
어나는 백성이요, 거듭난 백성이 되었
음을 증거함이니라.
44 그러니 너희가 내가 마지막 내린 반석
위에 서서 하늘에 오르는 찬란한 빛을
본다는 것, 나의 법전을 가슴에 안고

정독하는 자, 나의 법전을 가슴에 안
고 정독한다면,
45 너희가 죽음 직전에 살기 위해 발버둥
치는 것보다도 더 강렬한 마음으로 그
이상의 딴생각을 할 수 없는 오로지
한마음으로써 나의 법전을 읽고 정독
하며 하늘에 오르고자 하는 그 마음이
었을 때, 너희가 나에게 선택된 백성
이 되는 것이며 반석 위에 올라서게
됨이니라.
46 내가 너희에게 다시 한 번 강조함이
니, 준비된 가나안 땅으로 가는 그 백
성이 광야에서 40년의 고통보다도 너
희가 천배 만배 위대한 역사를 이루며
그와 같은 축복을 받은 자이니, 반석
위에 서서 하늘에 오르는 찬란한 빛을
볼 수 있는 나의 법전을 너희가 과연
어찌하여야 하는가?
47 너희 스스로 깨달아 행하도록 그리하
라.

6,251 번째 하나님 말씀

2003년 5월 26일 08시 46분

1 사랑하는 나의 아들아!
2 "네, 아버님! 말씀하옵소서."
3 모세는 왕자로서 모든 교육을 받았으
며 그 가르침을 받아 그 인성을 다스
려 간 그와 같은 세월 속에서 40년을
성장했음이니, 40년의 교육 과정을 모
세는 훌륭히 받았으며 훌륭히 역사했
음이니라.
4 그러나 그는 그 분노함을 참지 못하며
그 분노함을 다스리지 못하여 살인을
하였으며, 그 살인을 한 그와 같은 일
로 하여 그는 그 자신이 받았던 그 모
든 교육 과정을 하루아침에 다 쓸어버
렸으며, 그가 가지고 있는 원 마음의
형태로 돌아가는 그와 같은 역사를 이
루지 아니하였던가?
5 그리하여 그는 40년의 광야의 생활이
며 그 고통과 시련 속에서 그를 다스
리고 또 깨우쳐 가는 그와 같은 변화
속에서 삶을 살았느니라.
6 그리하여 그는 그 백성을 인도하여 제
가 나로부터 십계명을 받았으며 내가
직접 쓴 십계명을 내가 그에게 내렸음
이니, 그는 그 백성이 우상을 섬기고
또 우상을 만들고 광란한 그것을 '내
탓'이라 생각하지 아니하며,
7 내가 직접 불로 써 내려 준 나의 친필
인 그 십계명을 던져 버렸으며 그들
앞에서 그는 산산조각이 나도록 그 모
든 제 성격을 그대로 드러냈음이니라.
8 그러니 40년의 왕자의 교육을 받아
인성을 다스렸으나 그 본분의 성격을
버리지 못하며 광야의 40년 동안에
그 고통스러운 속에서 기적의 역사를
보이며 그 백성을 이끌어 간 그가 나
로부터 직접 내린 십계명을 받아 내가
그에게 전하여 내렸거늘,
9 그것을 받아 가지고 온 그를 그 백성
이 기다리지 아니하며 우상을 만들며
광란의 짓을 한다 하여 내가 직접 내
린 친필인 그 십계명을 던져 깨트리는
그와 같은 짓을 하였음이니라.
10 너희 자신이 다 그러니, 그와 같이 너
희 자신이 그 마음의 심성을 다스리는
것이 얼마나 힘들고 어려운 것인가를,
이것 또한 모세를 통하여 그 단면을

볼 수 있을 것이니라.
11 그러나 너희는 그리 가서는 아니 될
것이니라.
12 그 모두를 다스리고 인내할 수 있는
지혜를 내가 충분히 너희에게 주었음
이니, 너희는 그와 같은 지혜로써 모
두를 슬기롭게 나의 뜻에 따라 거역
하지 아니하며, 능멸하는 행위를 해서
는 아니 될 것이니라.
13 내가 모세에게 십계명을 주어 그 백성
에게 전하라 하였으니, 어떠한 환경과
어떠한 상황이라도 모세는 그를 그대
로 전하였으면 될 것이니,
14 그를 던져 깨는 것이요, 그를 박살내
는 것은, 그는 나의 뜻이 아니요, 그의
생각이요, 그의 광분이요, 분노를 제
스스로 참지 못하였음이니,
15 인간인 너희가 참지 못하며 너희 자
신의 인성을 다스리지 못하고 그와 같
이 무서운 결과를 저지를 수 있는 것
이니라.
16 그러니 나로부터 선택된 백성 너희는
어떠한 일이 있다 하여도, 어떠한 명
분이 있다 하여도 너희가 광분하는
자세요, 흥분하는 자세요, 너희가 판
단할 수 있는 판단력을 상실하는 그와
같은 행위를 해서는 아니 됨을 알아야
할 것이니라.
17 이제 내가 사랑하는 백성 너희를 선
택하여 창조주 나 여호와가 친필로 쓴
십계명을 너희에게 내렸으니, 이를 받
고 소유하고 있다면 그보다 더 얼마나
영광이며 그보다 더 소중한 것이 어디
에 있겠더냐?
18 그러니 내가 직접 써 내려보낸 그를
던졌으며 그를 깨 버리는 그와 같은
형국이 이루어졌음이니,
19 나의 법전이요, 나의 새로운 성경을
지금 너희에게 내려보내니, 이는 곧
십계명을 내가 내렸듯이 너희에게 이
보다 더 소중한 것이 없는 문서로 작
성하여 내가 문서를 갖고 너희에게 직
접 내려보내니,
20 나의 법전을 접한 백성이요, 나의 법
전을 읽는 백성이요, 이를 보관하고
있는 백성이요, 이를 접할 수 있는 백
성이요, 너희는 과연 이를 어찌 다루
고 어찌 이끌어 가며 어찌 보관하고
어찌 깨달음을 얻어야 하는 것인가를
생각해야 할 때가 되었음을 알라.
21 내가 모세에게 내렸던 그 십계명처럼
내가 법전을 너희에게 내리는 것은 문
서로써 직접 내리니 그와 똑같음이니,
22 과연 너희도 삶에서 생활하면서 광분
하여 내가 내린 이 문서를 찢어 버리
고 태워 버릴 수 있는 그와 같은 마음
의 행동을 할 수 있겠는가?
23 너희는 그를 한번 생각해 봐야 할 것
이니라.
24 나의 십계명을 내가 직접 내린 그걸
던져 버리고 깨 버린 모세의 그 상황
과 그때의 형태를 종교 지도자요, 그
들은 어찌 가르치며 종교 집단은 어떻
게 해석하여 만백성에게 그 상황을 깨
우쳐 주는가?
25 그 가르치는 방법을 한번 들여다봐야
할 것이니라.
26 그는 모세가 내가 행하라 하지 아니한
것을 제 뜻대로 행하고 제 뜻대로 역
사한 그 부분을 너희는 어찌 가르치

고 어찌 해석하여야 할 것인가?
27 그와 같은 연구를 나의 피조물 만백
성, 나의 법전을 읽는 너희는 다시 한
번 들여다보는 그와 같은 변화의 깨달
음을 얻도록 하여야 할 것이니 그리
알라.
28 내가 직접 쓰고 서명한 문서를 내려보
내 갖고 있는 선택된 백성 너희는 과
연 분노에 의하여 너희가 광분하는
일을 하여 나의 법전을 찢어 버리고
태우는 그와 같은 일을 해서는 아니
될 것이니라.
29 모세가 십계명을 던져 버렸듯이 그보
다 더한 행위를 해선 아니 될 것이니
라.
30 어떠한 상황이 있다 하여도 내가 직접
내려 문서로 작성한 나 여호와의 친필
을 가지고 있는 자들이니, 너희 자신
이 어떠한 모범적인 행동으로써 살아
가야 할 것인가, 이를 깨우치며,
31 어찌 보관하며 이를 만백성에게 어찌
전하여 사랑하는 나의 피조물 만백성
을 구하는 그 역사를 이룰 것인가를
너희는 깊이 깨우치고 생각하고 연구
해야 할 때라는 것을 잊지 말라.

6,252 번째 하나님 말씀

2003년 5월 26일 08시 51분

1 사랑하는 나의 아들아!
2 "네, 아버님! 말씀하옵소서."
3 나 여호와가 성서에 기록하여 너희를
깨우치고 전하기를 사람이 거듭나지
아니하면 천국을 볼 수 없느니라.
4 하늘나라를 볼 수 없다 내가 너희에
게 일찍이 그리 깨우쳐 전하지 아니하
였던가?
5 나로부터 생명을 받아 이 세상에 나간
모든 나의 아들딸 너희는 내가 정해
준 60점이라는 그 세상 속에서 삶이
니,
6 지금 너희가 육의 세상의 삶이요, 그
생활에서 다시 거듭나지 아니하며, 다
시 태어나는 성령으로써 변화의 그 길
을 가며 나의 진리를 따라 살아오는
그 길을 가지 아니하는 자,
7 너희는 나 여호와를 볼 수 없다 내가
그리 말하였음이니라.
8 너희가 다시 태어나는 그 삶으로 변화
를 역사할 때 나 여호와를 볼 수 있으
며, 나의 나라에 오르는 것이며,
9 너희가 그 길을 가려면 스스로 얼마
나 어렵고 힘든 길인가를 깨달아 너희
가 그 길을 마다하지 아니하며 그 길
을 넘는 그와 같은 삶을 살아야 함이
니,
10 오로지 나를 볼 수 있고 나의 나라에
올 수 있는 것은 지금의 육의 세상의
삶에서 너희가 참진리요, 성령으로써
다시 태어나는 거듭나는 역사를 이루
지 아니하면 절대 올 수 없다는 것을
깊이 깨우쳐야 할 것이니라.
11 그러나 지금의 종교 집단이요, 지도
자, 그리고 구원을 받았다 하는 모든
백성 너희는 어찌 살아가는가?
12 거듭나기 위한 믿음의 길을 가는 것이
아니니라.
13 육의 세상의 삶에서 육의 삶을 벗어나
영적으로 성령으로써 너희가 완벽한
천사와 같은 변화된 삶을 사는 인간

자체에서 거듭나는 한 고비를 넘어야
함이니라.
14 알이 새 생명으로 태어나는 그와 같은
고비를 넘어야 너희가 거듭나는 것이
니, 이는 성령으로써만 거듭날 수 있
는 것이거늘,
15 지금의 종교 집단이요, 지도자 너희는
그리 성령으로 거듭나기 위한 것을 가
르치는 것이 아니요, 육의 세상에서
향락을 즐기며 육의 삶을 위해서 너희
가 그곳에 모든 가르침이요, 모든 설
교요, 모든 역사함을 가르침이니, 너
희가 그 한계를 벗어나지 못한 자라는
것을 알아야 할 것이니라.
16 나의 아들딸과 같이 내가 존재한다는
것을 의식하는 믿음의 길을 가지 않
고, 너희는 그저 나를 믿고 나의 아들
예수를 부르짖으면 구원을 받는다는
그와 같은 편안한 방법으로써 믿음의
길을 가며 구원을 받는다 하니,
17 너희는 인간 한계를 넘지 못하는 것이
며 새로 태어나는 거듭나는 역사를 이
루지 못함을 알아야 할 것이니라.
18 거듭남은 지금의 삶에서 너희가 성령
으로써 거듭남이니라.
19 너희가 거듭남은 나의 성령이요, 나의
십계명이요, 지금 내가 내리는 나의
법전을 보고 깨우쳐 그대로 행하려고
노력하는 자, 그러한 자들이 거듭나는
것이니, 그 길이 얼마나 힘들고 어려
운 것인지 아는가?
20 거듭나는 것은 나의 성령의 뜻으로써
거듭남이니라.
21 나의 성령이요, 내가 명하는 것을 그
대로 지키고 행하는 것이니라.
22 그리하여 그와 같이 사는 자들이 나의
아들딸이 됨이니라.
23 지금 육의 세상에 사는 나의 아들딸로
서는 너희가 하늘에 오르는 길이요,
나를 볼 수 없으며 나의 음성을 들을
수 없으며 나의 나라에 올 수 없음이
니라.
24 성령으로 거듭나는 자가 되라.
25 그리고 계명을 지키고 거듭나는 자가
되라.
26 내가 지금 내리는 나의 법전을 보고
너희가 거듭나는 자가 되어 나의 진정
한 자식이요, 아들딸로서 다시 태어나
라.
27 다시 태어나지 아니하는 자는 정녕 볼
수 없음이니라.
28 육의 삶에서 그 한계를 벗어나 너희가
성령으로써 육의 삶을 벗어나 너희 육
이 존재하는 이 지구상에서 다시 태
어날 때, 너희가 그때 나를 볼 수 있으
며 나의 음성을 들을 수 있으며 나를
볼 수 있는 자식이 되어야만 나에게
올 수 있음이니라.
29 지금 육의 세상의 나의 아들딸로서는
올 수 없음이니라.
30 성령이요, 십계명이요, 나의 법전을
읽고 깨우쳐 너희가 다시 태어나는
자식이 되었을 때 너희가 나를 볼 수
있으며, 다시 태어난 자식만이 나에게
오를 수 있다는 이 무서운 사실을 잊
지 말라.

6,253 번째 하나님 말씀

2003년 5월 27일 08시 37분

1 사랑하는 나의 아들아!
2 "네, 아버님! 말씀하옵소서."
3 내가 처음에 너를 깨우쳐 말하기를 '바람이 되고 돌이 되라.' 그리하였음이니라.
4 이제는 내가 너에게 돌이 되라 한 그 의미요, 뜻을 알겠는가?
5 "네, 아버님! 알겠사옵나이다.
6 그리고 정녕 아버님으로부터 성령을 받아 만백성을 구하는 법전을 쓰는 저는 돌이 되는 것이 당연하며,
7 돌의 의미요, 돌의 그 길을 가야 한다는 것을 이제야 깨달았사옵나이다.
8 그리 가지 아니하고는 저는 정녕 아버님의 성령을 받아 만백성을 구하는 법전을 쓰는 그와 같은 사람으로서 자격이 없음을 알았사옵나이다.
9 바위란 눈이 없어 세상의 험악하고 즐겁고 기쁜 것을 보지 못하오며, 그리 누가 바위에 물어도 세상 걸 본 것이 없다고 그는 고개를 흔들어 말하며,
10 바위는 귀가 없기 때문에 들을 수가 없으며 온갖 험악하고 즐거운 말을 들을 수 없으며 남들이 속삭이는 것을 듣지 못함이니, 누가 와서 세상사 무엇을 들었느냐 말해도 바위는 고개를 흔들어 들은 것이 없다 말하옵나이다.
11 바위는 입이 없으니 세상 것 모든 걸 다 누가 뭐라 해도 시시비비하는 것을 말하지 아니하며, 누가 어떠한 상황이 와도 그는 말을 하지 아니하옵나이다.
12 그리고 그에게 누가 뭐라 말을 시키고 남이 와서 험담을 들은 적이 있느냐 말해도 그는 말을 하지 아니하며, 누가 뭐라 말해도 말을 하지 아니하옵나이다.
13 바위는 생각이 없고 보고 듣고 말하는 것이 없음이니, 아무리 춥다 하여도 그는 추운 것을 모르며, 아무리 덥다 하여도 더운 것을 모르옵나이다.
14 바위가 그러사옵나이다.
15 정녕 아버님께서 바위가 되라 하신 그 말씀의 뜻과 의미를 이제야 알았사오며 그와 같이 갈 수 있는 마음의 준비를 하고 있사옵나이다.
16 세상사 눈과 코와 귀가 있으며 멀쩡한 사람이 그 없는 사람들보다 못한 행위를 하고 산다면, 가지고 있는 그 가치가 없다는 아버님의 그 말씀의 뜻에 따라 이제는 못 가진 사람보다 가지고 있는 제가 얼마나 바로 서야 하는가를,
17 그리고 세상사 모든 백성은 아버님의 말씀을 듣지 못하며 아버님의 명함을 모르고 사나, 아버님의 음성을 들으며 환상을 보며 명하시는 모든 것을 듣고 있는 제가 이 세상에서 어찌 살아가야 할 것인가를 알겠사옵나이다.
18 말로는 그리 수없이 말하였사옵나이다.
19 남들이 저를 때려도 제가 아무리 아파도 울지 않는다, 저를 때린 사람의 마음이 아파할 것 같아 그와 같은 마음에 울지 않겠다 말하나, 정녕 울지 않는 사람이 될 수 없사옵나이다.
20 그러나 바위가 되면 세상의 아무것도 모름이니, 울지 아니하며 아픈 것을

표현하지 아니할 수 있으며 아무리 고
통스러워도 표현하지 않을 수 있는 사
람으로서 살 수 있으며,
21 모든 백성이 지금의 종교 집단이요,
지도자를 따르고 그 가르침을 들으나,
그들이 행하는 것, 그들이 역사하는
것을 보고 마음 아파하며 슬퍼하며 정
녕 이 길이 그들이 가는 길이 아니라
는 것을 느끼고 있으며,
22 종교 지도자들의 눈살 찌푸리는 그와
같은 이해할 수 없는 행동을 보며 그
들은 마음 아파하며 실망하고 있으면
서도 말하지 못하는 모든 백성에게
실망하지 않는 종교 지도자요, 실수를
보여 주지 않는 종교 지도자요, 한 점
의 부끄럼이 없는 종교 지도자로 서겠
사옵나이다, 아버님!"

6,254 번째 하나님 말씀

2003년 5월 27일 08시 52분

1 "너는 나 외에는 다른 신들을 네게 있
게 말지니라.
2 너를 위하여 새긴 우상을 만들지 말
고, 또 위로 하늘에 있는 것이나 아래
로 땅에 있는 것이나 땅 아래 물속에
있는 것의 아무 형상이든지 만들지 말
며, 그것들에게 절하지 말며 그것들을
섬기지 말라.
3 너는 너의 하나님 여호와의 이름을 망
령되이 일컫지 말라.
4 안식일을 기억하여 거룩히 지키라.
5 네 부모를 공경하라.
6 살인하지 말지니라.
7 간음하지 말지니라.
8 도적질하지 말지니라.
9 네 이웃에 대하여 거짓 증거하지 말지
니라.
10 네 이웃의 집을 탐내지 말지니라.
11 나 여호와가 존재함을 믿는 그 자체가
구원의 길에 들어서는 기본이요, 근본
이며, 나의 법전을 가슴에 안고 정독
하는 자, 반석 위에 서서 하늘에 오르
는 찬란한 빛을 보게 되는 영광을 얻
게 됨이니라."
12 사랑하는 나의 아들아!
13 "네, 아버님! 말씀하옵소서."
14 내가 친필로 써 내린 십계명은 나를
믿으며 나를 경배하며 하늘에 오르는
백성의 인도자라 하는 그들이 모두 너
무나 십계명을 잘못 지키고 있으며,
그를 행하지 못하고 있기에,
15 너희가 가장 잘못 지키며 잘못하는 자
며 나의 뜻을 거역하는 자라 하여 그
를 증거하여 내가 내려보냈다 그리하
였음이니라.
16 그러니 너희는 지금 이 시기에 십계명
대로 살 수 없으며 이대로 행할 수 없
다 하는 것이 바로 그 뿌리요, 그 원조
요, 그 근본에서 그와 같은 말을 하고
있음이니, 이게 바로 잘못된 백성이
요, 지금 잘못 깨우치는 백성의 뿌리
라 내가 말함이니라.
17 내가 십계명대로 지키고 사는 것이 하
늘에 오르는 길이요, 영혼의 양식이라
하였음이니라.
18 그러나 나를 믿고 경배하는 백성에게
내가 십계명을 내렸으나, 너희가 바로
지키지 못하며 바로 행하지 못하며 가
장 잘못 가는 백성이기에 내가 너희에

게 이를 경고하여 내렸음이니, 그러한
지금의 후손의 백성이 지금 뭐라 말
하느냐?
19 인간이기 때문에 이를 지킬 수 없으며
행할 수 없다 그리 말함이니, 나로부
터 내린 십계명을, 지키지 않는 가장
잘못된 백성에게 내가 십계명을 내린
것처럼 너희에게 경고성으로서 내린
것처럼 그 후손들이 지금도 그를 지키
지 아니하고 거역하며 지킬 수 없다고
말한다면 너희는 과연 뭐라 말하겠는
가?
20 너희는 이 세상에서 존재하는 한 나
에게 와 심판을 받는 그와 같은 것을
범할 수도 없으며 벗어날 수도 없으며
돌아갈 수도 없으며 헤어날 수도 없는
것이라 내가 그리 말하였음이니라.
21 그러니 나에게 와 심판을 받는 자는
십계명이 기준이요, 그를 지키지 아니
하는 자는 나로부터 심판을 받을 수
없다는 그 무서운 뜻을,
22 그를 지키고 행하는 자만이 나에게 와
심판을 받으며 너희가 그리 갈구하는
구원의 길을 볼 수도 있으며 구원에
오를 수도 있으며 오르지 못할 수도
있는 것이 나의 십계명을 어찌 지켰느
냐에 따라서 그와 같은 형국이 된다고
내가 그리 가르쳤거늘,
23 어찌하여 너희가 감히 내가 내린 심
판의 기준이요, 근본인 그 기초적인
십계명을 지킬 수 없다고 말하는 것인
가?
24 감히 너희가 그와 같이 나에게 도전
함이니, 그것이 무엇이던가?
25 너희는 나의 뜻을 순종하며 나의 뜻에
따라 역사하는 백성이 아니요, 나에게
오고자 하는 백성이 아니요,
26 나를 거역하는 자들이며 나를 능멸하
는 자들이며,
27 너희는 나를 위하여 기도하며 나를 위
해 경배하는 것이 아니니라.
28 인간인 너희의 욕심이요, 너희의 사리
사욕을 챙기기 위하여 전지전능하다
는 나 여호와를 찾는 것이며, 너희는
역사했던 나의 아들 예수를 찾음으로
써 기적으로 인하여 너희가 구원을
받을 수 있다는 그 욕심이요, 인간의
욕심을 위해서 인간을 위한 믿음의 길
을 가고 있는 것이 지금의 너희라 하
였음이니라.
29 지금 나의 아들이 나의 성령을 받아
만백성에게 전하고 가르치는 것이 무
엇이던가?
30 그는 돌이 되라 말함이니라.
31 과연 내가 너에게 돌이 되라 말한 그
뜻을 네가 이제는 알았으며 과연 돌이
라 하여 살아가는 네 마음이 어떠하던
가?
32 "네, 아버님! 그렇사옵나이다.
33 돌이요, 바위라 생각하니, 저는 바위
이기 때문에 눈이 없어 세상을 보지
못하며, 저는 바위이기 때문에 들을
수가 없어 귀를 닫고 살기로 하였으
며, 저는 바위이니 입이 없어서 말을
하지 아니하고 살기로 하였으며, 천
번 만 번 생각해서 한 마디 말이요, 아
버님의 뜻이요, 진리가 아니면 입을
열지 않기로 그와 같은 생각을 하고
살기로 하였으며 그리 살아가겠사옵
나이다.

34 그와 같이 생각하는 제 마음이 이제는
무엇인가를 알 수 있으며, 그러니 모
두를 다 행할 수가 있사옵나이다.
35 즐겁고 행복한 것도 나는 바위이기 때
문에 그 즐거움을 느껴서도 안 되며
보이지도 아니하며 그 즐거움을 행할
필요도 없다 그리 느끼고 있사옵나이
다.
36 육신이 불편한 사람도 이 세상을 살아
가며 그들도 반듯이 살아가고자 노력
하는 자들이 수없이 있사옵나이다.
37 앞을 못 보는 자가 반듯이 살아가고자
하며, 듣지 못하는 자가 반듯이 살아
가고자 하며, 말 못하는 자가 반듯이
살아가고자 하며, 다리가 불편한 자가
반듯이 살아가고자 하며, 손이 한쪽
없는 자가 반듯이 살아가고자 하옵나
이다.
38 부족하며 모든 것이 제대로 갖춰지지
못한 사람도 반듯이 살아가고자 발버
둥치고 노력하거늘,
39 육신이 멀쩡하며 모든 은혜를 받은 제
가 반듯이 살지 못한다는 것은, 이것
은 말도 되지 아니하며 인간으로서 감
히 생각할 수도 없는 것이라 생각하
옵나이다.
40 그리하여 부족한 사람보다 완벽한 신
체 구조를 가진 제가 완벽하게 바르고
곱게 살아가는 것은 당연하며,
41 아버님께서 내리신 십계명대로 지키
고 사는 것은 당연하며, 그를 지킬 수
없다고 말하는 것은 있을 수도 없는
것이라 생각하옵나이다.
42 이제는 바보가 되라는 뜻도 알겠으며
바위가 되라는 뜻도 알았사옵나이다.
43 바보가 되니, 남이 잘하고 잘못하는
것을 모르니 그를 시시비비할 필요가
없으며,
44 남이 미운 짓 하는 것이 보이지 아니
함이니 그를 탓할 것도 없으며,
45 시기하고 질투하는 것도 없으며, 욕심
이 없으며, 남을 험담할 필요도 없으
며,
46 그리하여 바보가 되며 돌이 되는 삶을
살라 하시는 대로 이제 제가 돌과 바
보가 되어 살아가도록 그리하겠으며
그리 살 수 있사옵나이다.
47 그러하니 제가 돌이니, 무엇이 욕심이
있으며 무엇을 갖고자 하며,
48 여름에 겨울옷을 입으면 어떠하며, 겨
울에 여름옷을 입은들 어떠하며, 떨어
진 옷을 걸치면 어떠하며, 남들이 보
는 초라한 모습이면 어떠하겠사옵나
이까?
49 아직도 계절에 따라서 옷을 찾아야 하
며, 사람에 따라서 옷을 단정히 차려
야 하며, 만나는 사람에 따라서 제 몸
가짐이며 저 자신을 다르게 하는, 그
와 같은 아직도 속절없는 인생의 세상
의 그 습성을 버리지 못하고 살아가는
제가 이제는 그 모두를 다 버릴 수 있
사옵나이다.
50 높은 사람 앞에 갈 때 제 몸단장이 다
르며, 평범한 사람에게 갈 때 제 옷 입
음이 다르며, 저보다 못한 자를 만날
때 제 옷 입는 것이 다르다면,
51 이것이 인간으로서 정녕 다스려진 것
이 아니며, 이건 바위가 할 수 있는 일
이 아니며, 이건 바보가 할 수 있는 일
이 아니라는 것을 깨달았사옵나이다.

52 그 모두는 다 부질없는 것이며, 이제는 바보요, 바위가 되어 살아가며 돌이 되어 살아갈 자신이 있사옵나이다."

53 그와 같이 어렵고 힘든 깨달음의 길을 가는 것이 나에게 오르는 길이요, 나에게 선택된 백성이 가야 할 길이니라.

54 그러니 지금의 모든 종교 집단이요, 지도자요, 모든 믿음의 길을 가는 백성이 과연 너처럼 그리 어렵고 힘든 길을 인간의 한계를 넘어서 갈 수 있다고 생각하는가?

55 스스로 바보가 되기를 그들은 원하는가?

56 스스로 돌이 되기를 원하는가?

57 그렇지 못하기에 내가 그들에게 지키라 하여 십계명을 내려보냈음이니, 그리하여 가장 그를 지키지 않는 자들이 그들이기에 그들에게 내가 경고하기 위해 십계명을 내렸음을 너는 알아야 할 것이니라.

58 이와 같은 뜻을 만백성에게 전하여, 그들이 세상을 바로 보며 하늘의 뜻이 무엇인가를 바로 볼 수 있도록 160권의 법전에 나의 성령의 뜻을 하나도 빼지도 말며 더하지도 말며 그리 기록하여 만백성이 깨우치도록 그리하라.

59 내가 내린 십계명이라는 것은 구약과 신약 속에 같이 더불어 있음이니,

60 너희가 구약과 신약의 방대함은 아나, 그 모두를 간추려 만든 그 십계명의 중요성을 모르기에,

61 내가 너희에게 누구든 글을 알며 이 뜻을 읽을 줄 아는 자가 있다면, 그리고 들을 수 있는 자면 누구나 다 이해하고 깨달을 수 있는 가장 낮고 가장 평범한 진리로써 내가 160권을 만들어 세세히 풀어 너희에게 전함이니,

62 이를 만들어 만백성의 가슴에 전해 주며 손에 쥐여 줘 그들이 이를 읽고 눈물을 흘리며 그를 읽고 깨달음을 알며, 이를 읽고 저희가 잘못 살아간 것을 깨닫도록 그리하라.

63 내가 너에게 가르치기를 내 십계명에 '네 부모를 공경하라.' 하였음이니,

64 교회라는 곳이요, 법당이요, 또는 성당이요, 너희가 지은 성막이요, 너희가 가지고 있는 모든 종교 집단이요, 그저 돼지머리 그득히 차려 놓고 소원을 비는 그와 같은 행위를 하는 것도 다 부질없는 것이며,

65 그와 같은 행위를 하려거든 네 살아 있는 부모요, 너를 낳아 주고 길러 준 부모에게 먼저 그 온갖 정성을 다한 다음에 나에게 빌 때 내가 그를 들어준다 하지 아니하였던가?

66 그와 같은 이치를 나의 백성에게 깨우쳐 주어,

67 그들이 구원을 받겠다는 욕심이요, 저만이 하늘에 오르겠다는 욕심이요, 나를 위하여 저 자신을 위하는 믿음이요, 저 자신을 위하여 저희가 기도하고 경배하며 그와 같은 욕심에 차 있는 그 욕심의 뿌리를 버릴 수 있도록,

68 그들의 현명한 머리로 현명한 판단을 할 수 있도록 그들에게 지혜를 심어 주는 데 최선을 다하라, 사랑하는 나의 아들아!

6,255 번째 하나님 말씀

2003년 5월 27일 08시 58분

1 사랑하는 나의 아들아!
2 "네, 아버님! 말씀하옵소서."
3 구약 시대의 그 많은 역사를 본 그 백성의 후손이요, 또한 신약 시대의 나의 아들 예수를 세상에 내보내 그 기적을 역사했으며 나의 성령의 뜻을 만 백성에 깨우쳐 전하고자 그리하였으나, 나의 아들 또한 그와 같이 죽음의 길을 가지 아니하면 아니 되는 그 형국을 거쳤음이니라.
4 그리하여 지금 2천 년 동안의 세월이 흘러온 너희가 나를 경배하며 나에게 많은 백성을 인도하며 스스로 구원을 받았다 말하는 자, 그리고 나로부터 선택을 받았다는 모든 종교 집단과 지도자, 그리고 그 선택된 자 앞에 저희가 기도하고 경배하니, 저희는 구원을 받았다 말하는 그와 같은 백성,
5 그들은 지금 가고 있는 그 길이 참진리의 참된 믿음의 길이 아니며, 나에게 오고자 하는 길이 아니라는 것을 너는 그들에게 심어 줘야 할 것이니라.
6 그들이 지금 믿음의 길을 가고 있는 것, 또 믿음의 길을 가기 위하여 선택된 백성이라 말하며 자부하는 그들은 믿음을 선택했으며 믿음의 길을 가고 있는 그 백성은 보내 준 나 여호와요, 역사한 나 여호와요, 나의 뜻에 따라 내가 원하는 것을 따라 이루고자 하는 것이 아니라,
7 인간 세속에서 살아가면서 인간들이 가지고 있는 그 채울 수 없고 이룰 수 없는 인간의 욕심이요, 욕망이요, 너희 인간의 노력으로써 힘으로써 이룰 수 없다고 생각하는 것을 나 여호와를 찾음으로써 충족할 수 있으며,
8 나 여호와를 찾아 전지전능한 아버지라 부르며 그리하여 전지전능한 나로부터 모든 역사를 이룰 수 있으며 능력이 이루어지기를 바라며,
9 그리하여 나로부터 역사하는 능력에 의하여 나 여호와가 가지고 있는 그 능력을 빌어 너희가 인간 세속에 살아가는 그 욕심을 채우려는 것이 지금의 종교 집단이요, 지도자들이요, 울고불고 믿음의 길을 가는 너희가 하는 짓이라 하면, 과연 너희는 그를 믿겠는가?
10 너희는 나를 위한 믿음이요, 나를 위한 믿음의 역사를 한다 그리 말할 것이니라.
11 그러나 너희는 철저하게 너희 자신의 욕심을 위하여 너희가 채울 수 없는 욕구를 위하여 너희가 구원을 받고 구원을 받지 못하는 그것, 너희가 이룰 수 없는 것을 나 여호와의 전지전능함을 빌어 채우려 하는 인간적인 욕심의 그 믿음에서 벗어나지 못하며 인간의 한계를 벗어나지 못하는 것이 너희라는 것을 알아야 할 것이니라.
12 그 한계를 벗어나는 자는 나를 볼 수 있음이니라.
13 그러기에 욕심을 버리지 못하고 너희가 평생 자신의 욕심을 채우고자, 욕망을 채우고자 하는 그 믿음의 길을 가고 있기에 너희는 구원을 받을 수

없으며, 그곳에서 허덕이는 자는 캄캄
한 밤길을 헤매는 자와 같으니, 그들
이 나와 관계없다 내가 그리 말하지
아니하였던가?
14 너희는 나 여호와를 위한 믿음이 아니
요, 너희 자신을 위한 믿음이요, 육의
행복을 위한 믿음이요, 너희 자신을
위한 믿음으로써 그러기에, 너희가 기
도하는 내용이요, 기도하는 소리요,
울부짖고 콧물 눈물 흘리며 너희가
찬송으로 경배하고 노래 부르며 광란
의 짓을 하는 것도 그게 다 나 여호와
를 위해서 하는 것처럼 하나, 그 모두
하나하나 너희가 하는 행위를 분석해
보라.
15 모두 너희의 욕구요, 욕망을 나와 나
의 아들 예수의 이름을 빌어 나의 성
경을 빌어 채우고자 하는 것이 너희이
니,
16 그리하여 너희가 지옥 불로 가며 지
옥의 낭떠러지로 떨어지는 신앙생활
을 하고 있음이니라.
17 너희는 절대적인 믿음이요, 철저한 믿
음이요, 나 여호와를 위한 믿음이요,
너희만이 철저한 나로부터 선택된 백
성이요, 잘못됨이 하나도 없는 믿음으
로 간다고 생각하고 가나, 너희는 나
와 관계없는 사악한 믿음의 길을 가고
있음을 알아야 할 것이니라.
18 목사요, 또는 장로요, 전도사요, 돈으
로 산 각종 직함의 이름을 가지고 그
리고 너희가 구원을 받는 데 재물과
시간을 모두 바치며 제 부모를 돌아다
보기를 헌신짝처럼 바라보는 그와 같
은 자들, 모든 종교 집단이 그저 구원
을 받고자 하고 나에게 오르고자 한다
면 그것은 정통의 길이 아니라 내가
너희에게 가르쳐 주었음이니라.
19 내가 너희에게 변하여 나에게 올 수
있는 정답을 명하고자 함이니라.
20 정녕 그와 같이 직분과 직함을 가지고
있는 자들, 지도자라 하는 백성은 그
모두 네 마음속에 있는 욕심부터 버려
야 하는 것을 잊지 말라.
21 너희가 채울 수 없는 그 욕심을 위하
여 나를 부르짖고 찾는 그와 같은 믿
음을 갖지 아니하는 믿음이어야만 나
에게 오를 수 있다 하였음이니,
22 그와 같은 믿음의 길을 갈 수 있는 것
은 너희가 욕심을 버리며, 그득히 너
희 가슴속에 채워져 있는 그 욕심을
버리지 아니하면 아니 됨을 알아야 할
것이니라.
23 그 욕심을 버리지 아니하면 나와 인연
이 없는 백성이며 나의 아들딸이 될
수 없음이니,
24 나의 아들딸이 될 수 없는 자는 나에
게 오를 수 없으니 구원을 받지 못함
을 너희는 알라.
25 욕심을 채우기 위한 믿음의 길을 가고
있는 너희가 지금부터 가던 길을 멈
추며 나의 법전을 읽고 깨우쳐,
26 너희를 위하는 것이 아니요, 창조주
나 여호와를 위하며 나의 기쁨을 위하
며 내가 원하는 뜻을 위하여 기도하고
경배하며 믿음의 길을 가도록 그리하
라.
27 그것만이 너희가 나에게 오를 수 있
으며 나의 아들딸로서 다시 태어나며
거듭 태어나는 역사를 이루는 길이라

는 것을 잊지 말라, 사랑하는 나의 아
들딸들아!

6,256 번째 하나님 말씀

2003년 5월 27일 09시 14분

1 사랑하는 나의 아들아!
2 "네, 아버님! 말씀하옵소서."
3 내 사랑하는 아들딸 너희가 모두 죄
인이며, 죄인이라 말하는 아버지의 심
정이 어떠하겠는가?
4 부모가 자식에게 죄인이라 말하는 부
모의 심정이 어떠하겠는가?
5 창조주 나 여호와가 너희에게 죄인이
라 그리 말함은 나 여호와의 마음이
찢어지도록 아픈 그 심정을 아는가?
6 너희는 어찌하여 그 욕심이라는 것 하
나를 버리지 못하여 만고의 죄인으로
서 살아간단 말이더냐?
7 너희가 욕심이라는 것, 그것 하나를
버리면 죄인이 아니 될 것을, 욕심이
라는 것 때문에 너희가 죄인으로서
살아가는 그와 같은 삶을 삶이니,
8 욕심을 버리지 못하면 너희가 죄인으
로서 사는 것은 물론이요, 너희가 그
리 갈구하고 원하는 내 품이요, 천국
의 문을 들어설 수 없다는 것을 어찌
하여 너희는 모르는가?
9 내가 인간으로 태어난 너희에게 한
번의 기회를 더 준 것이라 나의 아들
을 통하여 너희에게 전하였거늘, 어찌
하여 너희는 그 소중함이요, 그 두렵
고 무서움을 모르는가?
10 너희는 인간으로 태어나기 전에 전생
의 삶이 있다 하였음이니라.
11 너희는 부활이요, 윤회요, 전생이요,
이와 같은 말을 어찌하여 믿으려 하지
아니하며 그를 인정하지 않으려 하는
가?
12 내 성경에 미리 기록하였으며 내가 그
뜻을 다 기록하여 너희에게 깨우쳐 주
었거늘,
13 유독 목사라는 자들이요, 그 교회라는
성전을 지은 자들만이 그를 인정하지
아니하려 하며 그를 믿으려 하지 아니
하려는 것이니, 가장 나의 뜻을 거역
하는 자가 그들이니라.
14 그저 뿔 난 송아지처럼 제 마음대로
설치고 다니며 제 마음대로 이랬다 저
랬다 모든 것을 다 뒤죽박죽으로 만든
것이 교회라는 것을 짓고 그곳에서 나
의 피조물 만백성을 구원한다는 자 그
들이 가장 잘못된 자임을 알라.
15 너희는 전생에 지은 죄가 있으며 전생
에 사람으로 살며 너희가 지은 죄를
사할 수 있는 기회를 인간에게 한 번
더 주어 너희를 이 세상에 태어나게
했다 하지 아니했던가?
16 그리하여 너희가 나로부터 죄의 심판
을 받을 때 인간으로서 태어나 너희가
전생에 지은 죄를 다 사하며, 이 세상
에 나가 욕심을 버리며 아름답게 살라
내가 너희에게 생명의 시간을 주어
너희에게 한 번의 기회를 더 주었다
하였거늘,
17 그것이 얼마나 소중하고 두렵고 무서
운 것인지를 모르며, 다시 태어난 그
인생이 너희 마음대로 태어난 것처럼
어찌하여 욕심이라는 것을 버리지 못
하고 더 죄인이 되어 가는가?

18 내가 너희에게 기회를 준 것이 죄를 더 짓게 되는 형국이 된다 하면, 이를 용서하고 베풀어 준 나 여호와의 마음이 어떠하겠는가?

19 너희는 반드시 전생의 삶이 있었음을 잊지 말라.

20 그 삶에서 너희가 죄를 짓고 살다 인간으로 나갈 수 있는 그 죄목에 해당하기에 내가 너희에게 한 번의 기회를 더 주어 세상에 내보냈으니,

21 너희가 나로부터 생명을 받아 전생의 죄를 사할 수 있는 기회를 주어 너희가 울고불고 너희 이름 앞에 서명해 놓고 나갔기에 내가 기회를 주었거늘,

22 너희가 전생에 지은 죄를 용서를 받는 것이 아니며 그 죄를 더는 것이 아니라 이승에서도 죄인이 됨이니, 너희가 욕심을 버리지 못하기 때문이니라.

23 이 세상에서 삶을 어떻게 사느냐 하는 것이 얼마나 중요하고 소중한가를 너희는 어찌하여 그리도 모르는가?

24 이 세상에 살면서 꽃들도 너희에게 다 속삭이고 말을 하며, 미물들도 다 너희에게 속삭이고 말을 하며, 떠도는 구름도 너희에게 속삭이고 말을 하며, 묵묵히 서 있는 그 나무들도 너희에게 말을 다 하거늘,

25 너희는 그와 같은 것을 알지 못하고 사는 것이니 어리석은 자들이니라.

26 그것조차도 모르는 너희가 전생이요, 이승이요, 내생의 삶이 있다는 것을, 어찌하여 내가 말하는 것은 믿지 아니하며 너희 마음대로 해석하며 너희 마음대로 모두를 이루어 가는가?

27 이 세상의 모두가 다 대화하며 너희에게 이야기하고 속삭이는 것, 이 세상이 얼마나 아름다운지 알지 못하고 사는 것이 너희이니라.

28 유독 전생이라는 것을 거역하는 자가 기독교인이라는 자들이며,

29 그 종교 집단이요, 목사요, 교회라는 것을 운영하는 자들, 너희가 더 거둬들이고 제왕적인 대우를 받으려고 그와 같은 성서에 있는 모든 것을 너희 마음대로 변질하여 가르침이니,

30 성서에도 부활이요, 전생이요, 윤회라는 것이 다 기록되어 있다는 것을 너희는 알아야 할 것이니라.

31 너희는 어찌하여 전생이라는 그 삶을 생각하지 아니하며, 내생의 삶의 변화는 믿으려 하는가?

32 전생이 있음으로, 전생을 믿을 수 있음으로, 전생의 삶이 있었기에 오늘 현재의 삶이 있으며, 오늘의 삶이 있음으로써 내생의 삶이 있다는 것을 너희는 어찌하여 믿으려 하지 아니하는가?

33 이는 엄연한 사실임을 너희는 알아야 할 것이니라.

34 너희가 전생의 삶이 없었다면 오늘의 삶이 없을 것이며,

35 내생의 삶도 너희는 믿지 말아야 할 것이며 믿는 것은 잘못됨이니라.

36 내생의 삶을 너희가 믿으며, 오늘의 삶은 너희 눈으로 보면서,

37 보이지 않는 전생의 삶이 있다는 것을 내가 너희에게 전하는 것을, 내가 주관하고 역사하는 창조주 내가 너희에게 그 마음을 가르쳐 주며 그 뜻을 가르쳐 주거늘,

38 어찌하여 너희는 너희 마음대로 평가
하며 너희 마음대로 생각하며,
39 하늘에 오르는 길의 이치도 모르는 자
들이 어찌하여 내가 전생과 현생과 내
생이 있다 하는 것을 믿지 않으려 하
는가?
40 내생의 삶을 믿으며 내생의 삶을 위하
여 그리 가기만 하면 된다는 그와 같
은 생각을 하는 너희가 얼마나 어리
석은 자인가?
41 오로지 교회요, 기독교를 믿는 자들이
요, 목사라는 자들이 가르치는 종교
집단만이 그와 같이 나를 능멸하는 행
위를 하고 있음이니,
42 그들의 죄가 얼마나 무서운지, 그들이
이 세상에 가장 사악한 자로서 존재하
는 사악한 집단이라는 것을 알라.
43 오는 것이 있으면 가는 것이 있음이니
라.
44 가는 것이 있으면 오늘에 있는 뜻이
있으며 오는 것이 있다는 그 이치 하
나도 깨닫지 못하는 것이 어리석은 자
들이니라.
45 내가 너희에게 굳이 말하며 굳게 내
가 너희에게 다시 한 번 강조함이니,
46 너희는 전생에 나로부터 죄를 지어 전
생의 죄를 사할 수 있는 기회를 한 번
씩 받아 온 자요, 그 받아 오는 기간을
내가 정해서 한시적으로 내려보냈음
이니라.
47 그러니 너희가 그 죄를 용서 빌며 오
늘의 너희 삶의 죄를 용서받고 아름
답게 살아야 하거늘, 오늘 죄를 또 지
음이요,
48 그는 너희가 욕심을 버리지 못하기
때문에 전생에 지고 온 그 죄 위에 오
늘의 삶의 죄를 더 지으며 내생에 그
죄를 다 털어 버리며 노력 없이 지우
려 하는 그와 같은 역사의 어리석음을
반복하지 말라, 사랑하는 나의 아들딸
들아!

6,257 번째 하나님 말씀

2003년 5월 27일 09시 20분

1 사랑하는 나의 아들아!
2 "네, 아버님! 말씀하옵소서."
3 너희가 하루하루 살아가는 그 삶 속에
서 세월은 말없이 흘러감이니라.
4 그 흘러가는 세월 속에서 너희는 어찌
구분되는가?
5 너희는 어제가 있기에 오늘이 있는 것
이며, 또한 오늘이 있기에 그래서 내
일이 이루어지니,
6 그와 같은 엄연한 사실을 부정하는 것
이 지금의 종파 지도자들이요, 기독교
의 목사라는 자들이 단상에 서서 가르
치는 행위며 그들은 절대적이니라.
7 그것은 무엇이던가?
8 그들은 전생을 인정하지 아니하며 오
늘의 삶과 내세의 믿음만을 위하여 살
아가는 그와 같은 형국으로 너희를
가게 함이니,
9 나의 성경에 나 여호와가 어찌 가르쳤
으며 그와 같은 것이 어디에 기록되어
있는지 너희는 한번 찾아보도록 하라.
10 나는 그와 같은 것을 기록하여 전한
것이 없음이니라.
11 너희가 전생의 잘못된 삶이 없다는 것
을 기록한 것이 없거늘, 어찌하여 있

다 없다 너희가 함부로 그리 말하는
가?
12 그리하는 것은 너희가 나를 부정하는
것이며 성경을 부정하는 것이니, 그건
무엇이더냐?
13 나의 성경이요, 나의 뜻을 부정하며
내가 기록하여 가르치지 아니한 것을
너희가 옳다 있다 하는 것은 종교 집
단에서 너희 입맛에 맞도록 너희 뜻대
로 고쳐 놓은 것이며, 너희 마음대로
손질하고 변질하여 가르치는 것이 아
니던가?
14 너희 뜻대로 너희 생각대로 나의 피조
물 만백성을 그저 노예처럼 부리기 위
한 방법이요, 수단으로써 그와 같은
모든 것을 너희 마음에 맞게 뜻에 맞
도록 변질하고 그리 손을 써 고쳐서
나의 피조물 만백성을 우롱하는 것임
을 너희는 알아야 할 것이니라.
15 너희가 과연 내생의 생활이요, 죽어서
어찌 되는지를 과연 제대로 아는 자
있는가?
16 너희는 죽어 나에게 와 어찌 이루어
지는 것인지도 모르면서, 어찌하여 내
가 전생이 있다 하며 전생에 너희 삶
이 있다 하면 그를 믿지 아니하는가?
17 너희가 인간으로서 세상에 태어나면
전생의 삶을 기억하지 못하며 그를
생각할 수 없으며, 알지 못하기에 그
저 이가 존재하지 아니하며 있지 않다
그리 말하나, 너희는 반드시 있다는
것을 알지 못하느니라.
18 너희가 전생을 기억하지 못하며 전생
을 알지 못하는 것은 너희의 미래를
알 수 없으며 미래를 알지 못하는 것
과 똑같은 것이거늘, 어찌하여 모르는
미래에 대해서는 존재한다고 말하면
서, 너희가 알지 못하는 과거에 대해
서는 존재하지 않는다 그리 말하는가?
19 너희는 반드시 전생의 삶이 있기에 오
늘 현재의 삶이 있으며, 미래의 내세
의 삶이 같이 연계되어 간다는 것을
알아야 할 것이니라.
20 다만, 너희는 전생도 기억할 수 없으
며, 미래의 내세의 삶도 알지 못하는
것이니라.
21 이를 부정하며 이를 거부하는 자들은
과연 나의 성경에 그와 같은 내용이
어떻게 기록되어 있는가를 보라.
22 나는 성서에 너희의 전생의 삶이 있
으며 어디서 왔는가 하는 것을 깨달을
수 있는 글귀를 다 기록하여 전하였거
늘, 그것까지도 부정하려 드니.
23 너희가 얼마나 나를 거부하며, 얼마나
나를 능멸하는 자인가?
24 너희가 편리한 대로 육의 세상의 삶을
위하여 수단과 방법을 가리지 아니하
고 모든 걸 고치고 손질하니, 바로 너
희가 무엇이더냐?
25 나 여호와를 마음대로 바꿀 수 있다
생각하는 자며, 그리하여 그 믿음의
종파가 수천수만 개로 갈라진 오늘의
형국이 되었다는 것을 알아야 할 것이
니 그리 알라.

6,258 번째 하나님 말씀

2003년 5월 27일 11시 36분

(강론을 마치며)

1 사랑하는 나의 아들아!

2 "네, 아버님! 말씀하옵소서."
3 너를 따르는 제자들이 바르고 곱게 살
고자 하며 나의 뜻에 따라 착하고 아
름다운 자식이요, 아들딸로 변하고자
하는 그들을 보기 위하여 내가 너희
에게 이 뜻 한마디를 전함이니라.
4 내가 이와 같은 말을 너희에게 전할
수 있는 그 깨우침이요, 변한 역사요,
그 경지에 오른 것에 나 여호와의 기
쁨이 이루 말할 수 없음이니라.
5 이제 어린 자식이 나와 커 가면서 부
모가 가르치는 그 뜻을 잘 받들어 아
름답게 성장해 가는 그와 같은 과정이
니,
6 그가 성장하여 세상에 나와 뿌리를 내
리고 또 가정을 이루고 사는 것은 너
희가 조금만 더 성장하면 그리될 수
있음이니라.
7 아이가 자라서 세월이 흘러 어른이 되
듯이, 너희는 세월이 지나면 어른이
될 수 있음이니,
8 그는 곧 나에게 구원의 길에 올 수 있
다는 그와 같은 마음 자세로 너희가
곱게 성장함이니, 너희를 바라보는 나
여호와의 마음이 기쁘기 한량없기에
내가 너희에게 말함이니라.
9 너희는 나의 아들 예수를 특별한 자식
이라 그리 생각하지 말라.
10 예수도 세상에 육을 가지고 나갔음이
니, 그도 추운 것을 알며 더운 것을 알
며 너희처럼 먹고 자는 그와 같은 육
을 가지고 사는 세상에 나간 나의 아
들이니라.
11 그러니 예수를 너희와 똑같은 입장으
로 보고 내가 너희에게 이 뜻을 깨우
쳐 주고자 함이니라.
12 나의 아들 예수는 어찌했느냐?
13 그 소중한 생명을 나를 위하여 그는
던졌으며,
14 저 자신을 위해서 던지는 것이 아니
요, 나 여호와의 뜻을 위하여 내가 원
하는 바에 따라 그 목숨을 바쳤으며,
그 피 한 방울이 다 할 때까지 그는 그
피를 세상에 다 쏟았음이니라.
15 너희와 똑같은 나의 아들이 피로써 모
두를 다 바쳤으며 순종했으며 나의 뜻
을 따랐음이니,
16 과연 나의 아들 예수처럼 너희의 그
피를 나에게 다 바치라는 고통스러운
세월의 시간을 가라 하던가?
17 내가 너희까지 그리 깨우쳐 나에게 오
르라 하더냐?
18 그렇지 아니함이니라.
19 예수도 나의 아들이요, 너희도 나의
아들딸이니, 너희가 예수처럼 피를 바
쳐 나에게 오르라 함이 아니니,
20 다만, 너희의 모든 땀이라도 다 바치
며 너희 몸에 배어 있는 땀을 흘려 모
두를 다 바치는 그와 같은 정성으로써
나의 법전을 만들어 나의 법전을 만백
성에게 전하는 데 그만큼 최선을 다하
여야 하는 것이 너희가 가야 할 길이
며 너희가 노력할 길이라는 것을 알
아야 할 것이니라.
21 나의 아들 예수가 피 한 방울까지 다
바쳐 나에게 순종하며 나의 뜻을 따라
만백성에게 전하고자 그 역사를 해서
그가 하늘나라에 왔다 하면,
22 너희는 피를 바치는 그와 같은 고통과
시련이 없이 노고가 없이 나의 아들

예수가 있는 그곳에 오려 한다는 것
은 너희의 욕심이며 잘못된 것이 아
니더냐?
23 내가 너희 마음속에 있는 욕심을 다
버리라 하였음이니라.
24 정녕 너희가 나에게 구원을 받고자
하거든, 말로써 구원받음이 아니요,
나의 아들 예수가 피 한 방울까지 모
두를 다 바쳤던 것처럼 너희 육신의
모든 피를 다 바치는 고통을 역사하
며, 그와 같은 시련 속에서 딛고 일어
섰을 때, 너희가 나에게 오를 수 있다
는 생각을 하며 구원을 받을 수 있다
고 생각하는 것이 너희의 기본적인
양심이요, 기본적인 마음 자세가 된
것이 아니더냐?
25 나의 아들 예수는 그 목숨을 바치는
고통과 시련이요, 피 한 방울까지 모
두를 다 바치는 고통과 시련 속에서
나에게 왔음이니,
26 너희는 어찌하여 그 모든 땀을 바치
는 노고도 하지 아니하며 그와 같은
대우요, 그와 같은 영광을 받으려 생
각한다는 것은 얼마나 어리석은 자며,
너희가 얼마나 욕심 된 마음이더냐?
27 나는 오늘 너희에게 이를 가르쳐 줌
이니라.
28 너희가 천사가 되어 하늘로 올라와 내
옆에 있을 수도 있다 했음이니라.
29 천사가 존재하는 세상에 오는 것은 천
사와 같은 자만 올 수 있다 하였음이
니,
30 인간이요, 육을 가진 너희가 나에게
오를 수 있는 것은 나를 위하여 내 뜻
을 만백성에게 깨우치고 전하는 그 역
사를 위하여 너희의 피를 모두 다 바
치는 그와 같은 노고요, 실행이요, 예
수보다 더한 고통을 바라지는 않느니
라.
31 예수와 같은 그 역경을 딛고 일어서는
그 값을 치렀을 때 너희도 예수와 같
이 내 우편에 오를 수 있다는 것은 너
희가 상식적으로 생각해 봐도 알지 않
느냐?
32 그 노고가 필요하지 않겠는가?
33 그러나 나는 너희에게 그리 원하지 아
니함이니라.
34 나의 아들 예수 한 사람으로서 피를
바쳤음이니,
35 너희는 바로 육을 가지고 세상에 나간
나의 백성이니, 너희의 온몸의 땀을
다 바쳐 나의 뜻을 전하며 만백성을
구하는 데 땀 한 방울을 아껴서는 아
니 되는 것이 너희가 나에게 할 일이
니, 너희에게 이 비밀을 전함이니라.
36 이와 같은 하늘의 천기를 내가 너희에
게 전할 수 있도록 너희의 변함이 높
으며 깨우침이 높으며 마음의 자세가
굳어진 너희가 지상에 있다는 것이 나
여호와의 기쁨이니,
37 내가 너희에게 구원의 길에 오를 수
있는 마음의 자세를 가르쳐 줌이니,
이 땀방울 하나까지도 다 바치는 노고
가 없이는 천사들이 너희를 부르러
올 때 너희를 기억에서 지울 것이라
는 것을 잊지 말라, 사랑하는 선택된
나의 아들딸들아!

6,259 번째 하나님 말씀

2003년 5월 28일 06시 50분

1 사랑하는 나의 아들아!
2 "네, 아버님! 말씀하옵소서."
3 정녕 남을 지도하고 인도하는 사람이
란 하늘과 땅을 향하여 한 점의 부끄
럼이 없는 삶을 살아야 하느니라.
4 모두는 다 하늘이 알고 땅이 앎이니,
하늘이 알고 땅이 알며 저 자신이 스
스로 아느니라.
5 저 자신이 모른다 하여도 하늘과 땅은
그를 알고 있음이니,
6 하늘과 땅을 향하여 한 점의 부끄럼이
없는 그와 같은 삶을 살아야만 됨이니
라.
7 그렇지 아니하면 지도자라 말할 수가
없는 것이니라.
8 지금의 나의 피조물 만백성이 육의 세
상에서 살아가느니라.
9 종교 지도자라는 자들이 재물이요, 금
화와 은화를 거둬들이기에 정신이 없
으며, 자질이 없는 자가 종교 지도자
라 하여 설교하며 단상에 서 있으니,
10 그곳에서 배우는 그 신도들이 과연
어찌 바로 설 수 있겠는가?
11 너희가 어린 학생들을 가르치며 어린
자녀를 가르치느니라.
12 그러나 지금 그 가르치는 선생을 뽑는
것도 얼마나 세상이 타락했던가?
13 너희가 실력을 위주로 하여 능력을 위
주로 선생을 뽑아 학생을 가르치며
너희의 사랑하는 자녀를 가르치는 것
이 아니요, 재물로써 그 선생을 뽑는
데 기준을 둔다 하면,
14 그 대가성을 바라고 깨우치는 선생이
라 하여 선정하여 단상에 세운다면,
15 거기에서 배우는 너희의 후손이요, 너
희의 자식들은 과연 무엇을 얻으며 어
떠한 이해관계가 있는가?
16 너희는 이 세대의 육의 세상에 살아가
는 나의 사랑하는 자식들의 인성을 망
가트리며 인성을 쓰러트리며 뭉개 버
리는 그와 같은 자들을 선생이라 세우
며 대가성을 받고 선생으로 뽑으니,
17 장차 그 나라의 교육이 어찌 되며 그
어린이들이 어찌 되며 그 후손들이
어찌 세상을 지탱하며 바른 세상을 살
수 있다고 생각하는가?
18 천년대계의 사업까지도 너희가 그와
같이 재물로써 계산하며 재물로써 그
대가성을 받고 선생이요, 지도자를 단
상에 세우니, 그러고도 너희가 바른
인성이요, 바른 세상이 되기를 바란단
말이던가?
19 과연 지금의 종교 지도자는 하늘에 오
르는 길이요, 하늘의 뜻을 가르치며,
저희가 새로 태어나고 새로 태어나지
못하는 그와 같은 중차대한 역사를 가
르치는 자들이 자질이 없으며 자격이
없는 자가 단상에서 설교하고 가르친
다면, 거기서 배우는 나의 백성이요,
신도라 하는 자들은 과연 어찌 되는가?
20 거짓된 자 밑에서 거짓된 자의 말을
듣고 '아멘, 할렐루야!'를 찾다 너희는
지옥으로 감이니라.
21 그러니 너는 남들을 말할 필요가 없느
니라.
22 모든 종교의 종파요, 지도자들을 말할
필요는 없느니라.

23 그와 같이 잘못된 자들이 가르치는 것
을 잘못된 자들이 배우게 됨이니, 세
상이 사악하다는 것이니라.
24 그들을 거울삼아, 너는 땅과 하늘을
향하여 한 점의 부끄럼이 없는 삶을
살아야 하는 것이 네가 가야 하는 길
이며, 너의 제자들이 가야 하는 길이
기에 내가 그를 깨우쳐 줌이니라.
25 많은 백성이요, 너희의 사랑하는 자식
들을 잘 가르쳐 그들이 다음 세상을
이끌어 가는 그와 같은 참인재를 육성
하는 교육 기관이요, 선생이라는 인간
세상의 교육자를 너희가 실력을 위주
로 하여 선생을 교단에 세우는 것이
아니요,
26 대가성을 바라고 사람을 선별해서 뽑
는다면 그 많은 젊은이가 과연 어찌
가겠는가?
27 그리고 교육자 자신이 제가 부족하며
역량이 없으며 실력이 부족하며 시대
에 따라 맞춰 가지 못하며 노력하지
않는 자라면, 스스로 제가 교단에서
물러나는 그와 같은 지도자가 나와야
할 것이며 지도자가 있어야 할 것이
니라.
28 너희가 실력이 있고 없는 것은 관계없
이 그저 생계 수단으로써 교육자로서
교단에 서서 그 자리를 지키고자 간다
면,
29 지금의 너희는 작게는 아래로 가르치
는 선생들이 잘못되어 있으며,
30 위로는 종교 지도자요, 만백성을 구하
여 하늘에 오른다는 자들 또한 잘못되
었음이니,
31 세상이 온통 썩어 있으며 세상이 잘못
되었음이니,
32 그 속에서 자라나는 사랑하는 네 자식
이요, 너희의 어리고 사랑스러운 자식
과 아들딸들이 과연 무엇을 배우며,
그 틈바구니에서 어떻게 바로 서겠는
가?
33 공기가 썩고 물이 썩었고 땅이 썩은
속에서 씨앗이 바로 크라고 그리 말하
는 자들과 똑같은 것이니,
34 어찌 땅이 썩고 물이 썩고 공기가 썩
은 속에서 새싹이 자랄 수 있는가?
35 그는 새싹으로 자랄 수가 없는 것이니
라.
36 그와 같은 것이 지금의 이치이니, 너
희가 아래로는 인간의 선생이요, 인간
의 지도자들이 잘못된 자가 수없이 많
이 있으며,
37 그를 뽑는 과정에서도 너희가 인재를
뽑는 것이 아니요, 대가성을 받아 놓
고 많은 너희의 아들딸들, 사랑하는
자녀를 가르치는 교단에 세움이니 이
것이 지상이 썩은 것이요,
38 하늘이 썩은 것은 종교 지도자들이 하
늘을 위하여 가르친다는 그 지도자들
이 다 썩어 있음이니,
39 공기가 썩어 있으며 하늘이 썩어 있으
며 물이 썩어 있음이니라.
40 이와 같은 속에서 너희가 아무리 좋
은 씨앗을 놓고 심으려 해도, 너희가
아무리 아들딸들에게 바로 서라, 바로
가라 하여도, 그 틈바구니에서 어린
것들이 바로 자랄 수가 없으며 바로
설 수가 없는 것이 이 형국임을 알라.

6,260 번째 하나님 말씀

2003년 5월 28일 08시 50분

1 사랑하는 나의 아들아!
2 "네, 아버님! 말씀하옵소서."
3 이 세상에 너희가 살아가면서 거기에
정답이 없는 것이 없느니라.
4 모두는 정답이 있음이니, 그 정답이
본보기요, 세상을 살아가는 기본이 되
는 것이니라.
5 너희가 살아가는 질서가 있으며 도덕
이 있으며 너희가 흘러오며 지키고
온 관습과 습관이 있지 아니하던가?
6 거기에서 인간의 도리에 어긋나지 않
은 것이 너희가 사는 정답이 아니던
가?
7 그러면 하늘에 오르고자 하는 백성이
요, 나에게 오고자 하는 백성 너희는
과연 믿음의 정도요, 본보기가 무엇인
줄 아는가?
8 인간의 형태를 가지고 세상에 나간
나의 아들 예수가 바로 너희의 본보
기이니 그게 정답이니라.
9 그러니 너희가 하늘에 오르고자 너희
손으로 지은 성전에서 울고불고 재물
을 바치며 구원을 받는다며 콧물 흘리
고 눈물 흘리며 '아멘!', '할렐루야!'를
아무리 찾아봐도 소용없느니라.
10 나의 성서를 들고 너희가 죽을 때까
지 평생 설교하는 것, 교회라는 곳에
와 강론을 들으며 무엇을 듣고 성당이
요, 회당에 가서 들어도 아무런 가치
가 없음이니, 정답은 이미 세상에 내
려져 있음이니라.
11 그 정답이 바로 나의 아들 예수가 육
을 가지고 세상에 내려갔던 그 뜻임을
알라.
12 어찌하여 성령으로 태어난 나의 아들
예수가 세상에 나갈 때 부활하는 것처
럼 그와 같은 영적인 존재로서 세상에
나가지 아니하고, 육의 형태를 빌려
세상에 나갔는지 그 의미를 아는가?
13 그게 바로 정답이요, 본보기를 만들기
위해서 나의 아들 예수가 육의 몸을
빌려 세상에 태어났음이니,
14 그리하여 너희는 하늘에 오르고자 하
면 어떠한 이유도 필요가 없으며 어떠
한 변명도 필요가 없음이니라.
15 예수와 같은 삶을 사는 것이 그게 정
답이니, 그 정답은 하나뿐이기 때문이
니라.
16 그러니 그가 피 흘려 고통 속에 죽어
가며 자신을 던져서 지키고 순종했던
그 뜻이 마지막 그가 보여 준 본보기
임을 알라.
17 그가 살아온 역사의 삶을 그대로 사는
것, 그리고 그가 나를 위하여 또 내가
존재함을 위하여 만백성을 깨우치려
고 그 생명이요, 그 피 한 방울까지 다
소모될 때까지 버티고 견뎠던 그는 무
엇이던가?
18 그게 바로 본보기이니라.
19 그게 정답임을 너희는 알아야 할 것
이니라.
20 너희가 뭐라 말하여도, 뭐라 떠들어
도, 구약이 어쩌고 신약이 어쩌며 모
세의 역사가 어쩌며 욥의 세상이 어
떠하며 그리고 신약의 시대가 어떠하
며 나의 아들 예수가 어떠하며,
21 지금의 성경이요, 이단이요, 사탄이

요, 너희 것이 아닌 것은 악마의 짓이라 아무리 얼굴 붉히며,

22 너희만이 진정한 믿음이요, 곧은 믿음이요, 너희만이 나를 경배하며 너희만이 나의 아들딸이라 말하는 그와 같은 백성, 그것이 다 필요 없고 부질없는 것이니라.

23 오로지 너희가 나에게 오르고자 하면 내가 정답을 내려보냈음이니, 그 정답대로 너희가 기록하고 따르는 것밖에 없음이니 그게 무엇인 줄 알겠는가?

24 나의 아들 예수를 세상에 내보내어 그가 살도록 했으며, 살아온 그 발자취요, 그가 죽어 온 그와 같은 역사요, 나를 위하여 나의 뜻을 가르치기 위하여 나의 성령을 만백성에게 깨우치고 전하기 위하여 그가 죽음을 선택했듯이 그 길을 갈 수 있는 믿음을 가진 자,

25 그것이 정답이며, 그 미달이 되는 자는 나에게 오를 수 없음을 너희는 알아야 할 것이니라.

26 그리하여 성령으로 나의 아들이 태어나 너희에게 그 역사를 한 것을 너희는 지금 무엇이라 하느냐?

27 성령으로 태어났기 때문에 그와 같은 역사를 이루었으며, 너희는 인간이 처음부터 육으로 태어났으니 그를 이룰 수 없다 하여, 내가 60평생 너희와 똑같이 삶을 산 나의 아들을 지금 세상에 내보내어 그가 지금부터 변하는 모습, 그가 바로 살아가는 모습, 그가 예수의 삶을 주저 없이 살아갈 수 있는 그 삶을 너희에게 보여 줌이니, 이제 나의 법전을 기록하는 것, 그리고 나의 성령을 기록하여 너희에게 전하는 것, 새로운 성경인 나의 법전을 너희가 읽고 깨우치며, 나의 아들이 변해 가는 모습이요, 나의 아들이 바로 서는 그 모습을 보고 그를 따라야 할 것이며, 그와 더불어 같이 그와 같은 삶을 살지 아니한다면 이제는 너희가 마지막 나에게 올 수 없음을 알라.

28 나에게 오를 수 있는 것은 나의 아들이 지금부터 변하는 삶이요, 그가 바로 살아가는 것이요, 죽은 자의 삶을 살아가는 그 모습 속에서 너희가 그를 보고 깨우치라 하여 이제 마지막 본보기요, 마지막 정답을 다시 내려보냄이니, 내가 시험지를 바꿨음이니라.

29 시험지를 바꿔 내가 너희에게 알기 쉽고 풀기 쉽게, 그리고 나의 법전을 읽고 열심히 들은 자, 그리고 정독하여 읽은 자는 누구든지 이 정답을 쓸 수 있도록, 그리고 정답을 볼 수 있도록 그리하여 너희가 행하는 것을 스스로 변하며, 나의 아들이 변해 가는 그 모습을 보며 변해 있는 나의 아들의 모습을 보고 두 번 다시 오답이요, 정답이요, 시시비비를 하지 못하도록 하고자 하는 것이 나의 뜻임을 너희는 알아야 할 것이니라.

30 시험지를 바꿔 내가 너희에게 정답을 보고 쓰라 함이니, 지금 나의 법전이요, 나의 성령을 내려보내 기록하는 지금의 나의 아들이 살아가는 모습이요, 그가 행하는 모습을 보고 너희가 그를 따르도록 그리하라.

31 그리하면 너희가 나에게 오를 것이니라.

32 그가 어떠한 길을 가든 어떠한 형태로

가든 그가 가는 길을 너희가 들여다 보며 그가 변하는 모습을 보고 너희가 더불어 같이 변하여 길동무가 되는 자, 나에게 오를 수 있음을 너희는 알아야 할 것이니 그리 알라.

6,261 번째 하나님 말씀

2003년 5월 28일 08시 57분

1 사랑하는 나의 아들아!
2 "네, 아버님! 말씀하옵소서."
3 세상에 앞을 보지 못하고 어렵게 살아
가는 백성이 천사라 내가 너에게 깨우
쳐 주었음이니라.
4 눈을 뜨고도 세상을 제대로 보지 못하
는 백성이요, 눈을 뜨고도 아름다움의
감사함을 모르며, 눈을 뜨고 저희가
눈이 먼 자보다 얼마나 유익한 삶을
사는가?
5 그리고 눈이 멀어 보지 못하는 자는
세상의 아름다움을 보지 못하며 얼마
나 불편한 삶을 사는가?
6 그러면서도 마음의 자세가 곧으며 곧
게 살아가는 그와 같은 자를 눈을 뜨
고도 세상의 아름다움을 보지 못하며
세상의 이치를 보지 못하는 백성을 깨
우치기 위하여 내가 그들을 세상에 내
려보내 눈이 먼 삶을 살게 하였음이
니, 너희를 깨우치고 가르치고자 함이
니라.
7 입이 있어도 말을 못 하지 않느냐?
8 입이 있어도 말을 못 하는 자, 그는 왜
그렇게 세상에 내보냈는가?
9 너희가 입이 있어도 거짓된 말만 하며
독설을 하는 자, 그리고 남을 흉보는
자, 들어서는 안 되는 말을 함부로 하
는 자, 입이 있으면서도 제대로 살지
못하며 제대로 쓰지 못하며 입이 있기
에 사악한 짓이요, 거짓된 짓이요, 욕
설을 함부로 하는 그와 같은 자들을
깨우치기 위하여 입이 있어도 말을 못
하며 살아가는 그를 보고 너희를 깨우
치고 바른 삶을 살도록 하고자 함이라
내가 그리하였느니라.
10 듣지 못하는 자는 어떠하던가?
11 너희는 귀가 있어도 들을 소리, 듣지
않을 소리도 선별하지 못하며,
12 그 귀는 그저 들을 소리, 안 들을 소리
를 들어 그를 너희 마음대로 말을 전
하여 만들어 내는 그와 같은 것은 귀
가 있어 듣는 자가 듣지 못하는 자보
다도 얼마나 어리석은 삶을 사는가?
13 또한, 신체가 부족한 너희 형제요, 그
들을 내가 왜 세상에 내보냈는지 아는
가?
14 멀쩡한 너희가 깨우치지 못하며 멀쩡
한 너희가 바로 살지 못하기에 너희
를 깨우치고자 그리함이니라.
15 불편한 자가 정상적으로 아름다운 삶
을 산다 하면 멀쩡한 육신을 가진 너
희가 어찌하여 그들보다 더 아름다운
삶이요, 곧은 삶을 살 수 없단 말이던
가?
16 나로부터 정상적인 신체 조건을 갖고
나간 너희는 몸이 불편한 자가 계단
을 오르기가 얼마나 힘이 들며, 산을
오르기가 얼마나 힘이 들며, 그 몸이
불편한 자들이 행동하기가 얼마나 불
편하고 힘든지 아는가?
17 그것을 다 넘어 축복과 은혜 속에서

편안한 몸놀림이요, 편안한 행동으로
써 살아갈 수 있는 너희가 감사하지
않으며 은혜를 모르는 것을 본보기로
깨우치려고 그들이 그리되었음이니
라.
18 너희 몸이 아무리 정상이고 아무리 깨
끗하면 무엇하는가?
19 거짓된 짓과 욕심과 사악한 행위를 멀
쩡한 자들이 더 함이니,
20 몸이 불편하나 거짓되지 아니하며 남
을 속이지 않으며 바르게 살아가는 그
와 같은 자들을 세상에 내보내는 것은
몸이 성하면서도 독설과 거짓과 욕심
과 안락한 생각을 하며 살아가는 너희
를 깨우치려고 본보기로 만들어 그리
세상에 내려보냈으니,
21 그들이 다 천사와 같은 자요, 천사로
서 임무를 갖고 세상에 나간 자라는
걸 너희는 알아야 할 것이니,
22 그 모두를 보고도 깨우침이 없으며 변
함이 없으며 감사함을 모른다는 것은
너희는 나의 백성이 될 수 없음이니라.
23 건전한 신체요, 건장한 육체 조건을
가진 너희가 불편한 몸을 가지고 살
아가는 자, 듣지도 못하고 보지도 못
하고 말하지 못하는 불편함을 느끼고
살아가는 나의 천사들보다도 더 사악
하게 산다 하면 너희는 어떤 형국이
라 말하는가?
24 과연 너희가 인간으로서 자격이 있으
며 인간으로서 자질이 있는가?
25 또 너희가 믿음이라는 것을 알았다면
나 여호와가 존재함을 안다는 백성,
그와 같이 구원을 받았다 말하는 백
성, 너희가 또한 그들보다 더 험악하
게 그들보다 잘못 살아가며 그들보다
행동을 바르게 못 한다면 너희는 어
떤 인간들이던가?
26 짐승만도 못한 자가 아니던가?
27 그러한 자들이 어찌하여 나에게 구원
을 받을 수 있으며 나에게 오른다 말
하는가?
28 이와 같은 무서운 이치를 깨달았다면
너희가 나의 법전을 읽는 그 순간부터
바로 서고 바로 사는 삶을 살지 아니
하면 아니 될 것이니 그리 알라.

6,262 번째 하나님 말씀

2003년 5월 28일 09시 04분

1 사랑하는 나의 아들아!
2 "네, 아버님! 말씀하옵소서."
3 수천 년 동안 흘러오며 믿음의 역사를
가지고 왔으며 구원의 길을 간다고 믿
고 오는 그 백성, 너희 조상이 나에게
오른 자가 없으며 지옥 불로 그들이
가 그 죄의 대가를 치르고 있으며,
4 또한 그들이 너희를 바라보며 지금의
믿음의 길을 가는 백성, 구원을 받았
다 말하는 백성, 그리고 잘못된 종교
집단이요, 지도자들 밑에서 강론이요,
설교를 들으며 구원을 받는 것처럼 착
각하는 자,
5 부모를 찾아보기를 소홀히 하며 부모
를 공경하기를 뒷전으로 하며, 그저
교회라는 곳에 와 헌금하고 봉사하면
구원을 받는다며 너희 조상처럼 똑같
은 그 길을 가는 너희를 바라보는 지
옥에 있는 너희 조상의 아픈 마음을
너희는 알고 있는가?

6 너희가 얼마나 어리석은 행위를 하고
있는가?
7 너희에게 그 마음을 전하고 깨우치고
자 하여도 전할 수 없는 그들의 안타
까운 마음을 과연 너희는 알 수 있겠
는가?
8 지금의 모든 믿음은 나 여호와의 백성
으로서 나를 위한 믿음이 아니라,
9 자신을 위한 믿음이요, 자신의 육의
향락을 위하여 너희가 살아가는 그와
같은 믿음으로 전락하여 지금 지옥으
로 떨어져 가고 있음이니,
10 차라리 믿음을 찾지 않는 자, 믿음을
모르는 백성만도 못함을 너희는 알아
야 할 것이니라.
11 너희가 믿음이라는 것을 가는 자가 지
금 땅으로 전락하며 지옥으로 전락하
는 것은 너희가 하늘의 복을 받고자
기도하는 것이며, 지상에서는 육의 삶
에 대한 모든 복을 받고자 원하는 것
이니,
12 너희가 기복 신앙의 대표자로 지금
전락하였음을 알아야 할 것이니라.
13 너희가 나 여호와의 능력이요, 나의
권능으로써 지상에서 육의 삶에 축복
을 얻으며, 또한 죽어 하늘에 와서도
축복이요, 구원이요, 영광을 받기 위
한 그와 같은 너희 자신만을 위한 믿
음을 믿고 있는 것이 아니던가?
14 너희가 너 자신만을 위한 믿음이 아
니라면 네 부모를 소홀히 하며, 너희
의 형제에게 소홀히 하며, 오로지 너
희 손으로 지은 교회라는 곳에 와 그
저 각종 헌금을 바치며 그리고 재물을
바치며 모든 것을 봉사하는 그와 같은
기복 신앙의 대표적인 자의 삶을 살지
아니할 것이니라.
15 돼지머리를 놓고 기복 신앙을 가는 자
는 항상 그러는 것이 아니니라.
16 필요에 따라 그저 1년에 한두 번 그와
같은 길을 감이니라.
17 똑같은 기복 신앙의 원조인 너희는
하루도 빼놓지 아니하고 그 기복 신앙
에 가 고개 숙여 광란의 짓을 하고 있
으니, 그 죄의 무거움이 얼마나 가중
되는 것인지를 알겠는가?
18 지금 종교 집단의 행태가 그러한 형국
임을 잊지 말라.
19 나 여호와가 나의 법전에 기록하여 증
거하여 전함이니, 너희가 죽어 내 앞
에 왔을 때 이게 심판의 근본이요, 이
를 알게 될 것이니, 이는 거짓됨이 없
으며 헛소리로써 기록하는 것이 아님
을 너희는 알라.
20 나 여호와의 뜻에 의한 믿음이요, 진
리의 길이요, 그리하여 너희가 나에게
오르는 것이 아니요, 자신의 욕구를
채우고 이루고자, 또 그 뜻을 이루고
자 나를 찾으며 예수를 구제주라 부르
며 탐욕스럽게 지금 가고 있는 것이
극에 달하였음이니라.
21 자신을 위한 믿음이요, 자신을 위해서
가는 그 욕심이 극에 달하였으며, 그
탐욕스러움이 하늘에서도 놀랄 정도
로 그리 사악해져 있는 백성이라는 것
을 알고 있는가?
22 지금 모든 백성 너희는 구원과 물질
두 가지를 가지고 다 이루고자 하며
종교 집단이요, 지도자에게 이용당하
며 쓰이고 있음을 잊지 말라.

23 믿음이라는 것은 두 주인을 섬길 수
없으며 오로지 나 여호와만을 섬기는
것처럼, 재물과 믿음 두 가지 길을 양
손에 떡을 들고 가는 종교 지도자요,
집단은 결국 너희를 우롱하는 자요,
저희의 생계 수단으로써 너희를 이용
하고 악용한다는 것을 잊지 말라.
24 절대 두 주인을 섬길 수 없는 것이 믿
음이니라.
25 예수가 두 주인을 섬겼던가?
26 그가 재물을 거둬들였으며 그가 성전
을 지었으며 많은 성전을 궁전처럼 호
화롭게 지어 거기서 호의호식하며 제
왕적인 행위를 하며 만백성을 깨우쳤
던가?
27 단벌 옷에 그저 때와 장소를 가리지
아니하고 사람이 있는 곳에 가 가르쳤
고 전했음이니라.
28 그러니 그와 같은 나의 아들 예수가
본보기요, 그게 정답이니, 그를 역행
하는 믿음의 길을 가는 자는 지옥행
으로 가는 것임을 잊지 말라.
29 너희가 가장 우상을 섬기고 또 기복
신앙을 하는 대표자이니라.
30 지금까지 오는 모든 종교 집단, 지도
자, 그리고 구원을 받고자 몸부림친다
는 백성, 구원을 받았다 하는 신도 너
희가 우상을 섬기는 자이며 기복 신앙
의 대표자로서 전락하였다 함을 잊지
말라.
31 이를 만백성은 읽고 깨우쳐야 할 것
이니라.
32 나의 성령이요, 나의 뜻을 새로운 성
경 속에 이와 같은 내용을 기록함이니,
33 이 책은 영원히 증거할 것이며 영원히
보존될 것이며, 만백성이 이를 보고
깨우쳐 하늘에 오르는 길의 역사를 이
룸이니, 이는 거짓을 기록하는 것이
아니요, 사탄의 뜻을 기록하는 것이
아님을 알라.
34 창조주 나 여호와가 새로운 성경이요,
법전을 세상에 내려보내는 것은 나의
뜻임이니, 여기에 있는 것을 한 획, 한
자도 너희가 소홀히 하지 말며 정독하
고 깨우쳐 너희 것으로 만들도록 그리
하라.
35 그것만이 너희가 구원을 받을 수 있
으며 나에게 오르는 길임을 잊지 말
라.

6,263 번째 하나님 말씀

2003년 5월 28일 23시 08분

1 사랑하는 나의 아들아!
2 "네, 아버님! 말씀하옵소서."
3 내가 세상에 한 생명이 있는 미물 하
나를 내려보냄이니, 그가 먹고살 수
있는 모든 준비를 내가 다 같이 내려
보낸다 그리하였음이니라.
4 내가 사랑하는 피조물 만백성 너희를
세상에 내보내며 너희가 먹고 쓰고
자며 모든 것을 할 수 있는 것을 다 내
가 같이 세상에 내려보냄이니 그 뜻
을 알겠는가?
5 내가 세상에 한 사람을 내려보내며
그가 바르고 곧게 살아 나에게 돌아오
는 그 길에 너희는 나로부터 받을 만
한 그 상이요, 그 모든 것이 다 수없이
쌓여 있음을 알고 있어야 할 것이니라.
6 내가 너희에게 내리고자 하는 상이요,

내가 너희에게 내리고자 하는 은혜가
수없이 쌓여 있으나,
7 그를 제대로 받아 가는 자, 그를 받을
수 있는 자가 없다 하면, 과연 이를 내
리고자 하는 나 여호와의 마음이 어떠
하겠는가?
8 너희는 그와 같은 나의 아픈 마음을
알아야 할 것이니라.
9 내가 바로 사는 백성, 나의 뜻에 따라
사는 백성, 순종하며 바르고 곱게 사
는 그 백성을 위하여 육의 세상에 모
든 상을 내릴 것을 수없이 준비했으며,
10 너희가 죽어 나에게 올 수 있는 그 영
광의 방법이요, 길까지 내가 다 준비
하여 세상에 내려보냈다 하였음이니
라.
11 그러니 너희가 내가 내리는 그 은혜
와 상을 받을 수 있는 것은 너희가 얼
마만큼 바르고 곱게 천사와 같은 심성
으로 변해 가는 마음의 자세로써 산다
면 너희에게 내려 줄 수 있는 상이 그
득함이니,
12 그를 받고 못 받는 것은 너희에게 달
렸음을 알라 일찍이 나의 아들을 통하
여 전했음이니,
13 너희가 힘들고 어렵다 하여 역사하지
못한다는 생각 그 모두는 너희 마음
자리가 비어 있지 아니하며 너희가
원죄라 말하는 그 마음의 욕심을 버리
지 못하고 있기 때문임을 알아야 할
것이니라.
14 너희는 원죄를 지은 것이 아니라 내
가 그리 말하였음이니라.
15 아담과 이브가 선악과를 따먹은 그 자
신이 무엇이던가?
16 그들 또한 욕심으로써 그와 같은 역사
를 이루었음이니, 그들이 지은 죄는
그들이 받았다 내가 그리 말하였으나,
17 그들이 가진 그 욕심의 뿌리의 마음은
중단되지 아니하고 너희의 마음속을
통하여 계속 지금까지 흘러오고 있음
이니, 그 마음을 뿌리째 뽑은 자가 없
다 하였음이니라.
18 지금 아담과 이브가 선악과를 따먹은
것이요, 사탄의 꼬임에 의하여 그들이
그를 따먹은 것, 그들이 선택한 것이
바로 무엇이던가?
19 그들의 마음의 욕심이었음이니라.
20 그 욕심의 뿌리를 계속 구상하며 그를
가지고 지금 마음속에 그 욕심을 가지
고 있는 자는 그게 바로 무엇이던가?
21 사탄의 꼬임의 농간에 놀아난 그 아담
과 이브요, 그들이 욕심에 의하여 그
리되었음이니, 그 마음을 지금도 너희
가 버리지 못하고 있음이니라.
22 너희가 원죄를 짊어진 것은 아니나,
그 욕심의 마음을 버리지 못하고 똑같
이 그 마음이 지금까지 흐르고 있음이
니, 이를 보는 나 여호와가 뭐라 말하
였느냐?
23 너희가 나로부터 받을 수 있는 상이
무한히 준비가 되어 있음이니, 그리
받아 가는 것은 너희의 노력이라 하였
음이니라.
24 아담과 이브부터 흘러오는 인간 너희
의 마음속에 가지고 있는 그 욕심의
근본 뿌리를 뽑으라는 것이니라.
25 그 욕심의 뿌리를 뽑지 못하는 자는
지금 변화된 백성이 아니며 나에게 오
를 수 있는 백성이 아니라는 것을 알

아야 할 것이니라.
26 그 욕심을 버리지 못한다면 결국 무엇
이던가?
27 너희는 사탄으로부터 유혹당하여 그
선악과를 따먹은 아담과 이브의 그 사
탄과 뱀의 가르침과 무엇이 다르겠는
가?
28 그와 같이 마음을 비우지 못하며 욕심
을 버리지 못한 자들에게 가르치고 또
그들을 인도한다 하는 것은 바로 무엇
이던가?
29 너희가 선악과를 따먹은 그와 같은 욕
심의 뿌리를 버리지 못하였으니, 선악
과를 따먹도록 유혹했던 그 사탄이요,
뱀의 유혹한 그 뜻이 지금까지 너희의
가르침이요, 하늘에 오르는 길이라 하
여 계승되고 있음이니,
30 이리하여 내가 너희가 지금 가는 믿
음이요, 하늘에 오르고자 하는 것은
나와 관계없다 한 것이 여기에 있음이
니라.
31 사탄이 유혹했던 그 뱀의 가르침과 잘
못된 종교 집단이요, 지도자들이 가르
치는 것, 욕심을 버리지 못한 종교 지
도자가 단상에 서서 설교한다 하면,
32 그리고 너희가 편안하게 하늘에 오를
수 있다는 생각 그 자체도 욕심을 버
리지 못한 자들이니,
33 아담과 이브가 선악과를 따먹도록 유
혹한 그 뱀의 혀에 의하여 욕심의 그
뿌리를 가졌던 그 마음을 버리지 못한
종교 집단이요, 지도자가 가르침이니
바로 무엇이던가?
34 그 뱀이요, 사탄의 가르침을 계속 전
하고 가르치는 그와 같은 자가 되고
있음이니라.
35 그러니 말로써 구원을 받으며, 어렵고
힘든 고통의 길이 아니요, 쉬운 방법
으로써 구원을 받아 하늘에 오르며 나
의 아들 예수의 보혈로써 너희는 구원
을 받은 백성이라 그리 말하는 자,
36 고통스럽고 힘든 예수의 그 삶의 길을
본보기로 가르쳐 하늘에 오르고자 하
는 것이 아니요, 쉽게 하늘에 오르고
자 하는 자는 너희 욕심이니, 그게 또
무엇이더냐?
37 사탄이니라.
38 뱀이 되어 아담과 이브를 유혹했던 그
욕심을 버리지 못한 종교 지도자들,
또 그 밑에서 배우는 너희가 똑같은
자들이니,
39 지금도 그 뱀의 가르침을 배우고 가르
치고 전하는 형국의 꼴이 되었음을 잊
어서는 아니 될 것이니라.
40 이처럼 무서운 사실을 내가 나의 법전
에 기록하여 너희에게 하나하나 깨우
쳐 줌이니, 그러고도 너희가 깨닫지
못한다면 이는 영영 나에게 돌아올 수
없다는 것을 잊지 말라.

6,264 번째 하나님 말씀

2003년 5월 28일 23시 15분

1 사랑하는 나의 아들아!
2 "네, 아버님! 말씀하옵소서."
3 모든 종교 집단이요, 지도자들이요,
그리고 나의 백성 너희는 그리 말하
느니라.
4 너희가 아무리 이 세상에 어떠한 형국
으로 살아온다 하여도 너희가 죽어

갈 때는 빈손으로 왔던 것처럼 빈손으
로 간다 그리하였으며 아무것도 가져
가는 것이 없이 빈손으로 가는 것이
너희의 인생이라 그리 가르침이니라.
5 그리하여 내가 나의 아들을 통하여 뭐
라 말하였느냐?
6 너희는 육의 세상에 살다 빈손으로
왔다가 빈손으로 간다 하나, 너희는
선과 악의 행함을 가지고 감이니, 그
는 곧 나에게 와 심판을 받기 때문에
선과 악을 가지고 나에게 오니,
7 너희는 선과 악의 두 발자취로 와서는
아니 되며, 악이라는 그 발자취는 지
워 버리며 선이라는 발자취만 가지고
와야 한다 그리 말하였음이니라.
8 그러나 내가 나의 아들을 따르는 제자
들이요, 나의 법전을 읽고 깨우친 백
성 너희가 그 깨달음의 경지가 높음
이니, 내가 너희에게 하늘의 뜻을 하
나 더 가르치고자 함이니라.
9 너희가 이 세상에 올 때 너희 마음대
로 빈손으로 왔다 그리 말하나, 너희
가 나에게 올 때는 빈손으로 가는 것
이 아니요, 나에게 오는 것이 아님을
알아야 할 것이니라.
10 너희는 무거운 짐이요, 더 이상 질 수
없을 만큼, 더 들 수 없을 만큼, 너희
가 걸을 수 없을 만큼 무거운 짐을 지
고 나에게 온다는 것을 알아야 할 것
이니라.
11 너희가 이 세상에 살면서 그 물질이
요, 재물이요, 눈으로 보이는 것은 모
든 것을 다 두고 가지고 오지 못하니,
그리하여 빈손으로 왔다가 빈손으로
가는 것이 인생이요, 그리고 아무것도
가지고 갈 수 없다 그리 말하나,
12 너희는 여기서 알아야 할 것이니라.
13 너희가 지금까지 살아오면서 어떻게
살았느냐 하는 것, 그 모두가 다 너희
를 따라간다고 내가 그리 말하지 아니
하였던가?
14 너희가 선한 마음을 가지고 사는 것,
악한 마음을 가지고 사는 것, 너희 부
모에게 효성 하지 못한 것, 공경하지
아니한 것, 형제지간에 화목하지 못한
것, 이웃 간에 화목하지 못한 것, 그리
고 나의 피조물 만백성 간에 살아가면
서 반목하며 거짓된 행위를 하고 산
것,
15 그와 같이 너희가 살았던 그 모습을
다 짊어지고 나에게 온다는 것을 너희
는 잊어서는 아니 될 것이니라.
16 너희는 인간 세속에서 살았던 그 모두
를 다 힘들게 짊어지고 나에게 온다는
것을 알아야 할 것이니라.
17 너희가 재산을 어찌 모았으며 재산을
어찌 관리하였으며 재산을 어찌 썼는
가 하여 금화와 은화는 가지고 오지
못함이니,
18 인간 세상의 육은 죽어 가는 것이요,
영혼은 나에게 오는 그 이치를 안다
면, 너희가 자라가는 그 모든 짐을 지
고 온다는 그 의미를 알게 될 것이니
라.
19 너희가 인간 세속에서 살다 명을 다
하여 죽음이니, 육은 한 줌의 흙으로
돌아가는 것이요, 너희 영혼은 나에게
와서 심판을 받음이니,
20 너희가 지금까지 살아왔던 모든 재물
이요, 재산 그 모두를 다 놓고 오는 것

은 너희 육이 죽어 한 줌의 흙으로 돌
아가는 것처럼 이 세상의 모든 인연이
끝나나, 너희가 그를 관리하고 어찌
썼으며 어찌 통제했는가?
21 그리고 너희가 어떤 마음을 가지고
어찌 살았으며, 어찌 재산을 모았으
며, 어찌 재산을 함부로 썼으며, 어찌
하여 너희가 관직에 올랐으며, 너희가
어찌하여 인간 세상에 성공한 자요,
또는 부귀영화를 누린 자라 하는 것,
그 모든 형태는 육이 죽어 가는 순간
에 그것도 다 죽어 묻힘이니,
22 그것도 다 육이 썩어 한 줌의 흙으로
돌아가는 것처럼 다 죽으나, 그를 가
지고 쓰고 사용했던 너희 형태는 그
대로 영원히 나에게 와 심판을 받듯이
그 모든 것을 짊어지고 와 나에게 심
판을 받음이니,
23 그때부터 너희는 천국의 문을 들어설
자와 들어서지 못할 자를 알게 됨이니
라.
24 너희가 짊어지고 오는 그 짐이 악한
짐이 무거워 고개를 들지 못하며 발걸
음을 떼어 놓지 못하는 자는 영영 나
에게 올 수 없는 것이요,
25 선이 많으며 악이 없는 자, 가볍게 짊
어지고 나에게 올 수 있는 자는 바로
천국의 문에 와 나에게 심판을 받는
그와 같은 이치라는 것을,
26 내가 하늘의 비밀이요, 하늘의 뜻을
너희에게 이리 손에 쥐여 줘 깨우쳐
주거늘,
27 그러고도 너희가 세상 무서운 줄 모
르며 하늘이 두려운 줄 모르며, 너희
삶이 얼마나 소중한 것이며 너희 육
의 행함이 얼마나 소중하고 위대한
것인가를 모른다면, 너희는 정녕 나로
부터 구원을 받을 수 없는 백성이라는
것을 알라.
28 나의 세상에서 모든 백성이 행하고
산 그 모든 것을 다 갖고 옴이니라.
29 재산은 썩어지는 육과 같이 너희가 죽
는 그 순간에 모든 것이 그것으로 끝
나나, 그것을 관리했던 그 모든 형태
는 그대로 다 내가 심판할 때까지 그
를 짊어지고 온다 하였음이니, 이를
잊어서는 아니 될 것이니라.
30 그 재산을 어떻게 너희가 썼느냐, 그
리고 어찌 활용했느냐, 인간관계를 어
찌 맺어 왔느냐, 너희가 어찌 무엇을
역사했느냐 그 모든 것을 심판을 받음
이니, 그 모양이 그대로 나에게 옴을
알라.
31 그를 너희가 다 짊어지고 옴이니라.
32 선한 일을 한 자는 천사들이 들어줌이
니 가벼울 것이요, 악한 일을 한 것은
사탄이 눌러대니 그 무거운 짐을 스스
로 지고 갈 수 없음이니라.
33 그러니 바로 너희가 죽는 그 순간에
너희의 짐이 어떤 것이 무거우냐에 따
라 결정되는 것을 그때 알 것이니라.
34 그러니 무거운 자는 나에게 심판을 받
으러 올 수 없음이니 심판을 받지 못
하고 지옥으로 가며, 가벼운 자는 나
에게 날아올 수 있어 나비처럼 날아
나에게 올 수 있는 것이 너희이니 이
와 같은 이치를 알라.
35 이 무서운 하늘의 뜻을 이제는 나의
아들을 따르는 제자들이요, 나의 법전
을 읽고 깨우친 백성 너희가 하늘의

이치를 알기에 내가 오늘 나의 아들을
통하여 너희에게 전함을 알라.
36 이 모두가 너희를 사랑하며 너희에게
크나큰 은혜요, 영광임을 알아야 할
것이니라.

6,265 번째 하나님 말씀

2003년 5월 28일 23시 21분

1 사랑하는 나의 아들아!
2 "네, 아버님! 말씀하옵소서."
3 나의 백성 중에 가장 불행한 백성이
어떤 백성인 줄 너희는 알겠느냐?
4 내가 너에게 일찍이 말하였음이니라.
5 지금 아담과 이브가 선악과를 따 먹도
록 한 그 뱀의 가르침이요, 그 유혹에
의하여 그들이 무너졌으며 부끄러움
을 알게 되었음이니, 그것이 바로 욕
심에서 그리 행했다고 그리 말하느니
라.
6 그리하여 그 뱀의 가르침에 현혹되어
넘어간 그 욕심을 버리지 못한 종교
지도자요, 종교 집단들이 지금 나의
피조물 만백성을 인도한다 하는 것,
7 그곳에 와서 너희가 구원의 길이라
하여 그 욕심 또한 서로 버리지 못하
며 그곳에 가 구원받는다고 울고불고
하는 그와 같은 백성 너희가 얼마나
불행한 자이며 잘못 살아가는 백성인
가를 알겠는가?
8 그보다 더 불행한 백성이 없음이니라.
9 욕심을 버리지 못한 종교 지도자 그들
이야말로 타락된 종교 지도자이며 뱀
의 가르침을 계승 받아 가르치는 자
들과 그 가르침을 그대로 따르는 자들
이며, 그를 수행하는 자들이며,
10 역행할 용기가 없으며 역행하지 못하
는 종교 지도자들은 뱀의 가르침을 그
대로 나의 피조물 만백성에게 가르치
는 것이니, 그들보다 더 불행한 자가
없으며,
11 그를 믿고 따르는 신도라는 백성도 욕
심을 또한 버리지 못하였으니 또한 너
희가 가장 불행한 백성이니라.
12 너희는 그 욕심을 버리지 못하며 뱀의
가르침을 가지고 지금 가르치는 종교
지도자요, 집단으로 그리하기에, 나의
사랑하는 백성이 지금 마음의 문을
열지 못하고 있으며 모든 백성이 다
문을 닫고 살아감이니라.
13 그리고 너희가 믿음의 길이요, 구원의
길이라 하여 종교 집단이요, 교회라
하여 성전을 지어 놓으며 궁궐보다 더
꾸미고 아름답게 장식해 놓으며 거기
서 나의 피조물 만백성을 가르친다고
하는 것이 무엇이냐?
14 뱀이 나의 아담과 이브에게 속삭여 넘
어뜨렸던 그 욕심의 근본을 너희가
이어받아 지금 역행하는 자라는 걸 잊
지 말라.
15 그리하여 나의 피조물 만백성이 부정
적인 선입견으로써 너희를 보고 있으
며, 나의 피조물 만백성이 부정적인
선입견을 벗어나지 못하게 한 것이
너희이니,
16 그리하여 가장 불행하고 사악한 자들
로 하여금 나의 사랑하는 백성까지
세상을 보는 것을 바로 보지 못하며,
나 여호와를 찾는 모든 백성이 참진리
가 세상에 내려온다 하여도 마음의 문

을 열지 못하게 만들었으며,
17 모두를 부정적으로 만들었으며, 나 여
호와를 찾는 그 자체를 좋지 않은 선
입견으로써 그들의 머리에 심어 주었
으며 그들의 가슴에 심어 주었음이니
라.
18 그것이 너희가 지금까지 지어 온 죄이
니라.
19 그리하여 모두 듣고 체험한 나의 백성
그들이 지금 어떠한 생각을 하고 있느
냐?
20 세상사 살아가면서 그들은 듣고 보고
배우고 체험한 그 모두가 종교 집단이
요, 지도자요, 신도라는 자들에게 부
정적인 입장을 갖게 하여 그들을 깨
우치는 길로 인도하지 못함이니,
21 그리하여 내가 그들을 먼저 구원하고
자 지금 160권의 법전을 세상에 내보
내 이와 같이 나의 아들을 통하여 역
사하고 있음을 알라.
22 내가 나의 아들을 통하여 밤낮을 가리
지 아니하며 이와 같이 법전을 만들
어 만백성을 구하는 역사를 하는 것
은, 그 죄의 근본은 나 여호와를 찾으
며 나의 아들 예수를 부르면 구원을
받는다고 그리 말하는 욕심을 버리지
못한 종교 지도자요, 집단이요, 욕심
을 버리지 못한 신도 너희이니,
23 욕심을 버리지 못한 너희가 바로 뱀의
그 가르침이요, 뱀의 앞잡이가 되어,
24 뱀이 아담과 이브를 넘어뜨렸듯이 지
금 그를 받아들여 나의 피조물 만백성
을 세뇌시키며 무너트리고 그들을 죽
게 하며 지옥 불로 가도록 인도하는
것이 너희의 그 형태라는 걸 잊지 말
라.
25 나 아니면 그 누구도 이를 밝힐 수 없
으며, 나 아니면 그 누구도 나의 법전
에 기록하여 너희에게 깨우침을 줄 수
없을 것이니라.
26 이제 사랑하는 나의 피조물 만백성,
그리고 나의 아들을 따르는 제자들이
요, 나의 법전을 읽고 깨우친 백성 너
희는 하늘의 뜻이 이러하며 하늘의 천
기가 이리 무섭다는 것을 잊지 말라.
27 그리하여 바로 가며 바로 서도록 그리
하라, 사랑하는 나의 아들딸들아!

6,266 번째 하나님 말씀

2003년 5월 28일 23시 46분

1 사랑하는 나의 아들아!
2 "네, 아버님! 말씀하옵소서."
3 인간인 너희는 다 자기가 하여야 할
일이 있으며 자기의 직분이 있으며,
이 세상에 살아가는 자기가 가야 할
길을 가지고 세상에 나왔다 내가 그리
말하였음이니라.
4 그러니 그 사람들이 제 직분을 다하지
못할 때는 어찌 되겠는가?
5 너희 인간이 만든 기계라는 것도 그
기계가 제 직분을 다했을 때, 하나의
몸체인 그 기계가 제 기능을 발휘하며
모두가 역사하지 않는가?
6 그것의 하나가 잘못되었을 때 그 모든
기능은 역사할 수 없으며 그는 이루어
질 수가 없으며 제 기능을 활용할 수
없는 것이니라.
7 그러니 인간 세상에 너희가 나로부터
세상에 나갈 때 각자가 맡아서 나온

직분이 있으며, 너희가 하여야 할 길
이요, 역사할 자리가 있음이니라.
8 그러니 너희가 그것을 제대로 행하지
아니하며 그를 역사하지 못한다면 바
로 어떠한 형국이 생기던가?
9 너희가 기계의 한 부속이라 하면 그
크나큰 기계는 움직일 수 없는 그와
같은 형국이 되는 것이니라.
10 그러나 지금 종교 집단이요, 지도자라
하는 자들이 저 자신이 무엇인지 모
르며, 하늘에 오르는 길이요, 참진리
를 깨우친다는 그 방대한 조직이 그
물질적인 힘을 가지고 있는 그 모두가
제 기능을 하지 아니하며 나의 뜻을
거역하며 나의 뜻을 역행하는 그와 같
은 행위를 하고 있음이니,
11 이 지상의 나의 피조물 만백성이 타고
있는 이 지구가 제대로 움직여지며 제
대로 존재할 수 있겠는가?
12 그러니 나의 백성이 존재하는 인간
세속의 삶이 뒤죽박죽이 되었으며 질
서가 없으며 이와 같이 험악한 형국
이 되었음을 너희는 알아야 할 것이
니라.
13 그리하여 이 세상이 말세요, 종말이
요, 도둑이 들끓는다 말하는 그것은
가장 큰 조직이요, 방대한 힘을 가지
고 있는 너희가 죄의 원흉이라 내가
함이 여기에 있음이니라.
14 정밀한 기계일수록 하나의 부속이 잘
못되면 그 역사를 이루지 못하거늘,
창조주 내가 만든 나의 피조물 만백
성 너희가 나로부터 받아 나간 그 직
능이요, 제가 가지고 있는 그 특성을
살리지 못할 때, 이 지구라는 인간 세
속의 너희가 살아가는 그 틀이 무너
지고 깨지게 되어 있음이니라.
15 하물며 지금의 모든 종교 집단의 그
모든 인력과 그 많은 신도가 바로 이
세상을 파괴하는 주범이라는 것이 무
엇인 줄 알겠는가?
16 너희가 각자의 임무요, 각자의 갈 길
을 모르며, 우리 부자의 이름을 팔며
우리 부자의 이름을 부르며 나 여호와
를 찾으며 지금 사리사욕에 눈이 어두
워 생활의 대책으로 가고 있는 종교
지도자 그들을 따라서 너희가 하늘에
오른다는 그 욕심을 버리지 못하고 지
금 그를 따라가고 있는 이 형국이 잘
못되었으며 내 틀을 벗어나는 자라 그
리하였음이니,
17 그 많은 백성이 지금 제자리를 지키지
못하며, 그 틀을 벗어나 지금 방황하
며, 제 갈 길로 서로가 날뛰고 있으며
제가 가는 길이 하늘에 오르는 길이
라 하여 '나를 따르라.' 소리를 지르고
달려가는 그와 같은 형국이니,
18 이 세상이 도둑이 들끓으며 말세요,
마지막 시대에 세상을 뒤엎는 그와 같
은 형국이 이루어진다 하였음이니라.
19 바로 지금이 말세이니라.
20 모두가 다 제 나름대로 최고요, 저를
따르는 것만이 구원을 받는다고 그리
말하며 저희가 궤도를 이탈하는 것이
며 제자리를 이탈하는 것이며 제가 지
켜야 할 그 직분을 망각하는 자들이니,
21 기계의 부속이 다 제자리를 지키지 아
니하며 그대로 빠져 흐트러지고 다 못
쓰게 된 그와 같은 형국이니라.
22 이 사람이 이 부속을 빼 가며 저 사람

이 저 부속을 빼 가며 이리저리 그 부
속을 빼 가니,
23 형체만 남고 내부는 그 기능을 발휘할
수 없는 고물이 된 그와 같은 기계의
형국이 지금 내가 만든 이 지상이니라.
24 내가 이 지상을 하늘과 같이 아름다운
천국을 만들고자 했던 것이 나의 뜻이
니, 너희가 제자리를 지키지 아니하여
속은 다 썩을 대로 썩었으며 겉만 남
아 있는 그와 같은 형국이니, 그래서
이를 내가 바로잡고자 함이니라.
25 너희가 인성을 찾으며 바로 볼 때, 그
리고 너희가 선한 마음으로 살아가고
자 변할 때, 나의 법전에 기록한 그 내
용을 따르는 그와 같은 변화되는 삶을
살 때 너희가 모두 자기 직분을 알며
제자리를 알며 내가 만들어 놓은 그
틀에서 자기가 역사하는 것을 알게 되
는 깨우침을 얻을 것이니라.
26 그와 같은 변화가 없을 때 이 지상은
영원히 하늘에서 이루어진 것같이 낙
원이 이루어질 수 없음이니, 그를 바
로잡고자 하는 것이 나 여호와의 뜻이
라는 걸 잊지 말라.

6,267 번째 하나님 말씀

2003년 5월 28일 23시 51분

1 사랑하는 나의 아들아!
2 "네, 아버님! 말씀하옵소서."
3 이제 2부, 3부요, 네가 기록하여 놓은
나의 법전이 세상에 나오게 됨이니,
세상은 시끄러워질 것이며,
4 지금 뒤죽박죽 된 세상의 질서 속에
서 너희가 지금 우왕좌왕하는 그와
같은 세태가 벌어질 것이며 그와 같은
형국이 이루어질 것이니라.
5 바른길을 오지 못하며 제자리를 지키
지 못한 자들을 무섭게 다스려 제자리
에 들어가 제 직분을 다하도록 그리함
이니,
6 높은 자, 낮은 자, 가진 자, 갖지 않은
자, 어렵고 힘든 자, 그 모두를 자기
자리에 들어가 자기 직분을 다하도록
나의 법전이 이제는 그들을 다스려 나
갈 것이니,
7 이 세상이 한동안 질서를 잡기 위해
우왕좌왕 하며, 그리고 그를 거부하는
세력 그들과 같이 더불어 한때 환란의
역사가 시작될 것이니라.
8 이제 머지않아 나의 법전이 2부, 3부,
4부, 5부요, 이처럼 역사하며 세상에
나가게 됨이니,
9 세상이 온통 환란의 그 바람 속에 휘
말려 그리하여 다음의 질서가 잡히면
서 천 년의 역사를 이루어 내가 원하
는 지상의 낙원을 만들 것이며, 그 속
에서 살 자와 살지 못할 자가 구분되
는 그와 같은 역사가 이루어짐이니라.
10 그러니 너희가 지금부터 나에게 오르
며 구원을 받으며 하늘에 오르는 백성
이 되고자 한다면, 세상의 욕심과 지
금까지 믿고 온 구습과 지금까지 믿어
온 전례의 그 믿음에서 벗어나며 탈바
꿈을 하지 아니하면, 너희는 절대 나
에게 구원을 받을 수 없으며 하늘에
오르는 그 대열에 설 수 없음을 알아
야 할 것이니라.
11 나의 아들을 통하여 지금 이 많은 법
전이 세상에 나가기에 내가 하늘의 무

서운 뜻을 전함이니,
12 너희가 지금까지 오는 것은 세상의 욕
심에 의해 믿음을 왔으며 너희의 구습
이요, 너희의 뜻에 맞춰 모두를 다 변
질하며 너희 뜻에 맞춰 고쳐 지금까
지 나의 피조물 만백성을 우롱하며 이
끌고 왔음이니,
13 너희가 지금까지 왔던 그 모든 믿음
이요, 악습이요, 잘못된 구습을 다 버
리지 아니하면 너희는 구원을 받을
수 없다는 것, 너희는 나 여호와의 성
령으로써 거듭나는 그 역사를 하지 아
니하면 하늘에 오르는 길을 볼 수도
없다는 것, 너희가 그 의미를 깊이 깨
우쳐 행할 때가 되었음을 알라.
14 모두를 다 버리며 다시 태어나는 것이
요, 다시 태어나는 내가 내리는 새로
운 성경이요, 나의 법전을 보고 변화
되는 그와 같은 거듭나는 영광을 얻도
록 그리하라.
15 그리하지 아니한다면 너희는 정녕 나
와 관계없는 백성이라는 걸 머지않아
너희가 그 뜻을 알게 되며,
16 그와 같이 나로부터 떨어져 나갈 때,
그때는 너희가 나를 찾으며 울고불고
아무리 몸부림을 쳐도 다시 올 수 없
다는 것을 너희는 잊지 말라.

6,268 번째 하나님 말씀

2003년 5월 28일 23시 59분

1 사랑하는 나의 아들아!
2 "네, 아버님! 말씀하옵소서."
3 아담과 이브로부터 받은 그 욕심의 속
성을 지금까지도 버리지 못하고 사는
것이 나의 백성이라 내가 그리 말하였
음이니라.
4 그를 단절한 자가 없다 그리 말하였음
이니,
5 지금 그와 같은 욕심을 버리지 못하고
있는 것이 나의 백성이요, 또한 사탄
의 유혹에 넘어간 아담과 이브의 그
뜻을 지금까지도 너희가 버리지 못하
고 계승하고 있다 하면 과연 믿겠는가?
6 사탄의 유혹에 넘어간 아담과 이브가
버리지 못한 그 욕심을 지금 모든 피
조물 만백성이 가지고 있다 하면, 거
짓 종교 지도자들이요, 잘못 가르치는
그들이 지금 어떠한 역사를 하고 있는
가?
7 선악과를 따먹었던 그 악한 마음의 씨
를 아직도 버리지 못하고 있는 것이
너희이니라.
8 선악과의 열매를 지금도 계속 받아 뿌
리며 그리고 그를 받아먹는 것이 지금
의 신도요, 성도라는 자들이라면 과연
너희는 뭐라 말하겠는가?
9 그 마음을 버리지 못한 종교 집단이
요, 지도자들이 그를 계속 가르치고
있음이니, 그 선악과의 열매를 나의
사랑하는 백성에게 계속 전하며 그를
받아먹는 것이 너희 신도가 지금 가
고 있는 길이니라.
10 그러니 너희는 이를 보고 나 여호와를
사탄이요, 이단이요, 감히 여호와 하
나님이라 그리 말하지 아니할 것이며
그리 너희를 평가할 수 없다 그리 말
할 것이니라.
11 그러나 종교 지도자요, 집단 너희가
아담과 이브가 사탄에게 넘어가 그 욕

심으로써 그들이 잘못되었듯이, 그 욕
심의 뿌리를 버리지 못하고 가르치는
자, 너희는 결국 무엇이던가?
12 그 뱀이요, 사탄이 내린 그 욕심의 뿌
리를 버리지 못하였음이니,
13 선악과를 따먹게 했던 그것과 마찬가
지로 지금은 종교 집단이요, 지도자
너희가 사랑하는 나의 피조물 만백성
을 신도라 하여 그들에게 선악과를 계
속 따 던져 주고 있으며,
14 그 선악과를 받아먹고 있는 것이 신도
요, 성도요, 하늘에 오르는 길이요, 구
원을 받았다 말하는 자들이라면 과연
너희는 믿겠는가?
15 지금도 계속 너희는 그 선악과를 스
스로 먹고 있으며 종교 지도자들은 계
속 그 선악과를 끝도 없이 따서 너희
에게 던져 주는 그와 같은 형국이니라.
16 보기에 탐스럽고 보기에 먹음직하며
욕심나는 그것을 계속 따서 지금의 종
교 지도자들이 너희에게 전함이니,
17 그 탐스러운 선악과를 모르고 그것이
독소인지를 모르고 너희가 지옥으로
가는 것인지를 모르고 뱀이 아담과 이
브에게 내렸던 그 선악과라는 것을 모
르고 나의 피조물 만백성이 그를 계속
지금 받아먹고 있는 것이니라.
18 너희가 구원을 받았다 말하는 신도라
는 것을 알라.
19 이 얼마나 무서움 속에서 너희가 지
금 잘못 가고 있는가?
20 저 자신이 하늘의 뜻이 무엇이며 제가
해야 할 것도 모르며 그 뜻도 모르는
자들이 그 욕심을 버리지 못하고 나의
피조물 만백성을 깨우친다 함이니,
21 욕심이요, 기복 신앙에 연연하는 나의
백성에게 너희가 그 심성이요, 그 마
음을 이용하여 지금 선악과를 계속 먹
이고 있는 것이라는 걸 잊지 말라.
22 기복 신앙의 욕심에 젖어 있는 나의
백성, 그 기복 신앙에 연연하여 믿음
의 길을 가는 백성, 나 여호와의 뜻을
저희 식성에 맞도록 가감하여 지금 전
도를 하고 있는 것이 종교 집단이요,
지도자들이라는 것을 잊지 말라.
23 너희가 기복 신앙에 연연하는 나의 불
쌍한 백성에게 나 여호와의 뜻이요,
성서라는 것을 너희의 식성에 맞도록
가감하여 만들어 지금 구원의 길이라
하여 나의 피조물 만백성을 인도하니
그것이 바로 무엇인 줄 아는가?
24 선악과를 지금 계속 따 먹이며 그 선
악과를 받아먹고 또 받아먹는 자에게
계속 전하는 그와 같은 짓을 하고 있
는 자들이며, 그를 받아먹는 자들이라
는 걸 잊지 말라.
25 거짓 종교 지도자요, 집단의 기복 신
앙의 기도 소리에 너희가 미혹되어
독소의 설교 즉, 선악과를 스스로 받
아먹는 그와 같은 형국에 젖어 있음이
니,
26 여기에서 뛰쳐나오지 못하는 자, 거기
서 구원의 빛을 보지 못하는 자, 거기
에서 나의 새로운 성경이요, 나의 법
전을 보고 깨우치지 못하는 자, 나의
아들의 강론을 듣는 것, 내가 기계로
담아 나의 음성을 전하는 그 음성을
듣지 못하는 자,
27 그와 같은 것을 보고 구원하는 역사를
이루지 못하는 너희는 멸망의 지옥으

로 떨어지며, 당연히 한 번 떨어진 다
음에는 두 번의 기회가 없다는 것을
잊지 말라.

6,269 번째 하나님 말씀

2003년 5월 29일 0시 06분

1 사랑하는 나의 아들아!
2 "네, 아버님! 말씀하옵소서."
3 지금 수천 년 동안 믿음의 길을 온 그
백성이 어찌 가고 있느냐?
4 종교 집단이요, 지도자들이 저희가 이
름을 붙일 수 있는 대로 붙여 감사 헌
금이요, 십일조요, 특별감사 헌금이
요, 재물을 받으며,
5 그리고 성전을 궁궐같이 만들며 또 그
안을 호화롭게 꾸미기 위하여 나의 피
조물 만백성을 자극하여 그 재물을 거
둬들이기 위하여 어떠한 행동을 하는
가?
6 저희 스스로 나의 성경을 가지고 그
뜻을 제대로 음미하며 깨우쳐 만백성
에게 가르치기가 부족하며 그 방법으
로써는 재물을 거둬들이는 그 미끼로
쓰기가 부족하여 붕어라는 미물이 물
지 아니하니,
7 그들이 물 수 있는 미끼를 잡아 다시
던지는 그와 같은 사악한 방법으로 나
의 피조물 만백성에게 저 자신의 설
교요, 저 자신이 가르치는 것이 부족
할 때 간증 설교라는 것을 하여 너희
가 역사했다는 것, 그리고 기적을 이
루었다는 것, 그와 같은 간증 설교를
갖다 붙여 대며,
8 그리고 간증 기도를 하며 그와 같은
자들을 붙여대 너희는 재물을 거둬들
이는 미끼를 던지는 그와 같은 형국을
하고 있는 것이 아니던가?
9 그리하여 너희는 또 뭐라 하는가?
10 무슨 부흥회요, 무슨 집회라 하여 나
의 피조물 만백성을 자극하여 재물을
거둬들이며, 기도원이라 하여 또 금식
하여 역사를 이룬다 하여 온갖 방법으
로 수천수만 가지 이름을 붙여 재물을
거둬들이다 거둬들이다 더 거둬들일
방법이 없으니,
11 간증 설교요, 부흥회요, 집회요, 그와
같은 요란한 것을 하면서 나의 이름을
팔고 또 팔아 재물을 거둬들이는 그와
같은 사악한 행위를 하고 있는 것이
너희가 아니던가?
12 거짓된 자들이 나 여호와의 아들 예수
를 믿기만 하면 지상에서 무병장수한
다고 그리 가르치느니라.
13 그들이 사탄이요, 거짓 지도자이며 거
짓 선지자라는 것을 너희가 알아야
할 것이니라.
14 그저 두드리기만 하면 열릴 것이요,
구하기만 하면 준다 하니, 그리하여
너희가 예수를 믿기만 하면 그 예수를
믿는 순간에 너희는 부자가 되며 나
의 예수와 같이 되어 너희는 천국을
무조건 올 수 있다고 그리 가르침이니,
15 이것이 바로 얼마나 사악한 자들이 지
금 나의 피조물 만백성을 지옥으로 이
끌어 가는 형국인 줄 알겠는가?
16 심지어 저희가 인도자며 지도자며, 저
희로 인하여 천국에 올라올 수 있는
그 길을 안내한다 하며 저희에게 복종
하는 자, 맹종하고 맹신하는 자는 무

조건 하늘에 오르는 길에 그들을 밀어
넣어 나에게 올라올 수 있도록 안내자
가 되는 것처럼,
17 저희를 따르지 아니하며 저희의 말을
듣지 아니하면 절대 구원을 받을 수
없는 것처럼 그리 나의 피조물 만백성
을 세뇌시켜 끌고 가는 것이 그들이니
라.
18 그러면서 뭐라 말하는가?
19 저희의 그 믿음으로 인하여 열심히 믿
는 자, 재물을 많이 갖다 바치는 자는
주변의 자식이요, 또한 저희 형제까지
도 구원을 받을 수 있다는 그와 같은
방법으로써 그들을 일깨워 주며 그들
을 현혹하고 가는 것이니,
20 지금까지 너희의 모든 믿음이 바로
무엇이던가?
21 기복 신앙의 대표자이니라.
22 너희는 기복 신앙의 대표자로서 사행
심을 부추기며 사행심을 극도로 자극
하여 그들이 너희의 감언이설에 속아
재물을 바치며,
23 지금 구원의 길이라는 것이 지옥으로
가는 표를 산다는 것을 모르도록, 그
리고 판단하지 못하도록, 깨닫지 못하
도록 너희가 나의 피조물 만백성을
속이며 지금 이끌고 가고 있음이니,
24 그들이 바로 천국이라는 그 길이 지옥
행 열차를 타고 간다는 것을 모르고
있음이니라.
25 이제 너희는 전해야 할 것이니라.
26 나의 법전을 만백성에게 전하여 그들
을 깨우쳐 저희가 구원의 길이라 하
여 지금 가고 있는 것이 잘못 가고 있
다는 것을,
27 사행심이요, 그 욕심을 버리지 못하고
가는 자들이 지옥행 열차를 타고 있다
는 것을,
28 그리하여 그 열차에서 뛰어내리는 자,
그 열차를 타지 아니하는 자만이 구원
을 받을 수 있다는 것을 너희는 모든
힘을 다하여 그들에게 깨우쳐 줘야 할
것이니라.
29 내가 하늘에서 내려다보는 너희의 그
행동이 얼마나 추하고 더러운지 알겠
는가?
30 성서의 그 비유의 뜻을 알지 못하며
그 깊이를 모르니, 그것을 가지고서는
나의 피조물 만백성이 저희를 따라오
지 아니하며, 저희에게 재물을 바침을
소홀히 하며 십일조 냄을 소홀히 함이
니,
31 저희가 간증 설교요, 기도라는 것, 부
흥회라는 것, 모든 방법을 동원하여
그들을 자극하여 그들로 하여금 헌금
을 받아들이며 재물을 거둬들이며 그
들에게 사행심을 심어 주며 천국의 구
원을 받는다는 그 욕심에 불을 질러
그와 같이 나의 피조물 만백성을 우롱
하니,
32 그들이 바치는 순간에 저희의 죄만
하나 더 걸머진다는 것을 이제 그들에
게 전하도록 하라, 사랑하는 나의 아
들딸들아!

6,270 번째 하나님 말씀

2003년 5월 29일 0시 15분

1 사랑하는 나의 아들아!
2 "네, 아버님! 말씀하옵소서."

3 이제는 너의 제자들이라도, 그리고 나
의 법전을 읽고 깨우친 만백성 너희라
도 정녕 진정한 지도자는 어떠한 지도
자며,
4 어떠한 것이 거짓 선지자요, 말세에
오는 거짓 선지자요, 너희를 현혹게
하는 자들인가, 이제 너희는 확실히
구분을 하여야 할 것이니,
5 내가 오늘 나의 아들을 통하여 다시
한 번 너희에게 깨우쳐 줌이니라.
6 내가 일찍이 너희에게 뭐라 깨우쳤던
가?
7 진정한 종교 지도자는 천국에 들어가
는 것이 얼마나 어렵고 힘든 것이며,
그는 보통 너희가 역사할 수 없는 길
이라 그리 말함이니,
8 예수의 삶을 그대로 사는 자, 예수가
행한 것을 그대로 행하며 사는 자, 그
와 같이 행하지 아니하면 절대 너희는
하늘에 오를 수 없으며 갈 수 없다고
말하며 그리 가르치는 자, 그것이 진
정한 종교 지도자이니라.
9 예수가 죽음으로써 모든 백성을 사랑
했으며 그를 죽이는 자를 사랑했듯이,
그와 같이 실천하는 자, 그리고 재물
을 곳간에 쌓아 놓지 아니하는 자, 그
리고 재물을 하늘에 쌓는 것이 천국의
구원을 받는다는 그와 같은 짓을 하지
않는 자,
10 그와 같은 행위를 하지 않으며 오로지
예수가 행했던 그 역사를 그대로 그
고행의 어렵고 힘든 삶을 그대로 실천
하고 행하는 것이 구원의 길에 갈 수
있다고 그리 말하는 것이 진정한 지도
자이니라.
11 그러나 거짓 지도자는 어찌하는가?
12 거짓 지도자요, 거짓 선지자요, 잘못
된 자들은 그 역할을 하는 것이 과연
어찌 가르치는지 너희는 알고 있는가?
13 예수를 믿기만 하면 누구든지 구원을
받게 되어 있다 하며, 하늘에 오를 수
있다 하며, 예수를 믿는 그 순간부터
너희가 천국에 들어갈 수 있는 자격을
얻는 자라 말하는 자들이니라.
14 그리고 재물을 많이 바치는 자, 하늘
에 그 재물을 쌓아 놓아 저 자신의 창
고를 하나씩 만들어 놓으면 너희가
죽어 가 죄가 있다 하여도 그 창고 앞
에 쌓인 재물을 바친 것에 의하여 그
죄를 용서받는 것처럼 가르치는 자,
15 재물이 가는 곳에 마음이 있음이니 하
늘나라의 창고에 저 자신의 창고에 그
득히 재물을 쌓아 놓는 자는 죄가 있
다 하여도 구원을 받는다고 그리 말함
이니,
16 너희의 창고에 그저 많이 쌓아 놓기만
하면 된다고 가르치는 자들은 다 거짓
선지자이며 사기꾼이 하고 있는 행위
라는 것을 너희는 알아야 할 것이니
라.
17 이제 너희는 예수가 역사한 그 내용
을 돌이켜 봐 그 시대의 배경이요, 그
시대의 역사를 공부하여야 할 것이니
라.
18 너희는 예수가 어디다 그렇게 가르쳤
는가?
19 어느 부분에 나의 아들 예수가 하늘에
재물을 많이 쌓아 놓는 자는 죄지은
자도 용서받는다 그리 기록했으며, 죄
가 있다 하여도 하늘의 창고에 저 자

신의 창고에 재물을 많이 쌓아 놓는
자는 구원받을 수 있다고 그리 말했으
며,
20 나의 아들 예수를 찾음으로써 구원받
으며 그 순간부터 하늘에 오를 수 있
는 자요, 구원을 받은 자라 그리 어디
써 붙여 기록되어 있는가?
21 그를 한번 찾아봐 그 대목을 너에게
와서 설명하라 그리 전하라.
22 그와 같은 내용이 없으며 그와 같이
기록해 놓은 것이 없음을 너희는 알
아야 할 것이니라.
23 나의 아들 예수가 과연 하늘에 재물을
많이 쌓아 놓는 자, 각자 너희 앞에 하
늘의 창고에 재물의 명패가 붙어 있으
니 그곳에 재물을 많이 쌓아야만 구
원을 받는다 하여 나의 아들 예수가
재물을 긁어모으며 너희처럼 성전을
짓기 위한 방법으로써 그와 같은 행위
를 한 사실이 있는가?
24 그리고 나의 아들 예수가 어디다 성전
을 지었으며 너희처럼 교회라는 것을
지었으며 궁궐보다도 더 호화찬란하
게 꾸며 놓은 것이 어디 있는가?
25 예수가 역사하고 지은 것이 있는가?
26 너희는 그 대답을 한번 해 보라 그리
말하라.
27 그리고 그와 같은 것이 있으면 너에게
그를 제시하라 그리 말하라.
28 예수가 과연 어디에다 그와 같이 웅대
한 성전을 지었으며, 너희가 하늘의
창고에 재물을 쌓아 놓는 것이 구원을
받는 방법이라 하여 많은 재물을 바
치는 것이 구원이라 하며 온갖 감사
헌금이요, 십일조라 하여 명칭을 붙여
나의 아들 예수가 백성으로부터 거둬
들인 사실이 어디에 있는가?
29 나의 아들이 그와 같은 재물을 수없이
거둬들여 너희처럼 교회를 지었으며
성전을 지었으며 그와 같은 역사를 해
놓고 간 것이 있는가?
30 나의 아들 예수보다도 더 정확한 나의
성령을 받은 자요, 나의 뜻을 받아 행
하는 사람이 있다고 너희는 말하는가?
31 그 2천 년 전 나의 아들 예수가 나의
뜻을 가지고 세상에 나가 그 역사를
했음이니, 나와 나의 아들보다 더 가
까운 자가 없으며 나의 성령이요, 나
의 뜻을 나의 아들 예수보다도 더 잘
알며 더 그 뜻을 알아 행한 자가 없음
이니라.
32 가장 나와 가까운 나의 아들이요, 나
를 대신하는 한 사람인 나의 아들 예
수는 너희처럼 하늘의 창고에 재물을
쌓기 위하여 거둬들인 역사가 없으며,
온갖 감사 헌금이요, 재물을 바침으로
구원을 받는다 하여 거둬들인 역사가
없음이니, 나의 아들보다도 지금 재물
을 거둬들인 자, 십일조를 거둬들이는
자, 그와 같은 방법으로써 재물을 거
둬들인 너희가 그렇다면 나의 아들 예
수보다도 위이며 나와 더 가까우며 내
가 직접 너희에게 명이라도 내렸단 말
이던가?
33 그와 같은 이치를 너희가 깨달아 보
면, 너희가 하고 있는 일이 얼마나 무
섭고 두려운 짓인가를, 얼마나 철부지
와 같은 짓을 하고 있는가를 알아야
할 것이니라.
34 그러면서 너희는 나의 피조물 만백성

에게 말하느니라.
35 쉽고 편안하게 믿음의 그 길을 가도록
하는 자가 천국에 간다, 천국에 오를
수 있다고 그리 말함이니,
36 지금 사탄이 아담과 이브에게 그 욕심
의 마음의 눈을 뜨게 만들며 그 욕심
을 심어 줬던 그 마음을 지금도 그 욕
심을 버리지 못한 그 후손들, 그 욕심
을 가득히 가지고 있는 나의 백성 그
신도들에게 그와 같이 말하니,
37 그 말이 그럴 듯하여 그를 믿지 않는
자가 없으며 그를 쌍수 들어 환영하
지 않는 자가 없음이니,
38 이것이 너희가 지옥을 가는 자요, 가
짜 지도자요, 진정한 지도자의 그 차
이점이 여기에 다 있음이니, 너희가
알아서 선택하도록 그리하라.

6,271 번째 하나님 말씀

2003년 5월 29일 0시 19분

1 사랑하는 나의 아들아!
2 "네, 아버님! 말씀하옵소서."
3 내가 너에게 뭐라 깨우쳐 전했던가?
4 나의 법전이 세상에 내려가는 것이 내
가 새로운 성경이라 하였으며, 이게
곧 너희를 심판하는 기본이라 그리
말하여 전하거늘,
5 이를 보고 이단이요, 사탄이라 말하는
지금 모든 종교 집단이요, 지도자들의
그와 같은 형국이 어떠한 형국인 줄
알고 있는가?
6 너희는 소꿉장난하는 그 아이들보다
도 더 철부지 같은 소리를 하고 있으
며, 세 살 먹은 아이들만도 못한 수준
을 가지고 지금 너희가 나의 피조물
만백성을 구원하며 하늘에 인도한다
그와 같은 짓을 하고 있는 것임을 알
아야 할 것이니라.
7 너희는 어찌하여 세 살 먹은 아이가
부르짖는 소리를 20대요, 30대요, 40
대요, 50대요, 60대의 그 나이를 먹어
인생의 역정을 다 겪은 자들이 어찌하
여 제자리를 모르며 제 위치를 모르
며, 세 살 먹은 어린아이와 같은 짓을
하는 그 종교 지도자요, 집단에 속하
여 거기에 따라가는가?
8 너희는 지금 종교 집단이요, 지도자들
이 하고 있는 것이 세 살 먹은 아이들
만도 못한 수준 낮은 짓을 하고 있다
는 것을 알라.
9 그렇지 않다면 지금부터 너희가 믿음
의 길을 오며 지금까지 깨달아 오면서
너희가 들은 기도요, 너희가 하고 있
는 그와 같은 형태를 한번 돌이켜 보
도록 하라.
10 하늘에 재물을 많이 바치는 자, 창고
에 그것이 그득히 쌓임이니 구원을 받
는 자요,
11 그리고 너희가 죄를 짓고 또 너희가
손으로 지은 교회에 와 기도하고 울부
짖으면 그 죄가 다 떨어진다는 것, 예
수의 이름으로써 구원을 받는다는 것,
12 그와 같이 종교 지도자들이 가르치는
그 형국을 하나하나 한번 들여다보라.
13 그러면 너희가 얼마나 어리석은 자 밑
에서 세뇌되어 세상 물정 모르고 살아
가는 백성이 되어 있는가?
14 너희는 욕심이 앞을 가려 아무것도 모
르느니라.

15 구원을 받는다는 것, 하늘에 오른다는
것, 죽어 와 고통을 받지 않는다는 것,
그리고 천국에 와 영원히 산다는 그
욕심을 버리지 못하여 그 욕심에 눈이
어두워 가렸음이니,
16 너희는 세 살 먹은 아이처럼 소꿉장난
하는 아이들 같은 그와 같은 그 속에
서 구원을 받고자, 하늘에 오르고자
하는 어리석은 자이며 아무것도 보지
못하는 자이니라.
17 눈이 있어도 보지 못하며 귀가 있어도
듣지 못하는 것이 너희이니라.
18 오늘 그리하여 나의 법전을 이단이요,
사탄이라 말하는 종교 집단이요, 지도
자들 너희가 얼마나 어리석은 것인가?
19 세 살 먹은 아이의 소꿉장난하는 그
놀이만도 못한 그와 같은 행위로써 나
의 피조물 만백성을 이끌고 와 그 재
산을 갈취하며 그들의 시간을 갈취하
며 그들이 새로 태어나는 생명의 영광
됨을 갈취함이니라.
20 거기에 갈취당하는 것이 욕심에 눈이
어두운 나의 백성 너희라는 것을 잊
지 말라.
21 불쌍한 나의 아들딸들아, 그리고 불쌍
한 나의 백성들아!
22 너희는 어찌하여 그것 하나도 구분하
지 못하는가?

6,272 번째 하나님 말씀

2003년 5월 29일 0시 27분

1 사랑하는 나의 아들아!
2 "네, 아버님! 말씀하옵소서."
3 저희를 따르며 저희의 말을 듣기만
하면 병을 고치며, 그저 남들이 보통
마시는 생수도 저희가 떠다 주면 죽
을 자가 살며 병을 고치며 만병통치약
이라 말하는 그와 같은 자들,
4 그리고 안수받으면 병을 고친다, 그리
고 죽을 자도 살 길이 있다, 모든 병은
치료된다 말하는 자들,
5 그러한 모든 일이 역사한다 말하며
저희에게 기적이 있으며 병 고치는 은
사를 받았으며 기적의 역사를 받았다
말하는 자들이 있느니라.
6 그러나 그와 같은 말을 하든 말든, 어
쨌든 나는 그들에게 관여하고 싶지 아
니함이니라.
7 내가 그들에게 역사한 사실이 없음이
니라.
8 다만, 내가 역사하지 아니한 사실이라
는 것을 내가 증명함은 내가 오늘 나
의 아들을 통하여 너희에게 깨우쳐 주
고자 함이니라.
9 어떠한 짓을 하든 너희가 그와 같은
행위를 하는 것이 나의 뜻이요, 내가
역사한다면 너희는 병을 고친다, 그리
고 죽은 자를 살린다, 그리고 너희가
주는 것을 마시고 먹으면 살린다 하여
너희가 콩가루를 비벼 주든, 돌가루를
비벼 주든, 모래 가루를 갖다 부어 넣
든 나는 관계없음이니라.
10 썩은 물을 갖다 부어 주고 병을 고친
다 하여 너희가 말하든 말든 나는 상
관이 없음이니라.
11 그러나 다만 그것이 내가 선택한 자
요, 선택하지 아니한 자는 그와 같은
너희가 웃지 못할 행위를 하고 나서도,
12 그 행위 뒤에 너희가 금화요, 은화요,

재산을 거둬들이며 그 대가를 거둬들
이는 짓을 하지 아니한다면 너희는
사탄의 자식이 아닌 것이니라.
13 그러나 그와 같은 행위를 하며 그 뒤
에 재물을 거둬들이며 금화와 은화를
거둬들이며 그들에게 모든 대가성을
받아들이는 것은 사탄의 자식이 하는
짓이라는 것을 너희는 알아야 할 것
이니라.
14 나로부터 선택된 백성이요, 나로부터
역사한 자요, 나로부터 진정 만백성을
인도하는 목자는 나로부터 그 모든 역
사의 기적을 무상으로 그리 받았으며
내가 직접 무상으로 그를 내려 나 대
신 역사하게 한 자이니,
15 그는 무상으로 가르치며 어떠한 형태
든 그 대가를 받아들이지 않는 역사의
그 길을 가고 있음이니라.
16 제 것이 아니요, 나 여호와가 명해서
나를 대신함이니, 그 모든 것은 창조
주 내가 역사하는 것이거늘,
17 내가 나의 피조물 만백성에게 은혜를
내리며 병 고쳐 주며 죽을 자 살리며
너희가 말하는 대로 너희 불치병을 치
료해 준다 해도,
18 부모가 자식을 치료해 주고 돈을 받는
단 말이던가?
19 그리고 부모가 자식을 치료해 주고 그
자식이 가지고 있는 집문서를 거둬들
이며 그 땅문서를 받아들이며 재산을
거둬들인단 말이던가?
20 너희가 그와 같은 역사를 이루며 나로
부터 은혜를 받아 역사를 이룬다면,
너희는 나를 대신하는 자요, 내가 하
고자 하는 역사를 함이니,
21 어찌하여 부모가 자식을 치료해 주고
그와 같은 행위를 한단 말이던가?
22 그러니 그들이 사탄이요, 사악한 자라
는 것을 알라.
23 나로부터 선택된 목자요, 나의 모든
역사는 나의 아들은 나를 대신하며 내
가 그에게 역사를 이룸이니, 그가 하
는 것이 아니요, 내가 직접 역사함이
니라.
24 내가 일찍이 말하여 이 세상에 선택된
백성은 그 뜻을 제 마음대로 말하지
아니하며 오로지 명한 자요, 내가 내
리는 대로 들은 대로 행한다 아니 했
던가?
25 그러니 너희가 역사하는 것도 나의
뜻에 따라 그 역사를 함이니,
26 너희는 그와 같이 재물을 거둬들이며
금화와 은화를 거둬들이는 것은 사탄
의 자식이요, 사악한 자들이 하는 것
이요, 나와는 관계가 없다 함이니라.
27 이는 곧 무엇이더냐?
28 너희는 나의 아들딸이니 내가 나의 아
들딸의 병을 고쳐 주고 재물을 거둬들
이며 문서를 거둬들이면 이게 부모와
자식 간에 있을 수 있는 일이던가?
29 사탄이 그와 같은 역사요, 그와 같이
순간적인 눈가림을 한다 하여도, 그는
사탄이기에 나의 아들딸로부터 재산
을 거둬들일 것이며 재산을 몰수해 갈
것이니,
30 금화와 은화를 거둬들이는 자들은 사
탄의 자식이요, 나의 자식이 아니요,
나의 아들딸이 아니요, 선택된 자가
아니라는 것을 그것으로써 너희가 구
분하도록 그리하라.

31 누구든 나로부터 선택된 제자요, 나로
부터 명받은 목자는 절대로 병을 고친
다, 은사를 내린다, 어떠한 행위를 한
다 하여도 그는 대가를 받아들이며 그
대가성을 위하여 하는 행위가 아님을
알라.
32 대가성을 위하여 행위를 하는 자는 나
와 관계없는 자이니,
33 너희가 스스로 믿음이요, 너희 모든
마음 자세요, 너희가 병을 고치는 역
사요, 너희가 기적의 역사를 이루는
것이니,
34 사탄이요, 사악한 자의 앞잡이가 함으
로써 너희가 이루어지는 것이 아니요,
자신 스스로 너희의 믿음이 굳건하며
너희가 나에게 행하는 그 경배하는 마
음이 진실하며 바로 서고자 하는 그와
같은 백성에게 내가 손을 내려 너희
에게 기적이요, 역사를 이루며 너희를
다스려 줄 수는 있으나, 그러나 대가
를 받지 아니함을 알라.
35 그러니 부모요, 창조주인 나 여호와가
나의 아들딸 너희에게 역사의 기적을
이루며 내가 재물을 거둬들인다는 그
와 같이 나를 욕되게 하지 말며, 이를
두고 너희가 깨닫는다면 과연 이것이
바로 무엇이더냐?
36 어린아이들 장난하는 짓보다 못한 추
한 짓을 하며 어린아이들의 소꿉장난
같은 행위를 하며 광분하고 있으며,
37 거기에 눈물 짜고 콧물 흘리며 너희가
가지고 있는 재물을 바치며 무엇인가
를 얻고자 함이니, 그는 너희 마음에
잠깐 편한 것이요,
38 너희가 악을 쓰고 소리 지르고 난 다
음에 스트레스라는 것이 풀린 것이요,
39 너희의 마음이 답답함을 안고 있다 달
리기하며 운동하면 그 마음이 시원하
듯이 너희 마음의 변화가 잠시 이루어
지는 것이요,
40 너희의 그 역사가 이루어짐이 아님을
알라.

부 록

【하나님께서 가르쳐 주신 운동】

천재지변이 일어날 때, 동물이나 미물들은 미리 알고 대피하지만, 인간은 알지 못하고 큰 화를 당합니다. 하나님께서 인간에게 가장 높은 지혜를 주시고 완벽하게 창조해 주셨기에 동물들보다 더 잘 알 수 있지만, 욕심으로 마음이 혼탁해져서 한 치 앞을 보지 못하는 것입니다.

마찬가지로, 인간은 누구나 스스로 필요한 운동을 해서 건강을 지킬 수 있도록 하나님께서 만들어 주셨습니다. 우리의 머리에서 우리 몸에 필요한 동작을 해 달라고 끊임없이 신호를 보내지만, 인간이 혼탁하게 살아서 그 신호를 알아채지 못합니다. 그러니 자연스럽게 자기 몸이 원하는 그 신호를 따라서 운동하는 것이 하나님께서 가르쳐 주신 운동 방법입니다. 바로, 우리의 영이 육을 이끄는 운동입니다.

▶ 하나님 운동법

1. 눈을 감고, 발을 어깨너비로 벌리고 바르게 선다.
2. 몸에 힘을 풀고, 허리를 숙이면서 손과 머리를 아래로 내린다.
3. 허리를 펴고 싶을 때, 천천히 펴면서 하고 싶은 동작을 하면 운동이 시작된다. (사람마다 다르다.)
4. 멈추지 말고, 어떤 동작이든지 자기 몸의 느낌대로 계속 이어서 한다.

▶ 참고 사항

① 눈을 감은 상태로 아무 생각 하지 않고, 자기 몸의 느낌대로 움직입니다.

② 마음을 비우고, 욕심을 버리고, 지난날의 잘못을 반성하면서 몇 차례 시도하다 보면, 자기도 모르게 하고 싶은 동작이 끊임없이 생깁니다.

③ 운동 장소는 방 안이든 운동장이든 관계없으며, 걷거나 달리고 싶을 때는 눈을 떠도 됩니다.

④ 매일 40분 이상, 주 4회 이상, 3개월 이상 하면 음식 조절에 들어갑니다.
- 음식으로 생긴 병은 음식으로 치료하게 되며, 어떤 음식을 먹어야 하는지 스스로 알게 됩니다.
(자기 몸에 필요한 음식만 먹고 싶어집니다.)

⑤ 사랑하는 사람과 함께 운동하면 서로 치료해 주기도 합니다.

⑥ 운동을 하다가 몸의 어느 한 부분을 계속 손으로 자극한다면 그쪽에 이상이 있는 것이니, 의사에게 상담을 받고 적절한 치료를 받으면 됩니다.

⑦ 다이어트 및 기타 건강관리에 효과적입니다.

⑧ 꾸준히 운동하여 영이 맑아지면, 자신의 과거와 미래를 스스로 보게 됩니다.

누구나 스스로 하실 수 있습니다.

간 행 사

《새로운 성경》은:

· 새로운 성경은, 하나님께서 선량하고 선한 자를 선택하여 십계명을 암송하도록 하시고, 십계명을 암송한 다음에 음성으로써 들려주시는 말씀을 듣고 그대로 카세트테이프에 녹음해서 받아쓴 책입니다.

· 90분짜리 녹음테이프 700여 개에 달하는 말씀으로, 1999년 8월부터 2004년 7월까지 총 160권(권당 288쪽)을 완성하였으며, 그 이후에도 현재까지 계속 말씀을 내려 주고 계십니다.

· 새로운 성경은 "하늘을 두루마리 삼고 바닷물을 먹물 삼아 쓰고 써도 다 못 쓴다"는, 끝없이 방대한 하나님의 말씀이 두루마리로 직접 내려오는 것입니다. 이러한 새로운 성경은 구약과 신약을 폐하려는 것이 아니라 "인봉된 성서의 비유의 뜻"을 상세히 설명하여 완성하고자 하나님께서 직접 내려 주신 말씀입니다.

《새로운 성경》의 구성:

· 제 목: 2013년, 160권 모음집을 발간하면서, 본 도서의 제목을 "하나님! 말씀하옵소서"에서 《새로운 성경》 으로 명해 주셨습니다.

· 단행본: 각 권당 288쪽(신국판) 책이 160권까지 시리즈로 출판됩니다.
(모음집은 단행본을 16권씩 묶어서, 총 10부로 구성됩니다.)

《새로운 성경》의 성경적 근거:

· 신약 성경 [요한복음] 16장 13절에 "진리의 성령이 오시면 그가 너희를 모든 진리 가운데로 인도하시리니 그가 자의로 말하지 않고, 오직 듣는 것만을 말하며" 하신 말씀처럼 하나님의 음성을 들은 것만 기록하였으며,

· "장래 일을 너희에게 알리시리라" 하신 말씀과 같이 개인, 나라, 인류의 "장래"일을 하나님께서 알려 주시는 것만 기록하여 책으로 만들었습니다.

《새로운 성경》의 기록 방법:

· 1999년 8월부터 하나님께서 저에게 들려주시는 음성을 기록하였습니다. 처음에는 제가 들은 말씀을 불러 주면 저의 아내가 기록하여, 2000년 1월 29일에 1권 초판이 세상에 나왔습니다. 2000년 4월부터는 주시는 말씀을 받아 녹음기에 기록하여 시리즈로 출간하기 시작하였습니다.

· 녹음을 시작하면서 하나님의 말씀을 받는 데 가속도가 붙었고, 2001년 5월 3일에 1부(1~16권까지)를 인쇄하여 출판하였으며, 2004년 7월까지 총160권 분량의 말씀을 받아 기록하였습니다.

하나님께서 저에게 주신 것은:

· 첫째, 만백성을 상대로 내려 주시는 "기도", 둘째, 수시로 내려 주시는 "묵상", 셋째, 개인의 과거, 현재, 미래를 알려 주시는 "개인 기도", 넷째, 개인의 건강을 위해서 내려 주시는 "음식 처방", 다섯째, 하나님께서 가르쳐 주신 "운동"등이 있습니다. 이 중에 첫 번째, "기도"를 책으로 편찬하였습니다. 사람의 생사, 개인의 미래에 관한 천기는 수록하지 말라 하셨습니다.

강론 안내:

· 하나님께서는 지금도 매일 저에게 새로운 하늘의 비밀의 말씀을 내려 주고 계십니다. 수시로 내려 주시는 말씀을 정리해서 제자를 육성하라는 말씀에 따라 매주 강론을 하고 있습니다. 누구나 무료로 들으실 수 있습니다. (book160.com)

《새로운 성경》을 읽는 분들에게 드리는 선물:

· 개인 기도: 개인의 과거, 현재, 미래에 관하여 말씀을 내려 주십니다.

· 음식 처방: 사람은 음식을 먹고살다가 건강을 잃으니, 음식과 운동으로 건강을 되찾는 방법을 알려 드립니다. 단, 하나님이 계심을 믿고, 십계명을 지키겠다고 진실로 서약하는 분들께 알려드립니다.

《새로운 성경》의 은혜와 기적:

· 새로운 성경 전160권은 16권씩 묶어서 총 10부의 모음집으로 구성됩니다. 모음집 한 부를 읽고 깨우치는 자에게 하나님께서 다음과 같은 기적이 있다고 하셨습니다.

· "첫째, 그가 죽어 하늘에 갔을 때 그의 죄를 묻지 아니하며, 구원을 받는 위대한 은혜가 있으며, 둘째, 그의 소원과 소망이 이루어지고, 셋째, 죽은 자(부모, 형제, 자식, 사랑하고 은혜 입은 분)의 이름으로 구입한 책을 읽고 누군가 한 사람이 깨우칠 때, 그 죽은 자가 지옥에서 천국으로 구원을 받게 되며, 넷째, 유산, 중절 수술 등으로 태어나지 못한 아이를 위하여 구입한 책을 보고 한 명이 깨우쳤을 때, 그 아이가 사람으로 다시 한 번 태어나는 은혜를 받는다."

· "새로운 성경"을 3회 이상 정성을 다해 정독하는 자, 성서의 비밀을 알게 되고, 세상의 이치를 알게 되며, 세상을 지배하고 통제할 수 있는 지혜를 다 얻게 된다고 하셨습니다. 이 책은 만백성이 정독하고 이웃에게 전하여, 평생 가슴에 묻은 슬픔과 고통의 짐을 벗고 미래를 위한 힘찬 삶을 살아가도록 하는 책입니다.

끝으로

· 하나님께서는 흰 눈이 세상을 덮듯이 새로운 성경을 온 세상에 전하라고 하셨습니다. 《새로운 성경》을 각국어로 번역해서 온 인류에게 구원의 길을 깨우쳐 주고, 그 수익으로 가난하고 어려운 백성을 구제하여, 만백성의 영과 육을 함께 구원하는 선지자의 임무를 수행하라고 저에게 명하셨습니다.

· 하늘에서 내려 주신 말씀의 보화를 만백성에게 나누어 주는 것이 선지자의 임무라고 하셨습니다. 새로운 성경을 통해서 얻는 재물을 사용할 곳도 하나님께서 일일이 명해 주십니다. 모든 재물은 저의 자의로 쓸 수 없고, 하나님께서 명하시는 대로만 쓰여집니다.

· 어떤 명분으로든 십일조나 각종 헌금을 거두어들이지 말라 하셨으며, 국내뿐 아니라 각국에 성전과 단독 서점을 운영하며, 한국의 많은 젊은이들을 전 세계에 지도자로 내보내라고 하셨습니다.

· 우리는 세계적으로 새로운 성경을 보급하며 어려운 이들을 돕는 역사를 해 나갈 것입니다. 지금까지 비록 몇 명 안 되는 제자들과 함께 이러한 일을 역사했지만, 앞으로도 계속 하나님께서 기뻐하시는 일들을 해 나갈 것입니다. 부족한 저희에게 여러분들의 지혜와 성원을 보내 주시기를 바랍니다. 많은 분들의 참여와 도움을 간절히 기다립니다. 감사합니다.

한국어로 내려온 《새로운 성경》 단행본을 출간하며
2016년 4월 10일

발행인 **김 용 철**

한국어로 내려온

새로운 **성 경** · 6부 · 제85권

지은이 하나님 말씀
대역자 김용철

초판인쇄 1쇄 2017년 4월 3일

펴낸 곳 도서출판 하얀마음
등록번호 제 10-2107호 (2001년 2월 14일)
주소 서울시 노원구 덕릉로86길5, 2층
전화번호 02) 313-1114
팩스 02) 393-5554
전자우편 book160@hanmail.net
편집위원 조나영 김미향 이석교
제작지원 김홍숙 이미숙 이미란

도서상담 1600-7527
ISBN 978-89-5875-185-4 (04230)
978-89-5875-100-7 (세 트)

값 10,000원
잘못된 책은 구입하신 곳에서 바꾸어 드립니다.

※이 책은 10부로 제작되며, 각 부 16권씩 총160권으로 구성됩니다.※

1부	2부	3부	4부	5부	6부	7부	8부	9부	10부
1권	17권	33권	49권	65권	81권	97권	113권	129권	145권
2권	18권	34권	50권	66권	82권	98권	114권	130권	146권
3권	19권	35권	51권	67권	83권	99권	115권	131권	147권
4권	20권	36권	52권	68권	84권	100권	116권	132권	148권
5권	21권	37권	53권	69권	85권	101권	117권	133권	149권
6권	22권	38권	54권	70권	86권	102권	118권	134권	150권
7권	23권	39권	55권	71권	87권	103권	119권	135권	151권
8권	24권	40권	56권	72권	88권	104권	120권	136권	152권
9권	25권	41권	57권	73권	89권	105권	121권	137권	153권
10권	26권	42권	58권	74권	90권	106권	122권	138권	154권
11권	27권	43권	59권	75권	91권	107권	123권	139권	155권
12권	28권	44권	60권	76권	92권	108권	124권	140권	156권
13권	29권	45권	61권	77권	93권	109권	125권	141권	157권
14권	30권	46권	62권	78권	94권	110권	126권	142권	158권
15권	31권	47권	63권	79권	95권	111권	127권	143권	159권
16권	32권	48권	64권	80권	96권	112권	128권	144권	160권